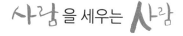

사랑을 세우는 사람

1쇄 인쇄	1997년 9월 10일
15쇄 발행	2011년 1월 20일
개정판 1쇄 발행	2016년 5월 20일
개정판 3쇄 발행	2024년 4월 17일

지은이	하워드 헨드릭스
옮긴이	박경범
펴낸이	고종율

펴낸곳	주)도서출판 디모데 〈파이디온선교회 출판 사역 기관〉
등록	2005년 6월 16일 제 319-2005-24호
주소	서울특별시 서초구 서초대로 141-25(방배동, 세일빌딩)
전화	마케팅실 070) 4018-4141
팩스	마케팅실 02) 6919-2381
홈페이지	www.timothybook.com

ISBN 978-89-388-1598-9 03230
ⓒ 1997 도서출판 디모데 All rights reserved. 〈Printed in Korea〉

사람을 세우는 사람

엘리야와 엘리사를 통해
배우는 멘토링의 원리

하워드 헨드릭스 | 박경범 옮김

1부

진리 위에 서기

CONVICTION

확신

성이 난 선지자가 왕궁의 계단을 뛰어 올라간다. 깜짝 놀라는 경비대원들을 제치고 질풍같이 돌진한다. 당신은 그들의 턱이 빠지는 소리를 들을 수 있다.

"어, 저 사람 어디서 왔지? 누가 들여보냈지?"

깜짝 놀라 얼이 빠진 사람들을 바람과 같이 통과한 그 하나님의 사람은 곧장 아합 왕의 보좌가 있는 방 안으로 뛰어 들어가 왕을 마주 대하여 선포한다.

"내가 섬기는 이스라엘의 하나님 여호와께서 살아 계심을 두고 맹세하노니 내 말이 없으면 수년 동안 비도 이슬도 있지 아니하리라"왕상 17:1.

이 말을 선포한 그 강직하고 저돌적인 사람은, 그가 왔을 때처럼 발길을 돌이켜 황급히 사라졌고 자신의 임무를 성취했다. 당분간은.

여기서 우리는 그 사람 엘리야와 만나게 된다. 그가 왜 이렇게 폭발적인 모험을 감행했는지 알기 위해서는 그 당시 시대상을 반드시 이해해야 한다. 이스라엘의 도덕성은 곤두박질치고 있었다. 나라 전체를 사로잡고 있던 영적 상태는 나태함과 안일함이었다. 대부분 사람이 하나님을 등지고 있었으며, 아합 왕과 그의 아내 이세벨은 특히 그러했다. 한편, 비교적 소수이지만 여전히 하나님을 경외하던 사람들은 비참하게 동굴 속에 모여 있었는데, 그 이유는 자신들의 책임을 회피하기 위해서임이 분명했다. 그들은 뒤로 물러나 있으면서 '우리는 관련되고 싶지 않다'라고 말하는 듯했다.

그러나 그중 한 사람이 겁쟁이가 되기를 거부했다. 도덕적 난쟁이들의 세대 위에 우뚝 솟은 영적인 봉우리처럼 엘리야는 하나님을 위하여 서 있었다.

그것은 쉬운 일이 아니었다. 열왕기상 16장에 그 배경이 잘 나와 있다. "오므리의 아들 아합이 그의 이전의 모든 사람보다 여호와 보시기에 악을 더욱 행하여 느밧의 아들 여로보암의 죄를 따라 행하는 것을 오히려 가볍게 여기며 시돈 사람의 왕 엣바알의 딸 이세벨을 아내로 삼고 가서 바알을 섬겨 예배하고 사마리아에 건축한 바알의 신전 안에 바알을 위하여 제단을 쌓으며 또 아세라 상을 만들었으니 그는 그 이전의 이스라엘의 모든 왕보다 심히 이스라엘 하나님 여호와를 노하시게 하였더라"30-33절.

다시 말하자면, 아합은 지금까지 반역의 기록들을 완전히 깨뜨렸다. 그는 하나님을 떠났을 뿐만 아니라 하나님을 대적했다. 우상숭배에 자신의 몸을 바쳤으며, 백성들도 그렇게 할 것을 적극적으로 권했다. 그 결과 생활방식이 바뀌기 시작했고, 그 세대에서 하나님을 위하여 일하는 것은 편안하거나 편리한 것과는 거리가 멀게 되었다. 어느 세대나 마찬가지이기는 하지만 자신이 섬기는 하나님을 증거하기 위해 엘리야는 편안함과 편리함을 기꺼이 버려야 했다.

엘리야는 어떻게 그런 확신을 할 수 있었을까? 배교가 홍수같이 많은 사람을 휩쓸어 가고 있을 때 어떻게 용기를 내어 믿음에 굳게 서 있을 수 있었을까? 하나님을 믿지 않는 왕에 맞서 하나님의 심판이 가까웠다고 말할 수 있는 참 배포를 어디에서 얻을 수 있었을까? 엘리야의 삶과 사역에 그 실마리가 있다. 엘리야를 통해 우리 시대에 적용할 수 있는 세 가지 핵심 원리를 살펴보자.

엘리야는 하나님의 실존하심을 확신했다

성경에 기록된 엘리야의 첫마디를 주목해 보라.

> "이스라엘의 하나님 여호와께서 살아 계심을 두고 맹세하노니"
>
> 왕상 17:1.

하나님은 살아 계시며 엘리야는 그 사실을 인식하고 있었다. 아합과 그의 추종자들은 여호와 숭배를 성공적으로 매장했다고 생각했다. 그러나 그들은 한 가지 중대한 판단 착오를 했다. 한 사람을 잊고 있었던 것이다. 그리고 어떤 사회에서든 그것이면 충분하다. 하나님만이 경험하게 해주실 수 있는 '실제'reality로 가득 차 있는 한 사람 말이다.

기독교가 진리임을 사람들에게 가장 강하게 확신시켜 주는 것이 사람들의 삶을 변화시키는 능력이라는 것을 생각해 본 적이 있는가? 이 세상에서 다른 어떤 것도 기독교인의 삶이 변화하는 것처럼 그렇게 심오하게 변화하지 않는다. 당신은 몸을 던져 계몽운동, 캠페인 또는 칭찬받을 만한 활동을 할 수 있지만, 오직 그리스도의 능력 외에는 그 무엇도 당신의 인격을 의로운 모습으로 다듬어 주지는 못한다.

중요한 것은 인격이다. 세상은 우리의 유창한 논증이나 상세한 설명 때문에 감명받지 않는다. 세상은 우리의 실제 삶이 어떤지 보고 싶어 한다. 세상은 세상에서 만들어 낼 수 없는 것만을 주목하는데, 그것은 의로움으로 변화되는 삶이다. 그러나 오직 하나님만 그런 삶을 만들어 내실 수 있으며 이것이 세상에서 기독교가 가장 혁명적인 힘을 가진 이유다. 기독교는 참된 삶의 변화를 약속한다.

그러므로 당신에게 질문을 하나 하겠다. 당신의 삶에는 하나님의 초자연적인 역사 외에는 달리 설명할 수 없는 그 무엇이 있는가? 당신의 삶에는 하나님의 살아 계심을 의심의 여지없이 증명할 수 있는 무엇이 있는가? 지금 나는 당신이 하나님의 존재하심을 믿는지 안 믿는지를 묻는 것이 아니다. 물론 당신은 하나님이 존재하심을 믿을 것이다. 사실 우리 사회의 대부분 사람이 대체로 '어떤 높은 힘'을 믿는다. 나의 질문은 그것이 실재하는지 간절히 찾아 헤매고 있는 세상에 '하나님이 당신의 삶 속에 존재하고 계심을 증명하는 참된 변화가 당신에게 일어나고 있는가?' 하는 것이다.

내 아이들이 어렸을 때 나는 계속해서 "주님, 저 아이들을 변화시켜 주세요"라고 기도드렸다. 그런데 아무 일도 일어나지 않았다. 그때 나는 내 기도가 잘못되었음을 깨달았다. 그래서 "주님, 저 아이들의 아빠를 변화시켜 주세요"라고 기도하기 시작했다. 하나님이 기쁘신 마음으로 그렇게 해주신 후에야 나는 내 아이들에게서 놀라운 변화를 볼 수 있었다.

어느 금요일 저녁 한 만찬 모임에서 나는 말씀을 전하기로 되어 있었다. 그날 오후, 가르치는 신학교에서 집으로 돌아와 주차를 하는데, 헤드라이트가 아들의 자전거에 맞닿았다. 그 자전거는 뒷바퀴가 구멍이 나 바람이 모두 나간 채로 여러 날 동안 그곳에 세워져 있었다. 내가 고쳐 주기로 했으나 그때까지 고쳐 주지 못했던 것이다. 다음 날은 아침 일찍 비행기를 타야 했고, 지금이 아니면 아주 오랫동안 고쳐 주지 못할 것이라는 생각이 들었다. 나는 아들 밥Bob을 불러 자전거를 붙잡게 하고 구멍 난 곳을 때웠다. 그리고 손을 씻고 나서 새 셔츠와 타이를 매고 도시를 가로질러 급하게 차를 몰았다.

만찬 모임에 도착했을 때, 만찬 주관자는 못마땅한 얼굴을 하고 있었다.

"도대체 어디에 계셨습니까?" 그가 걱정스럽게 물었다.

"정말 미안합니다. 타이어를 때워야 했습니다." 내가 말했다.

"당신은 새 차를 갖고 있지 않나요!" 그가 대답했다.

"네, 맞아요. 때운 것은 제 아들 자전거의 타이어였어요."

내 말이 떨어지기가 무섭게, 그는 이성을 잃고 예의와 격식을 벗어난 원색 그대로의 비난을 퍼부었다. 그는 내가 아들의 자전거를 만지작거리느라 자기와 만찬 손님들의 시간을 낭비했다는 것에 노골적으로 화를 내면서, 말로 나를 이리 메치고 저리 메쳤다. 마침내 그가 이야기를 마쳤을 때 내가 물었다.

"혹시 저에게는 당신의 음식을 먹는 일보다 제 아들의 자전거 타이어를 고쳐 주는 일이 훨씬 더 중요할 수도 있다는 생각은 안 드시 나요?"

그 일이 있고서 얼마 뒤에 밥과 나는 공원에 가서 공놀이를 하고 냇가에서 물수제비를 떴다.

"밥아, 너 아빠 사랑하니?"

"그럼요, 아빠."

"좋아! 그런데 왜 사랑하지?"

"저랑 공놀이도 해주고 자전거 타이어도 고쳐 주시니까요!"

무엇이 중요한지 보라. 내가 신학교 교수라는 사실은 아이들에게 결코 감명을 주지 못했다. 내가 쓴 몇 권의 책, 또는 내가 전 세계를 돌며 강연하는 것에 대해 아이들이 경의를 표한 적은 없다. 아이들은 나의 삶에서 예수 그리스도가 실제이신 만큼만 감명을 받았다. 내가 이런 책을 쓸 때 다른 사람들의 눈은 쉽게 가릴 수 있을지 모르겠지만, 내 아내와 아이들의 눈은 절대 가릴 수 없을 것이다. 그들은 내가 어떤 사람인지 속속들이 다 알고 있다. 이는 당신도 마찬가지다. 당신의 삶 속에 하나님이 어떻게 실제로 살아 계시는지를 당신의 가장 가까운 사람들은 다 알기 때문이다.

어떻게 해야 세상 사람들에게 하나님의 살아 계심을 이해시킬 수 있겠는가? 당신의 삶을 통해 하나님의 살아 계심을 나타낼 수 있다. 하나님의 능력으로 당신의 삶이 변화될 때 당신은 거짓된 세대에 줄 참된 메시지를 가지게 되는 것이다.

엘리야는 자신이 하나님의 대리자임을 확신했다

그런데 엘리야는 우리에게 또 다른 것을 알려 준다. "내가 섬기는 이스라엘의 하나님 여호와께서 살아 계심을 두고 맹세하노니"왕상 17:1. 엘리야는 종이었다. 그 사실은 그리스도인의 삶에 고귀함을 더해 준다. 하나님이 그분의 뜻을 이루시기 위해 사람들을 사용하여 기적 같은 일들을 계속해서 수행해 나가시는 모습을 볼 때 나는 놀라움을 금할 길이 없다. 이런 사실은 우리 각자가 살아 계신 하나님의 '대리자'가 되게 한다.

그러나 불행히도 너무 많은 그리스도인이 말을 더듬고 있다. 이 세대가 대답을 찾아 헤매고 있는데 말이다. 세상 모든 사람이 누군가가 내민 손을 움켜잡으려 하지만, 너무 많은 그리스도인의 손이 마비되어 있다. 사람들이 가장 많이 던지는 질문에 대한 유일한 해결책을 가진 우리 그리스도인들이 그 대답을 줄 수 없거나 주지 않으려는 것처럼 보인다. 어떤 이들은 절망 가운데서 자포자기한다. "우리가 무엇을 할 수 있단 말인가?"

"희망이 없어! 이 나라는 망했어!"

엘리야도 이런 결론을 내릴 수 있었다. 그 시대의 지도자는 부패했다. 사람들에게는 삶의 목표가 없었다. 이스라엘의 영광이 떠난 지 오래되었다. 그런데 엘리야는 어떠한 관점을 가지고 있었는가? "나는 여호와의 종이다!"

하나님은 위기 상황에 어떻게 대처하시는지 아는가? 한 개인을 불러서 하나님을 위해 일하게 하신다. 그때도 그렇고, 지금도 그것은 사실이다. 하나님은 대리자로서 자신을 섬길 한 사람을 언제나 찾고 계신다. 설교자나 선교사, 또는 교회의 교사로서만이 아니다. 물론 이런 중요한 직책을 위해 어떤 사람을 부르긴 하신다. 그러나 하나님은 이 세상 어디에서나 그분을 대표할 온갖 부류의 사람을 부르고 계신다. 이웃과 동네에서, 사무실과 공장에서, 집이나 학교에서, 세상 어디에서나 하나님을 대표할 사람들을 말이다. 사실 하나님은 그분의 살아 계심에 눈이 멀어 있는 사람들이 생활하고 있는 수많은 장소 중 한 곳에서 하나님을 대표하도록 당신을 부르고 계신다. 하나님은 그 사람들이 당신 안에 살아 계신 하나님의 생명을 보게 되기를 원하신다.

이에 대해 나의 경험에서 우러나온 이야기를 하나 하겠다. 고백하건대 나 역시 많은 그리스도인 전임 사역자들이 그런 것처럼 지나치게 일을 열심히 하는 경향이 있었다. 나는 그것을 '황량한 바쁨'이라고 부른다. 활동은 공허한 삶의 고통을 잠재우는 마취제가 된다. 그러나 그것은 성취가 없는 활동이다.

내 경우에는 한때 아침에 일어나서 해야 할 '기독교적 일들'의 목록을 적었다. 나 자신에게 이렇게 말했다. "그래, 오늘 경건의 시간을 보내야 하고, 학교에서 가르치고, 아내와 아이들과 함께 시간을 보내고, 전도도 해야 하지. 그리고 또…" 많은 활동을 했지만 경험은 메말랐었다.

그때 엘리야가 인식했던 그 진리로 되돌아왔다. 내가 하나님의 종이라는 사실 말이다! 하나님은 내가 그분이 시키시는 일에 열려 있기를 원하셨다. 마치 하나님의 메시지를 전달하는 종이 하나님의 목적을 이루기 위해 그분이 요청하시는 것을 할 준비가 되어 있는 것처럼 말이다. "주님, 오늘 제가 무엇을 하기를 원하십니까?" 하고 기도하기 시작한 아침부터 나의 시간은 의미 있는 활동으로 채워졌다. 모든 일이 중요해지기 시작했다. 나 자신을 하나님의 대리자로 보게 된 것이 그리스도와의 동행에 새로운 활기를 주었다.

나는 여드레 동안 여러 모임에서 서른네 번 강연했던 일을 결코 잊을 수 없다. 나의 정신이 나갔던 게 틀림없다! 아무튼 마지막 모임을 마치고 시카고에서 로스앤젤레스로 가는 비행기에 올라탔다. 맨 마지막 줄까지 걸어가서 비어 있는 줄의 창가 좌석을 차지하고 간절히 기도했다.

"주님, 제 옆자리에 아무도 보내지 말아 주세요. 너무 지쳐서 더 이상은 아무도 상대를 못 하겠습니다."

비행기에 사람이 가득 찼지만, 내 옆자리는 계속 비어 있었다. 비행기 문은 닫히고 있었다. 그래서 나는 '자유의 몸으로 집에 가게 되었다!'라고 생각했다. 그러나 그때 눈을 들어 보니, 통로를 따라 걸어오는 한 군인이 보였다. 짐작하건대 비행기에는 단 하나의 좌석만이 남아 있었다. 바로 내 옆자리였다. 그는 내 옆에 털썩 주저앉더니 이야기를 시작했다. 이야기하고 또 이야기하고, 또 이야기했다. 아무래도 그의 입에 모터가 달린 것 같았다! 그는 밤새도록, 자기가 종일 비행기를 기다렸으며 이 비행기에 올라탈 때까지 열아홉 번이나 허탕을 쳐야 했다고 말했다!

그는 계속해서 자기 이야기를 늘어놓았다. 그러나 마침내 이야깃거리가 떨어지기 시작했음이 틀림없었는데, 왜냐하면 그가 나에게 "그런데 선생님은 무엇을 하는 분인가요?"라고 물었기 때문이다.

이런 질문은 언제나 나를 조금 쑥스럽게 만든다. 왜냐하면 사람들은 대체로 성직자들에 대해 고정관념을 가지고 있는데, 특히 신학교 교수들에 대해서는 더더욱 그렇기 때문이다. 사실 나는 이 질문을 받기 전까지는 상대방과 이야기를 꽤 잘 이어가는 편이다. 그런데 이 질문을 받으면 그때부터 쩔쩔매게 된다.

나는 "교육가입니다" 하고 대답했다. 맞는 말이지만, 정확한 것은 아니었다.

"오, 흥미롭군요." 군인이 대꾸했다.

"어디서 가르치시죠?"

"달라스 신학대학원에서요." 나는 뒤의 신학대학원이라는 단어는 얼버무리듯 중얼거렸다. 어떤 종류의 학교인지 알아내려고 애쓰는 것이 그 군인의 얼굴에 역력히 나타났다.

"오, 알겠어요!" 그가 외쳤다.

"당신은 목사이시죠?"

"네, 그렇습니다." 나는 시인할 수밖에 없었다.

그런데 나를 깜짝 놀라게 한 일이 일어났다. 내 말을 더는 듣지 않기로 하거나 주제를 바꾸는 대신 그는 이렇게 말했다.

"선생님, 저는 이번에 집을 방문한 후 베트남으로 가게 됩니다. 겁먹지 말아야 하는데, 솔직히 말하면 겁이 나 죽겠어요! 혹시 제가 도움을 받을 만한 말씀이 있을까요?"

당신은 하나님이 때로 당신이 해야 할 일을 재조정해 주시는 것을 좋아하지 않는가? 나는 신약성경을 꺼내 들고 그에게 복음을 전했다. 그리고 조금 뒤에 그는 그리스도를 자신의 구주로 영접했다.

우리가 로스앤젤레스에 도착하여 비행기에서 내리게 되었을 때 내가 말했다.

"제 부탁을 하나만 들어주시겠습니까? 제 이름과 주소를 적어 드릴 테니, 베트남에 도착하면 엽서를 보내 주세요. 당신이 당신 삶의 새 토대가 되신 예수 그리스도 위에서 성장할 수 있도록 돕는 책자들을 보내 드리겠습니다."

3주 후에 그 군인은 베트남에 도착했다. 소속 부대에 배치되었고, 그의 상관이 내린 첫 명령은 예배에 참석하라는 것이었다. 그래서 그는 예배에 참석했고, 군목은 구원의 복음에 대해 설교했다. 그 친구는 마음속으로 생각했다. '비행기에서 만난 그 사람이 말한 것과 똑같은 말을 하는구나.' 그래서 예배가 끝난 후 군목에게 가서 자신이 비행기를 탔을 때 일어났던 일과 옆자리에 탄 사람의 이름이 헨드릭스라는 것, 그리고 자신이 예수님을 믿기로 결단한 것을 이야기했다. "그분 이름이 헨드릭스라고? 그분은 나의 신학교 교수님이셨네!" 그리고 그 군목은 새신자에게 신앙 성장을 위해 필요한 것이 무엇인지를 이야기해 주기 시작했다.

아마 어떤 사람은 이렇게 말할지도 모르겠다. "야, 얼마나 놀라운 이야기인가. 열아홉 번이나 허탕을 친 후에 비행기를 탄 군인이 자기 부대 군목의 신학교 교수님 옆자리에 앉게 되다니. 우연치고는 대단하네!"

그러나 그것은 우연이 아니었다. 나는 그렇지 않다는 것을 아는데, 왜냐하면 하나님이 그 군인을 위한 계획을 가지고 계시는 것처럼 나를 위한 계획을 가지고 계신다는 것을 알기 때문이다(또한 당신을 위한 계획도 있다). 나도 내가 엘리야처럼 가장 높으신 분의 종이라는 것을 안다. 또한 나의 역할 가운데 하나는 매일 아침 일어나서 "주님, 저는 단지 당신의 의복입니다. 당신이 보시기에 어울리는 대로 저를 입으시고 둘러메서서 당신의 뜻을 이루소서"라고 기도하는 것임을 안다.

엘리야는 하나님의 자원을 가졌음을 확신했다

엘리야가 아합에게 마지막으로 한 말은 자신의 말이 없으면 더는 비가 오지 않으리라는 것이었다. 어떻게 그런 일이 있을 수 있을까? 엘리야가 마술사라도 되는가? 아니다. 신약성경에서 야고보는 우리에게 "엘리야는 우리와 성정이 같은 사람이로되"라고 분명히 말하고 있다. 이 말씀을 생각해 보라. 엘리야는 바로 우리와 다를 바 없는 사람이었다!

그런데 야고보는 계속해서 "그가 비가 오지 않기를 간절히 기도한즉 삼 년 육 개월 동안 땅에 비가 오지 아니하고"(약 5:17)라고 말했다. 엘리야는 왕과 정면 대결할 용기를 어디에서 얻었는가? 나는 그것이 기도 생활의 산물이라고 믿는다. 엘리야는 기도 덕분에 하나님의 살아 계심과 하나님의 자원에 대해 확신할 수 있었다. 또 하나님이 약속하신 바를 반드시 이루시리라는 것을 신뢰할 수 있었다. 하나님이 약속하신 것은 무엇인가? 신명기 11장 16-17절에서 하나님은 다음과 같이 이스라엘에게 경고하셨다.

"너희는 스스로 삼가라 두렵건대 마음에 미혹하여 돌이켜 다른 신들을 섬기며 그것에게 절하므로 여호와께서 너희에게 진노하사 하늘을 닫아 비를 내리지 아니하여 땅이 소산을 내지 않게 하시므로 너희가 여호와께서 주신 아름다운 땅에서 속히 멸망할까 하노라."

그것은 하나님의 언약이었다. 우상숭배를 하면 가뭄이 들게 되어 있었다. 아합과 백성은 그 사실을 잊었지만, 엘리야는 잊지 않았다. 그는 하나님이 배역하는 백성에게 비를 내리지 않으심으로써 그분의 말씀을 지키실 것을 확신했다. 또한 그는 하나님이 약속하신 바를 이행하실 분이라는 것을 알았다. 그래서 엘리야는 의를 위하여 분연히 일어서서, 야고보서에 기록된 대로 하나님께 비를 내리지 마시도록 간절히 기도했던 것이다. 그리고 하나님은 그의 기도에 응답하셨다.

지금 우리가 사는 세상은 죄로 흥건하게 젖어 있지만, 진리는 메말라 있다. 우리 문화에서는 사람들이 스스로 지혜롭게 여기면서 유일하신 하나님께 멀리 떠나 있다. 사람들은 이기적인 즐거움이라는 어리석은 우상에 자신을 바치고 있다. 도덕이 결여된 땅에 살지만, 당신은 하나님이 당신에게 풍성한 자원을 주셨음을 인식하는가? 당신은 엘리야가 가졌던 모든 것을 가지고 있다. 아니, 그보다 더 가지고 있다. 그것은 바로 하나님의 말씀, 하나님의 성령, 기도의 능력이다. 무엇이 더 필요한가? 당신은 성경에서 하나님이 하신 말씀을 믿을 수 있는가? 그래서 하나님이 그분의 약속을 이루시도록 기도할 수 있는가? 기도와 믿음, 이것이 엘리야가 전능하신 하나님을 위하여 자신이 몸담은 사회에 영향력을 끼치기 위해 사용한 도구였다. 당신도 똑같이 이것을 사용할 수 있다.

나는 여러 해 전에 어떤 경험을 했는데, 솔직히 말하면 다시는 이런 경험을 하지 않기를 바란다. 목사님들의 기도 모임에 참석했었는데, 분위기가 너무 심한 불신앙으로 흘러 자리에서 일어나 나와 버렸다. 모인 사람들이 기도하는 대신 자기들의 목회 사역을 다른 사람들의 사역과 비교하면서 자신이 이룬 일을 자랑하는 데 정신이 팔려 있었다. 마케팅이나 돈에 관한 대화는 있었지만, 죄에 흠뻑 젖어 있는 우리 사회에 하나님이 역사하셔서 그분의 살아 계심을 나타내시기를 부르짖는 사람은 아무도 없었다.

결국 그 그룹을 떠나 방으로 돌아온 나는 하나님의 약속을 마음에 채우면서 성경을 읽기 시작했다. 그랬을 때 내가 그분의 종 가운데 한 사람, 단지 그분의 대리자임을 새롭게 깨달았다. 그리고 그것은 엘리야가 사용했던 자원, 믿음이 있으면 누구나 사용할 수 있는 그 자원을 나도 사용할 수 있다는 것을 의미했다. 그래서 나는 불가능한 일을 위해 기도하기 시작했다. 주님이 그 '기도' 모임에 참석한 사람들의 마음을 변화시켜 주시도록 말이다. 그러자 하나님이 기적을 보여 주셨다! 성령님이 조용히 역사하셔서 그 그룹의 초점을 완전히 바꾸어 놓으신 것이다.

세상을 변화시키는 능력을 우리도 언제나 사용할 수 있다. 어떤 순간이나 어떤 상황에서든 우리 또한 하나님의 말씀과 믿음의 기도로 그분의 자원을 활용할 수 있다. 우리는 이 세상에서 그리고 주변 사람들의 삶에서 하나님이 행하시는 기적을 지켜볼 수 있다.

그렇다면 질문은 이것이다. 당신은 경건한 확신이 있는 사람인가,

혹은 그렇지 않은 사람인가? 하나님은 당신이 체험한 살아 계신 실제인가? 엘리야처럼, 당신은 하나님이 언제든지 쓰실 수 있는 그분의 대리자인가? 그리고 어떤 순간이든 하나님의 자원을 사용할 수 있다는 깊은 확신을 가지고 살아가는가? 만약 그렇다면, 그 자리에 굳게 서서 다음 세대에 영향을 끼치는 하나님의 통로가 되라.

교통

2장

채드 월시Chad Walsh는 그가 쓴 매
우 흥미로운 책, 『21세기의 초대교인들』(*Early Christians of the Twenty-First
Century*)이라는 책에서 나의 정신세계에 다음과 같은 일침을 가했다.

수많은 그리스도인이 스테인드글라스 창문의 아름다운 빛이 쏟아
지는 가운데 울려 퍼지는 감미로운 오르간 음악에 도취되어 감상
적이고 모호한 경건에 빠진 채 살고 있다. 그들의 종교는 의지도 없
고 지성도 없이, 그저 감정적인 전율만을 주는 즐거움일 뿐이다. 또
한 듣기 좋은 그럴싸한 몇 마디 말 말고는 요구하는 것도 거의 없
다. 나는 사탄이 사람들을 불가지론자로 만드는 시도를 그만둔 것
은 아닌가 의심스럽다. 사람이 기독교에서 아주 멀리 떨어져 있게
되면, 마침내 객관적으로 기독교를 바라볼 수 있을 것이고 그것이
참된 종교라고 결정할 수 있을 것이기 때문이다. 그러니 사탄의 입
장에서는 사람에게 약한 기독교를 심어 줌으로 진짜 기독교를 믿
는 것을 방지하는 일이 더 안전해 보이는 것이다.

아마도 당신은 윗시가 묘사하는 사람이 어떤 사람인지 알 것이다. 이런 사람들의 신학은 우리 문화에서 매우 인기가 있다. 그들은 하나님의 모든 '친절한' 부분, 즉 하나님의 사랑과 자비, 용서는 받아들이지만, 하나님의 인격 중 불편한 부분인 정의나 진노, 거룩함에 대해서는 아주 쉽게 잊어버린다. 그들은 "하나님은 사랑이시다"라고 주장하는 데는 빠르지만, 하나님은 "거룩, 거룩, 거룩하시다"라고 성경에서 선포된 것은 잊어버린다. 그들은 예수님이 간음하다 붙잡힌 여인을 용서하시는 이야기에 대해 말하는 것을 좋아하지만, 그 만남에서 주님이 경고하신 "가서 다시는 죄를 짓지 말라!"는 말씀은 회피한다.

이렇게 얕은 믿음을 가진 사람은 가짜 그리스도인이나 다름없다. 그들은 하나님의 깊은 진리를 아는 것처럼 행동하지만, 그것은 겉으로만 그럴 뿐이다. 위기에 직면했을 때 그들은 신앙으로 그 위기를 이겨 나갈 수 없을 것이다. 당신도 알다시피 예수님은 단지 사람들에게 그들의 죄를 용서해 주시는 것에 대해서만 말씀하신 것이 아니다. 그분은 그들의 죄를 없애 주기 위해 돌아가셨다!

영적인 영역에서 가짜만큼 사람들이 싫어하는 것은 없다. 반대로 진짜만큼 사람들을 끄는 힘을 가진 것도 없다. 진실한 사람은 매력이 있으며, 다른 사람들을 진리로 이끈다. 따라서 이 세상의 영적인 사기꾼들을 보다가 참된 한 사람 엘리야를 만나게 되는 것은 얼마나 마음을 새롭게 해주는지 모르겠다. 그의 삶이나 체험에서 위선의 가면은 찾아볼 수 없다. 물론 그도 문제는 겪으나 가식은 없다.

지난 장에서 우리는 엘리야의 확신에 관하여 탐구해 보았다. 시골에서 온 이 투박한 반역자는 불쑥 왕궁 안으로 들어가 아합에게 최후통첩을 전달했다. 영적으로 쇠퇴해 가는 세대 속에서도 담대히 외칠 용기를 낼 수 있었던 것은 그가 확신의 사람이었기 때문이다. 그는 하나님이 여전히 살아 계시며, 자신이 이 땅에 하나님의 대리자로 보냄 받았음을 확신했다. 다른 사람들은 모두 숨어 있었지만, 그 확신을 가졌기 때문에 그는 담대히 말해야 한다는 책임을 느낀 것이다. 담대히 외침으로써 큰 위험에 직면하게 된다 할지라도, 그는 의를 위해 우뚝 서는 대변인이 되었다.

한편, 엘리야가 아합의 면전으로 돌진해 나간 후 어떤 일이 일어났는지 주목해 보라. 중앙 무대에서 활동하던 엘리야가 고독한 장소로 후퇴했다. 열왕기상 17장 2-7절을 주의 깊게 읽어 보면, 원인과 결과의 관계가 드러난다. 공적인 삶에서 효과적인 사람이 곧 사적인 삶에서도 효과적인 사람이다. 깊은 확신을 가지고 자신의 사회에 참된 영향력을 끼치는 사람은 반드시 하나님과 홀로 시간을 보내는 사람이다.

이것이 바로 믿음이 얕은 사람들이 그들의 세상을 변화시키지 못하는 이유다. 그들은 일대일로 하나님과 교통하지 않는다. 그래서 그들은 하나님에 대한 확신이 부족한 채로 말씀을 전한다.

나는 하나님을 섬기기 위해 높은 지위를 열망하는 젊은이를 많이 만난다. 그들은 믿음의 영웅들의 활약상에 대해서는 많이 보지만, 그 영웅들이 사탄과 싸우기 위한 걸음을 내딛기 전에 자신의 기도실에서 많은 시간을 보낸다는 사실은 생각하지 못한다.

열왕기상 17장 2-7절을 구성하는 데 핵심적인 네 단어가 있는데 그것은 명령, 약속, 대답 그리고 시험이다. 이 순서는 중요하기도 하고 영적이기도 하다. 하나님은 명령을 내리시며, 그것과 함께 약속을 해주시고, 우리의 반응을 기다리시며, 그다음에는 우리의 결정을 시험하신다. 이것이 정확히 엘리야가 겪은 유형이다.

명령

이야기는 "여호와의 말씀이 엘리야에게 임하여 이르시되 너는 여기서 떠나 동쪽으로 가서 요단 앞 그릿 시냇가에 숨고"왕상 17:2-3라는 말로 시작된다.

상상할 수 있는가? 엘리야는 분명히 이렇게 생각했을 것이다. "숨으라고요, 주님? 지금요? 아합의 고삐를 쥐고 있는 바로 이때 말입니까? 할 일이 많이 있지만 그 일을 하는 사람은 거의 없는 바로 지금 말입니까? 저보고 가서 숨으라고요?"

종종 우리 자아는 숨는 것을 원하지 않는다. 스타가 되기를 원한다. 하나님이 "네 자신을 가서 보여 주라"고 말씀하시면 우리는 기뻐한다. 그러나 하나님이 "가서 숨어라"고 말씀하실 때 우리는 "네?"라고 반문한다. 내가 엘리야였다면 하나님과 논쟁했을 것이다. "주님, 뭔가 의사소통에 문제가 있으신 것 같은데요? 저는 궁중에서 활동하는 사람입니다. 궁중 출신더러 바위 뒤에 숨으라고 하시는 건 아니죠? 그렇죠?"

나는 아마 숨는 일을 피하려고 나 자신을 합리화했을 것이다.

"주님, 제가 잘못 이해한 것이 틀림없습니다. 주님이 결코 저를 그런 한적한 장소로 불러내실 리가 없는데 말이에요."

나는 오늘날도 하나님이 많은 그리스도인에게 "가서 숨으라"고 말쓸하고 계심을 확신한다. 그러나 바쁜 세상을 사는 우리에게 그것은 어려운 과제다. 이미 언급한 대로 우리 중 많은 사람은 매 순간을 바쁘게 보내는 열정적인 활동가다. 우리의 주의를 끌고자 아우성치는 많은 함성이 있기 때문에 우리는 너무 쉽게 주님의 음성을 놓치게 된다.

당신은 하나님께 당신을 사용하여 만들고 빚으사 당신이 선두에 서게 해 달라고 기도할 수 있을 것이다. 당신은 지금 세대뿐만 아니라, 주님이 오지 않으신다면 다음 세대에도 당신을 사용해 달라고 하나님께 간청할 수 있을 것이다. 그러나 하나님이 먼저 말씀하지 않으시면, 당신은 그 어떤 세대에도 아무런 말을 할 수 없다.

엘리야에게도 이것이 필요함을 하나님은 잘 아셨다. 하나님이 원하시는 지도자가 되기 위해서, 엘리야는 혼자 시간을 보내면서 조용히 하나님의 음성을 들어야 했다. 효과적인 사역자가 되기 위해서 그는 자신의 말이나 힘을 의지해서는 안 되었다. 그는 전능하신 하나님의 자원이 필요했다. 하나님의 자원을 축적하는 방법은 단 한 가지뿐이었다. 그것은 바로 홀로 떨어져 하나님과 함께 시간을 보내는 것이었다.

우리 주 예수님도 같은 방법을 따르셨다. 종종 군중이나 박진감 넘치는 사역을 떠나 숨어서 하늘의 아버지와만 함께 계셨다.

예수님께도 그것이 필요했는데, 하물며 당신에게는 그 시간이 얼마나 더 필요하겠는가? 주님과 동행하는 데 가장 중요한 것은 신앙서적을 읽거나 예배나 세미나에서 말씀을 듣는 것이 아니다. 물론 그런 것들도 중요하지만, 그것들은 하나님이 사용하시는 도구에 불과하다. 최종적으로 가장 중요한 것은 당신이 하나님께 듣고 있느냐 하는 것이다. 그렇지 않다면, 즉 하나님과 친밀한 관계를 맺고 있지 있다면, 당신은 다른 사람들이 하나님에 대해 말하는 것도 깨닫지 못할 것이며, 그들의 메시지가 당신 삶에 거의 영향을 끼치지 못하게 될 것이다.

몇 해 전, 강사로 참여한 수련회에서 상담하러 온 한 사람과 이야기를 나누게 되었다. 그는 직장에서 심각한 문제에 직면해 있었다. 그리고 그것을 극복하는 데 큰 어려움을 겪고 있었다. 나는 그에게 물었다.

"얼마나 많은 시간을 생각하는 데 보내십니까?"

"생각하느냐고요? 헨드릭스 씨, 저는 생각할 시간이 없습니다. 생각하느라 멈춘다면, 저는 뒤처지고 말 겁니다."

바로 이것이 우리의 문제다.

4세기에 살았던 배교자 로마 황제 율리아누스Julianus는 기독교의 모든 흔적을 말살하기로 작정했다. 그런데 그는 영적인 열역학 법칙을 발견하고 당황하고 말았다. 열이 강할수록 더욱 팽창한다는 것을 말이다. 그가 기독교를 박해하면 할수록 기독교는 더욱 번창했다. 마침내 그는 남아 있는 자신의 추종자들을 꼭대기 방에 불러 놓고 소리쳤다. "젠장! 기독교는 우리에게 너무 많은 생각을 하게 한단 말이야. 노예 놈들조차 생각을 하니 말이야!" 로마인의 사고방식으로는 이해가 안 되는 일이었다. 그러나 그것은 사실이었다. 노예들조차 하나님 말씀의 영향을 받아 생각하는 생활을 했다.

생각하는 데 시간을 보내고 있는가? 하나님의 말씀을 묵상하고 그 뜻을 파헤치고 하나님이 당신에게 말씀하시기를 기다리는 데 시간을 보내고 있는가? 나는 앉아서 계획을 세우는 그리스도인 가운데 이류의 삶을 사는 사람을 한 명도 보지 못했다. 그러나 우리가 우리 앞에 놓인 방향대로 아무 생각 없이 계속 따라간다면 그저 그런 삶을 살게 것이다. 이미 오래전에 플라톤은 자신을 살펴보지 않는 삶이 가치 없다는 것을 간파했다. 이것은 특히 그리스도인들에게 맞는 말이다. 시간을 내어 하나님의 존전에 자기 자신을 드려 본 적이 없는 신자는 결코 하나님의 음성을 들을 수 없다. "너는 가서 숨으라"고 하나님이 말씀하신다. 하나님의 말씀에 순종할 의향이 있는가?

약속

하나님은 그분의 명령을 수행할 만한 능력을 주지 않고 명령을 내리시는 분이 아니다. 어떤 임무를 내리실 때 하나님은 언제나 그것을 수행하는 데 필요한 자원을 공급해 주신다. "그 시냇물을 마시라"고 하시면서 또 "내가 까마귀들에게 명령하여 거기서 너를 먹이게 하리라"왕상 17:4고 설명하신다.

약속의 말씀은 간단하지만 충분했다. 그것은 엘리야를 보호하기에 충분했고, 그가 부르심을 받은 일을 준비하는 데 필요한 것들을 충족시킬 수 있었다. 하나님과 교통하기 원한다면 그분이 우리의 필요를 채우신다는 사실을 믿어야 한다.

나는 학생들을 가르칠 좋은 기회를 많이 얻었다. 정기적으로 나를 만나러 왔던 한 젊은 학생이 기억난다. 그는 홀로 많은 시간을 하나님과 보냈으며, 이제는 꿈을 꾸며 비전을 키우고 있었다. 그를 만날 때마다 나는 '하나님이 그를 인도하여 행하실 일에 찬물을 끼얹으려는 고지식한 그리스도인들에게서 그를 지켜 낼 수 있다면 머지않아 그가 큰일을 했다는 소식을 들을 수 있을 텐데'라고 생각했다. 만약 내가 그 친구가 지닌 생각을 귀띔해 준다면, 당신은 그것이 너무 황당하다며 껄껄 웃고 말 것이다. 그러나 그는 오랫동안 그 생각을 품고 기도해 왔으며, 하나님이 그 일을 행하기 원하신다고 확신하고 있었다.

어느 날 그가 나에게 이렇게 말했다.

"교수님, 문제가 많습니다. 이 일이 성공하기 위해서는 하나님의 기적이 꼭 필요하겠는데요."

"잘되었군. 이 시대에 이루어진 중요한 일 가운데 기적이라는 하나님의 역사하심의 산물이 아닌 것이 없음을 생각해 본 적이 있나?"

그리고 나는 그에게 달라스 신학교에서 있었던 일을 이야기해 주었다. 달라스 신학교는 1924년에 설립되고 나서 얼마 후에, 파산 선고를 할 지경에 이르렀다. 어느 날 정오에 채권자들이 와서 차압을 하기로 되어 있었다. 그날 아침, 학교를 설립한 사람들이 총장실로 모였다. 하나님의 공급하심을 구하기 위해서였다. 그 기도 모임에 해리 아이언사이드Harry Ironside가 있었다. 자신의 기도 차례가 되었을 때 그는 신선하고 솔직하게 자신의 방식대로 기도하기 시작했다.

"주님, 저희는 수많은 언덕 위의 소 떼도 다 당신의 것임을 압니다. 그것들을 좀 팔아서 저희에게 돈을 보내 주십시오."

바로 그때쯤, 부츠를 신고 셔츠 단추 몇 개를 풀어헤친 키가 큰 전형적인 텍사스인이 학교 재정 부서 안으로 천천히 들어왔다.

"안녕하십니까!"

그가 비서에게 말했다.

"나는 차 두 대분의 소를 시장에 막 내다 팔았습니다. 그것으로 사업을 할까 하고 여기저기 거래해 보았는데, 잘 이루어지지 않았습니다. 그러다 문득 하나님께서 제가 이 돈을 신학교에 기부하기 원하신다는 느낌을 받았습니다. 이 돈이 필요한지 어떤지는 모르겠습니다만, 이 수표를 받아 주셨으면 좋겠습니다."

사태의 심각성을 알고 있던 비서는 곧장 그 수표를 들고 기도 모임을 하는 방문을 조심스럽게 두드렸다. 학교의 창립자이자 총장인 루이스 스페리 셰이퍼Lewis Sperry Chafer 박사가 문을 열고 그녀의 손에서 수표를 건네받았다. 그 수표에 적힌 액수는 정확히 달라스 신학교가 빚을 지고 있던 금액이었다. 그리고 수표에 적힌 이름은 그가 알고 있는 목장 주인이었다. 그는 아이언사이드 박사를 향해 돌아서면서 말했다.

"헤리, 하나님께서 그 소들을 파셨네."

종종 하나님은 우리가 예상하지 못한 방법으로 공급해 주신다. 하나님이 우리의 필요를 채워 주시기 위해 세우신 계획이 무엇인지 우리는 알 수 없다. 엘리야도 자신이 광야로 부르심 받을 것이며, 새가 가져다주는 음식을 먹게 될 줄은 꿈에도 생각하지 못했을 것이다. 그러나 그는 하나님이 공급하시는 방법을 보고 자신의 믿음을 세우고, 하나님을 더욱 이해하게 되었을 것이 틀림없다. 이것이 바로 하나님과 교통할 때 당신의 삶에서 일어나는 일이다.

반응

하나님이 뒤로 물러나라고 하셨을 때 엘리야는 어떻게 반응했는가?

> "그가 여호와의 말씀과 같이 하여 곧 가서 요단 앞 그릿 시냇가에 머물매 까마귀들이 아침에도 떡과 고기를, 저녁에도 떡과 고기를 가져왔고 그가 시냇물을 마셨으나" 왕상 17:5-6.

이 말씀을 대할 때 나의 심장이 뛰는 이유는 엘리야의 반응이 나의 반응과 다르기 때문이다. 내가 만약 엘리야의 처지에 있었다면 나는 하나님과 논쟁을 벌였을 것이다. 하나님이 분명 실수하고 계시다는 것을 조목조목 따졌을 것이다. 그리고 하나님의 계획을 '더 향상시킬 수 있는' 몇 가지 좋은 아이디어도 제안해 드렸을 것이다. '영적 거인들'을 어떻게 대우하셔야 하는지에 관해 약간의 충고도 덧붙였을 것이다.

그러나 엘리야는 그렇게 하지 않았다. 그는 단순히 하나님이 하라고 하신 것을 했다. 정말 하나님과의 친밀한 교통을 즐기기 원한다면, 엘리야에게 그 순종의 대답은 매우 중요한 것이었다. 당신도 알다시피 순종에는 신뢰하는 자세와 배우려는 정신이 담겨 있다.

그의 태도는 열왕기상 17장에서 명백히 볼 수 있는데, 거기에는 하나님의 지시를 따르는 엘리야의 이야기가 나온다. 자신을 돌보시리라는 하나님의 약속의 말씀을 확신하며 엘리야는 사르밧 과부의 집으로 가게 되고, 기근의 때에 그 여인의 필요가 기적적으로 채워지는

데 하나님께 쓰임을 받았다.

우리는 이와 비슷한 예로 하나님이 자신의 종들 중 한 사람을 심부름 보내시는 것을 사도행전 9장에서 볼 수 있다. 그 장을 펼치면 초대교회를 향해 "살기가 등등"한 사울을 만나게 된다. 그러나 사울은 예루살렘에서 다메섹으로 가는 도중에 부활하신 예수님을 만나 영적 변화를 겪는다. 그리스도인들은 사울의 회심을 받아들이기가 어려웠다. 그들이 알기로 사울은 여전히 첫째가는 공동의 적이었다. 사울은 (잠시 후 살펴보겠지만) 다메섹으로 갔으나 결국에는 예루살렘으로 돌아갔다. 그가 돌아갔을 때를 성경은 다음과 같이 이야기하고 있다. "사울이 예루살렘에 가서 제자들을 사귀고자 하나 다 두려워하여 그가 제자 됨을 믿지 아니하니"행 9:26. 그들 중 누군가가 이렇게 말했을 것이다. "이것 보세요. 그가 우리를 얼마나 바보로 여기고 있는 줄 아십니까? 그는 우리 모임의 내부에 침투하려고 개종한 척 위장하고 있습니다. 그렇게 모든 신자를 파악하여 한 사람씩 제거하려는 것입니다! 그러니 절대로 그를 받아들여서는 안 됩니다!"

우리 시대의 기독교에 이 사건을 관련시키기란 쉽지 않다. 오늘날 우리는 교회의 문을 활짝 열어 놓고, 사람들에게 "당신은 예수님이 구세주이심을 아시죠, 그렇죠?"라고 암시적으로 묻는 경향이 있다. 당연히 머리가 제대로 돌아가는 사람이라면 누구든 상대방이 원하는 대답을 알아차릴 수 있다. 그 결과 많은 불신자와 믿음의 지체들이 뒤섞이게 되었다. 그러나 사울 시대에 그리스도인들은 조심하는 것이 중요하다는 것을 이해했다. 자신들의 생명이 달린 문제이기 때문이다.

새 개종자 사울이 다메섹에 도착하자마자 초대교인들의 조심성이 작동하기 시작했다. 예수님과의 만남으로 앞이 보이지 않게 된 그는 어떤 집으로 인도되어, 주님이 어떤 사람을 보내시기 전까지 거기서 기다리라는 말을 듣게 된다. 그 어떤 사람이란 아나니아였다. 나는 하나님이 어떻게 이 사람을 불러 사울을 돕게 하셨는지에 관한 이야기를 매우 좋아한다. 그것은 무척 신선하리만치 사실적이다. 사도행전의 저자는 어떻게 대답해야 할지 애쓰는 한 사람을 화려한 그림으로 그려내고 있다.

사도행전 9장 10절 말씀을 보자. "그때에 다메섹에 아나니아라 하는 제자가 있더니 주께서 환상 중에 불러 이르시되 아나니아야 하시거늘."

배경이 쉽게 상상이 되지 않는가? 아나니아라는 제자가 있고 그는 자기 일에 몰두하고 있었다. 그런데 어느 날 예기치 않게 주님이 그의 이름을 부르신다. 다행히도 그는 주님의 음성을 알아차리고 "네, 주님" 하고 대답한다.

주님은 그에게 할 일을 주기 시작하시는데, 아나니아가 오직 순종하기를 원하는 마음으로 충만해 있는 것을 알 수 있다. "주님이 원하시는 것이면 무엇이든지 하겠습니다."

그래서 주님은 그에게 약도를 그려 주신다.

"직가라 하는 거리로 가서…."

"네."

"유다의 집에서…."

"알겠습니다."

"한 사람을 찾아라."

"한 사람이요? 알겠습니다."

"그는 다소에서 온 사람인데."

"다소에서 온 사람이요? 좋습니다."

"이름은 사울이다."

"(한참 동안 말문이 막혔다가) 네?!"

나는 여기서부터 아나니아가 다른 말을 한마디도 듣지 못했을 것이라고 생각한다. 그의 대답에 주목해 보라. 그것은 짤막한 기도인데 거기에서 그는 하나님께 약간의 조언을 해 드리고 있다. "주여 이 사람에 대하여 내가 여러 사람에게 듣사온즉 그가 예루살렘에서 주의 성도에게 적지 않은 해를 끼쳤다 하더니(그는 하나님이 그 소식을 아직 듣지 못하셨다고 생각하는 듯하다) 여기서도 주의 이름을 부르는 모든 사람을 결박할 권한을 대제사장들에게서 받았나이다"행 9:13-14. 다시 말하자면 아나니아는 "주님, 여기서 일어난 모든 사실을 알고 계시는 것이 확실하십니까?" 하고 물어보고 있는 것이나 다름없다.

그러나 하나님은 "가라"는 명령으로 아나니아의 말을 가로막으셨다행 9:15. 믿음의 사람이었기에, 자신이 들은 말씀대로 하기로 한 아나니아는 가서 사울의 머리에 안수한다. 그는 사울을 "형제"행 9:17라고 부르기까지 하는데, 그것은 그가 사울을 진정한 개종자로 받아들였음을 보여 주는 것이다. 당신이 이런 과제를 맡았다고 상상해 보라. 한 거물급 인사의 호텔 방에 들어가서 그의 모든 부하를 한번 죽 둘러본 후 "형제여! 우리 식구가 된 것을 환영한다"라고 말해야 한다고 생각해 보라. 틀림없이 아나니아는 매우 불편한 심정이었을 것이다!

엘리야에게도 비슷한 경우가 생기는데 아직은 아니다. 왕 앞에서 성공적으로 임무를 수행한 그에게 하나님은 길에서 벗어난 그릿이라는 작은 시냇가에 가서 야영을 하라고 말씀하셨다. 그의 임무에서 잠시 손을 떼고 있으라는 것이다! 선지자는 그 어떤 반발도 하지 않았다. 그는 하나님이 말씀하신 것을 정확하게, 즉각 실시했다.

이것이 하나님이 찾고 계시는 응답이다. 보다시피 영적인 세계에서 무지의 반대말은 지식이 아니라 순종이다. 그래서 성경에 "순종이 제사보다 낫고 듣는 것이 숫양의 기름보다 나으니"_{삼상 15:22}라고 쓰여 있다. 하나님은 우리가 예배드리는 척한다고 감명을 받지 않으신다. 우리가 그분의 말씀을 실천할 것인가를 알기 원하신다.

하나님과 내가 계속 싸우는 일이 하나 있다. 나는 내가 얼마나 많이 알고 있는가를 놓고 그분을 감동시키려고 부단하게 시도한다. 반면 그분은 내가 얼마나 조금 순종하는지 깨닫게 하시려고 부단히 노력하신다. 하나님과의 교통 가운데 있는 당신 자신을 진정으로 발견하고 싶다면 그분께 순종하라. 그것이 하나님과 깊이 동행할 수 있도록 문을 여는 반응이라는 것을 당신은 발견하게 될 것이다.

시험

광야로 가라는 명령, 하나님이 공급하실 것이라는 약속 그리고 선지자 편에서의 순종의 반응이 이어졌다. 그러나 이제 엘리야의 믿음을 진짜로 시험해 볼 때가 왔다. 그 이야기는 이렇다. "땅에 비가 내리지 아니하므로 얼마 후에 그 시내가 마르니라"왕상 17:7.

엘리야에게 얼마나 속이 뒤집히는 일이었겠는가! 그는 하나님의 약속을 신뢰하며 공적으로나 사적으로나 그분께 순종했다. 내가 그였다면 나는 심각하게 따졌을 것이다. "보세요, 주님. 애초에 저보고 여기 오라고 말씀하신 분은 바로 당신이셨습니다! 저는 주님이 지시하신 대로 했습니다. 따라서 저는 지금 주님의 뜻 한가운데 있는 것이 맞는데, 이 물을 끊어 버리시는 의도가 대체 뭡니까? 도대체 일이 어떻게 되어 가는 거란 말입니까?"

이 사건이 의미하는 바는, 하나님은 단지 믿음을 심어 주시는 것에만 관심이 있으신 게 아니라 믿음을 자라게 하는 데도 지극히 관심이 있으시다는 것이다. 그리고 그분은 깊고 풍성한 믿음이 시련을 통해서만 성숙한다는 것을 알고 계신다. 다이아몬드와 같은 인격을 형성하기 위해서는 혹독한 시련을 겪어야 한다.

아브라함이 확실히 그랬다. 하나님은 갈대아 우르에서 그를 불러 비옥한 초승달 지역을 지나게 하시고 약속의 땅으로 내려오게 하셨다. 하나님의 뜻에 꼭 맞는 곳에 도착하자마자 극심한 흉년이 그 땅을 움켜쥐었다. 그래서 아브라함은 이집트로 내려갔고, 거기서 그는 더욱더 큰 고생보따리를 떠맡았다. 그러고 나서 그가 가나안으로 다시 돌아왔을 때 하나님은 그를 또다시 시험하셨는데, 그것은 그가 오랫동안 고대하여 얻은 독자 이삭을 희생 제물로 바치라는 것이었다. 인간적인 관점에서 본다면, 당신은 '도대체 어쩌란 말씀이지?' 하고 생각할 수 있을 것이다. 그러나 하나님의 관점에서, 아브라함의 믿음이 성숙해지고 하나님께로 가까이 갈 수 있었던 것은 바로 그 시험들을 통해서였다는 것을 당신은 깨닫게 될 것이다.

나는 내가 가르치는 신학생들의 삶에서 이와 똑같은 과정이 일어나는 것을 보아 왔다. 굉장히 뛰어난 재능을 가진 젊은 친구가 전임 사역자로 부르심을 받고 훈련을 받기 위해 신학교에 입학했다. 그런데 3주가 막 지났을 때 그의 안색이 매우 안 좋아 보였다. 그때 그는 아직 일할 곳을 찾지 못했고 아내는 병들어 있었다. 그의 손에는 성적이 기재된 세 장의 시험지가 들려 있었는데, 모두 크고 굵은 글씨로 'F'라고 표시되어 있었다. 비록 그는 아직 헬라어를 많이 배우지는 않았지만, 'F'가 'Fine'을 의미하지 않는다는 것을 인식할 정도의 영어는 충분히 알고 있었다!

그는 손에 시험지를 꼭 붙든 채 내 사무실 앞에 서서 이렇게 물었다. "교수님, 어째서 이렇지요? 제 삶에서 제가 하나님이 원하시는 자리에 서 있다는 확신을 요즘처럼 분명하게 해본 적이 없었어요. 그런데 지금 제 삶은 갈기갈기 찢기고 있습니다."

내가 대답했다. "지금 겪고 있는 일은 자네가 수강하고 있는 과목만큼이나 중요한 교과 과정의 일부분일 뿐이라네. 이것은 하나님이 고안하신 교과 과정인데, 자네를 깎고 다듬어 그분이 사용하실 수 있는 사람이 되게 하는 것이지. 이런 것들이 진짜 시험일세. 자네를 성숙하게 만들어 주고 하나님에 대한 이해와 자신감을 갖게 하기 위해서 일어나는 일들 말일세."

우리 주님이 이 원리를 마가복음 4장에서 예증해 주셨다. 주님이 배가하는 사역을 위해 소수의 사람을 준비시키는 일에 착수하셨을 때 우리는 이 본문을 통해 주님의 훈련 과정의 한 부분을 보게 된다. 제일 먼저 주님은 믿음을 주제로 거기에 초점을 맞춘 예화를 그들에게 들려주셨다. 그러나 주님은 사람들이 강의를 통하여 믿음을 배우지 못한다는 것을 아셨다. 사람들은 삶의 현장에서 믿음을 배운다. 예수님은 위대한 교사이시다. 그분이 내시는 시험은 학교에서 출제하는 그런 것이 아니었다. 우리가 내는 시험으로는 학생들이 하룻밤 사이에 머릿속에 얼마나 많은 정보를 집어넣을 수 있는가를 알 수 있을 뿐이다. 이와는 대조적으로, 주님은 학생들이 잘 배웠는지 알아보시려고 그들의 삶을 보셨다. 그분이 가르치신 원리들을 제자들이 실천에 옮기는지 보기를 원하셨다.

그 이야기는 이런 말로 시작된다. "그날"막 4:35. 우리는 당장, '그날'이 '어떤 날'인지 묻고 싶어진다. 물론 제자들이 주님께 믿음에 관한 강의를 들은 바로 그날을 말하는 것이다! "제자들에게 이르시되 우리가 저편으로 건너가자 하시니"35절라고 말씀하신 것은 바로 그날이었다. 그래서 그들은 바다를 건너기 위해 고깃배에 올라탔다. 그런데 이야기는 이렇게 전개된다. "큰 광풍이 일어나며 물결이 배에 부딪쳐 들어와 배에 가득하게 되었더라"37절.

자, 이 사람들의 직업이 어부였다는 것을 상기해 보라. 그들은 이런 광풍에 익숙해 있었으므로, 그들의 반응으로 보아 우리는 그것이 극심한 광풍이었으며 그들이 죽음의 공포에 떨고 있었음을 알 수 있다. 흥미롭게도 그들은 배 뒤쪽에서 잠자고 계시던 예수님께 황급히 달려갔다. "선생님이여 우리가 죽게 된 것을 돌보지 아니하시나이까?"38절라고 그들이 물었다. 주님이 임무를 제대로 수행하지 못하셨다는 뜻을 담고 있는 질문이다. 이에 예수님은 바람과 파도를 꾸짖으셨고, 순식간에 바다가 잠잠해졌다.

그러고 나서 주님이 그들에게 물으셨다. "어찌하여 이렇게 무서워하느냐 너희가 어찌 믿음이 없느냐"40절. 이 본문을 문자적으로 해석

한다면, 예수님이 이렇게 말씀하고 계시는 것이다. "다른 사람도 아니고 너희가 이렇게 믿음이 없다니 어떻게 된 일이냐? 믿음에 관한 강의를 지금 막 들었던 너희가 말이다. 너희는 이 시험에서 모두 'F'를 받았는데, 그것은 믿음faith의 약자가 아니란다."

주님은 특별한 일을 시키기 위해 부르신 사람들을 종종 시험하신다. 갈릴리 바다의 광풍과 같은 고된 교육이 없었다면, 제자들은 예수님이 하나님 아버지께로 돌아가신 후 그들이 나중에 맞이하게 될 더 어려운 시기에 대처할 준비가 되어 있지 않았을 것이다.

나는 때때로 예수님이 나와 내 가족, 또는 우리 교회의 신자들이나 신학교의 교수들에게 뭐라고 말씀하실까 궁금하다. 주님이 우리의 믿음에 의문을 제기하실 수밖에 없게 될 가능성은 없는가? 주님은 어쩔 수 없이 이렇게 물어보셔야 할지도 모른다. "다른 사람도 아니고 너희가 이렇게 믿음이 없다니 어떻게 된 일이냐?"

특히 나는 하나님이 나에게 주신 모든 자원을 보면서 이 문제를 생각해 본다. 알다시피 특권은 의무를 낳는다. 자비롭게도 하나님은 넘치는 자유와 혜택과 자원들로 그리스도인인 우리에게 복을 주셨다. 나는 때때로 그리스도인으로 사는 것이 너무 쉬운 일이 되고 있지 않나 하고 의아해질 때가 있다. 한번은 어떤 신자들이 자기 교회의 에어컨에 대해 불평하는 소리를 들은 적이 있다. 세계 도처에 에어컨 없는 교회가 수두룩하다는 것은 완전히 잊고 말이다. 건물조차 없는 교회도 많다! 사실, 어떤 나라에서는 당신이 다른 그리스도인들과 모임을 가지기만 해도 목숨을 잃어버릴 수도 있다. 따라서 우리는 시험을 통해 우리의 삶을 올바른 관점으로 볼 수 있어야 한다. 시험으로 믿음이 자란다.

그리고 시험은 반드시 온다! 하나님이 명령하고 약속하셨다면, 다음 단계는 우리의 것이다. 우리가 그분의 명령에 순종해야 하는 것이다. 그러나 이것을 잘 기억해 두라. 우리가 순종하여 큰 행보를 내딛는 바로 그 순간이 우리 자신을 시험대 위에 올려놓는 순간이라는 사실을 말이다. 조만간 믿음에 관한 시험이 우리에게 주어질 것이다.

당신도 지금 시험을 겪고 있을지 모른다. 마른 시냇가에 앉아 있을지도 모르겠다. 하나님께 순종했는데도 모든 것이 다 꼬여 있는 것처럼 보일 수도 있다. 그것은 재정적인 문제일 수도 있고 건강의 문제일 수도 있다. 또는 정서적이거나 지적인 문제, 아니면 영적인 문제일 수도 있다. 당신은 묻는다. "주님, 대체 어떻게 된 겁니까?"

아마도 하나님이 "아무것도 아니다. 나는 단지 너의 기도에 응답하고 있을 뿐이다"라고 말씀하실 것이다.

엘리야에게로 다시 돌아가 보자. 시내가 마르는 동안 그는 거기에 앉아 있었다. 시내는 가늘고 천천히 흐르더니, 얼마 후에는 움푹 팬 곳에만 물이 조금 고여 있다가 마침내 완전히 말라 버렸다. 하나님은 그를 지켜 주겠다고 약속하셨다. 그런데 지금 물이 떨어져 버렸다. 새로운 난관에 부딪힌 그는 어떻게 반응하는가? 나는 엘리야를 무척 존경하는데, 그 이유는 나라면 앉아서 그 시내가 마르는 것을 지켜볼 수 없었을 것이기 때문이다. 나는 지도를 꺼내 놓고 가장 가까운 물웅덩이를 찾기 시작했을 것이다. 내 삶의 표어가 "그냥 거기 앉아 있지 말고 뭐라도 해보라!"이기 때문이다.

그러나 엘리야는 무엇을 하고 있었는가? 그는 마른 시냇가 옆에 그냥 앉아 있었다. 아마도 그는 하나님이 왜 자신을 그 황량한 곳으로 불러내셨는지 의아하게 생각하고 있었을 것이다. 그때 갑자기 엘리야의 머릿속에 자신이 드린 기도가 떠올랐다. "그가 비가 오지 않기를 간절히 기도한즉 삼 년 육 개월 동안 땅에 비가 오지 아니하고" 약 5:17. 아하! 이 상황은 엘리야 자신이 구했던 것이다!

때때로 우리는 "아버지, 저를 당신의 아들처럼 되게 해주십시오" 하고 기도한다. 그래서 하나님은 우리의 기도를 들으시고 그렇게 되도록 그 과정을 시작하신다. 그러면 우리는 다시 돌아와 "주님, 어떻게 된 겁니까? 왜 이 모든 나쁜 일이 제 삶 속에 일어나도록 허락하셨습니까? 이 일이 발생하기 전까지는 모든 게 좋았습니다. 주님은 대체 무얼 하고 계시는 겁니까?" 하고 불평한다. 그분은 참을성 있게 대답하신다. "너의 기도에 응답하는 중이란다."

예수 그리스도가 "그가 아들이시면서도 받으신 고난으로 순종함을 배워서"히 5:8라고 하신 말씀을 절대 잊지 마라. 아마도 성령님은 당신에게 "나는 너를 통하여 사역하기를 진정으로 원한다. 그러나 내가 너를 통하여 사역하기 전에 내가 너에게 먼저 사역을 해야만 한다"고 말씀하고 계시는 것 같다. 그러므로 당신이 겪는 마른 시내의 교육적 경험을 무시하지 마라. 하나님은 당신을 그분의 아들처럼 만들기 원하신다. 그러나 그렇게 되기 위해서는 예수님도 겪으신, 고통을 통한 배움이라는 과정을 당신도 똑같이 겪어야 한다.

하나님의 명령을 경청하라. 그분의 약속을 신뢰하라. 그분의 명령과 부르심에 순종하라. 시험의 때에 하나님께 굳게 매달려라. 이런 태도는 하나님과 더욱 가까이 동행하기 위해 필요한 것이며, 하나님의 종 엘리야가 우리를 위해 남겨 놓은 발자국이다.

대면

하나님은 일을 진행하실 때 언제나 사람을 사용하신다. 방주를 지으셔야 했을 때 하나님은 한 사람을 선택하셨다. 바로에게서 자신의 백성을 구출해 내셔야 했을 때도 한 사람을 선택하셨다. 중요한 일을 수행할 때마다 하나님은 그 일에 적합한 한 사람을 선택하신다.

전능하신 하나님이 선택하여 사용하시는 사람은 어떤 사람인가? 하나님의 선택은 인간의 선택과는 정반대일 경우가 종종 있다. 인간은 외적인 요소들, 즉 그 사람이 어떻게 보이느냐를 기준으로 선택한다. 그러나 하나님은 내적인 요소들, 즉 그 사람의 인격을 기준으로 선택하신다. 사람들은 지금 그 사람이 어떤 사람인가를 기준으로 선택한다. 그러나 하나님은 그 사람이 어떤 사람이 될 것인가를 기준으로 선택하신다. 마른 시냇가에 앉아 있는 엘리야는 '되어 가는 과정'에 있었다. 하나님은 엘리야가 그분께 더 가까이 오도록 그를 이끄셨다. 그리고 엘리야를 그분의 목적을 이루기 위한 도구로 사용하셔서 그를 통해 사역을 하려고 하신다.

열왕기상 18장에 나오는 갈멜 산 대결보다 더 극적인 장면은 성경에 없는 것 같다. 내가 화가여서 그 장면을 묘사해 볼 수 있었으면 하는 바람이 있다. 두 폭발적인 성격의 소유자가 정면충돌하고, 그 순간 불꽃이 일어난다. 엘리야는 아합 왕과 맞서도록 다시 하나님의 보내심을 받는데 왕은 모욕적인 말로 그를 맞이한다. "이스라엘을 괴롭게 하는 자여 너냐"왕상 18:17. 그러나 엘리야도 똑같이 응수한다. 선지자 나단처럼 그는 손가락으로 가리키면서 "내가 이스라엘을 괴롭게 한 것이 아니라 당신과 당신의 아버지의 집이 괴롭게 하였으니"18절라고 말한다. 그는 죄를 범한 아합을 나무라고 그에게 결투를 신청한다.

이 상황을 누가 주도하고 있는지 명확히 볼 수 있다. 몇 차례나 엘리야가 먼저 행동을 취한다. 먼저 명령을 내리고 지도력을 보이는 사람은 바로 엘리야다. 그가 왕과 바알 및 아세라 선지자들에게 대결을 벌이자는 도전을 했다. 모든 사람 앞에서 그들은 누가 참 하나님인가를 보게 되었다. 그날 일어난 일들은 신자들에게 정면 대결의 상황에서 어떻게 행동해야 할 것인가에 대한 깊은 통찰력을 제공해 준다.

그날은 이스라엘의 공휴일로 선포되었다. 지중해를 굽어보고 있는 갈멜 산 꼭대기로 떼 지어 올라가는 군중의 모습을 상상해 보라. 사람들은 15회전짜리, 승자가 모든 상금을 타 가는 신들의 격투를 직접 보기 위해 가능한 한 모든 등산로를 이용하여 산을 오르고 있다.

얼마나 대조적인 장면인가! 850명의 바알과 아세라 선지자들과 그들과 연관된 압도적으로 많은 사람이 한쪽 편에 모여 있다. 이 선지자들은 아름답게 수 놓인 값진 옷을 입고 있다. 각자의 목에는 태양 광선을 받아 반사할 수 있도록 정교하게 디자인된 금속 목걸이가 걸려 있었는데, 그 이유는 그들이 태양을 숭배했기 때문이다. 곧 사람들은 거창하게 입장하는 왕을 위해 길을 터 준다. 왕은 휘황찬란하고 왕다운 옷차림을 하고서 그를 수행하는 신하들이 짊어진 가마에 타고 있었다.

눈을 돌려 다른 쪽을 보자. 거기에서 우리는 외롭게 서 있는 한 사람을 발견하는데, 그는 몹시 마르고 창백한 외모에 초라한 옷차림, 흐트러진 머리카락, 날카로운 눈동자를 지녔다. 누군가 그를 보고는 "참 안됐네. 너무 외로워 보여"라고 말한다. 그러나 엘리야에게 동정심을 가지지는 마라. 그는 하나님이 사람들의 외적 장식보다 내적 열정에 더 관심을 보이신다는 사실을 알고 있다. 엘리야는 일곱 가지의 진술로 이야기를 펼쳐 나가는데, 이것들은 또한 영적 대결에 직면한 오늘날의 그리스도인들에게 실제적인 교훈을 제공한다.

선택하라

미식축구 경기를 시작할 때 공을 차는 것처럼 엘리야는 날카로운 질문을 던지며 사람들과 대면함으로써 그 시합을 시작한다. "너희가 어느 때까지 둘 사이에서 머뭇머뭇 하려느냐 여호와가 만일 하나님이면 그를 따르고 바알이 만일 하나님이면 그를 따를지니라"왕상 18:21. 그는 사람들의 우유부단함을 꾸짖었다. 사실은 그들을 갈림길에 세워둔 것이었다. "자, 너희는 이제 결정해야 한다."

줏대 없이 흔들렸던 그들을 볼 때면 나는 한 정치가가 생각난다. 그는 논쟁 중인 어떤 문제에 대한 입장을 말해 달라는 요청을 받자

"글쎄요, 제 친구들 가운데 어떤 사람은 그것에 찬성하고 또 어떤 사람은 그것에 반대합니다. 그런데 저는 제 친구들 편입니다!" 하고 대답했다. 엘리야는 그날 절대로 사람들을 우유부단한 상태로 돌려보내지 않겠다고 결심했다. 그래서 그는 그들에게 말했다. "보시오, 당신들은 담장에 앉아 담 양쪽에 한 발씩 걸치고 있은 지 이미 오래되었소. 평화적으로 공존할 여지는 절대 없소. 바알이요? 아니면 여호와요? 마음을 정하시오!" 그의 말에 사람들은 충격을 받고 입을 다물었다.

이 세상에 사는 많은 사람이 영적 담장에 양발을 걸치고 살기를 원한다. 그들은 하나님을 믿지만, 그 믿음 때문에 생활의 불편함을 감수하고 싶어 하지는 않는다. 사실 그들 중 다수는 자신의 친구가 모르몬교에 가입하거나 가족이 여호와의 증인이 된다고 해서 마음 아파하지 않는다. "틀림없이 거기에도 무언가 좋은 것이 있을 거야" 하며 합리화한다. "그곳을 통해 내 친구가 많은 문제에 대해 도움을 받았는걸."

그러나 이 세상은 여전히 영적인 전쟁터다. 자신의 삶을 거짓에 넘겨주는 일은 결단코 '좋은 것'이 될 수 없다. 그 거짓이 짧은 기간에 '좋은 것'을 아무리 많이 제공했다 한들 거짓은 거짓이다. 제아무리 사탕발림한들 그것은 결코 진실이 될 수 없다. 영적인 영역에서 무엇과 맞서 싸워야 할 때 우리는 누구를 믿을 것인지 먼저 선택해야 한다. 하나님인가, 또 다른 무엇인가? 예의 바르게, 그리고 사랑으로 진리를 말하는 것은 중요하다. 그러나 어떤 점에서 우리는 진리를 수호해야 한다. 엘리야가 말한 대로 우리는 반드시 "우리가 누구를 섬길 것인지를 선택해야 한다."

엘리야의 두 번째 진술은 이스라엘의 문제점을 더욱 강조한다. "여호와의 선지자는 나만 홀로 남았으나"^{왕상 18:22}. 사실 이 말은 틀렸고, 우리는 나중에 그 사실을 발견하게 된다. 그러나 엘리야는 그것을 몰랐으며, 하나님을 위해 혼자라도 굳게 서 있기로 각오하고 있었다. 자신에게 적대적인 군중 앞에서조차도 말이다. 이 얼마나 오늘날과 다른 모습인가! 우리 사회에서 그리스도인이 되기란 매우 쉬운 일이다. 그래서 나는 때때로 가장 사소한 핍박조차도 어떤 일이 생기게 할까 봐 걱정이다. 우리 중 많은 사람이 전 세계의 그리스도인이 겪는 적대감에 직면해 본 적이 없다. 그래서 나는 우리가 나약하다는 생각이 든다.

예를 들어 당신은 그 누구의 기분도 '상하지' 않게 하려고 당신이 그리스도인으로서 전달해야 할 메시지를 희석한 적이 얼마나 많은가? 대세에 편승하는 용기 없는 무리에게 응원을 받는 수많은 적대적인 열성분자들과 맞서서 엘리야는 "나는 하나님의 편에 선다!"라고 당당하게 선언했다.

그리고 그는 대결의 방법을 정한다. "너희는 너희 신의 이름을 부르라 나는 여호와의 이름을 부르리니 이에 불로 응답하는 신 그가 하나님이니라"^{왕상 18:24}. 그것은 천재적인 발상이었다. 바알은 가나안의 많은 신 중에서도 으뜸가는 신으로, 사람들은 바알을 하늘의 주로 여겼다. 바알의 제사장들은 하늘에서 번개가 치고 천둥이 울릴 때마다 "저것은 바알이다"라고 소리 질렀다. 바알은 불의 신이었다.

따라서 불의 신이 할 수 있는 그 무엇이 있다면 그것은 능히 불을 붙이는 일이 아니겠는가? 즉, 엘리야는 그들이 자신들의 신을 시험대에 올려놓게 하고 있었다.

사람들은 엘리야의 말이 좋은 아이디어라고 생각했다. 그것은 매우 공정한 합의였다. 사실 그들이 믿는 신은 '불의 신'이었으므로, 그것은 결정적으로 그들에게 유리했다.

믿음

대결의 방법을 정한 후 엘리야는 그들에게 우선권을 주었다. "먼저 송아지 한 마리를 택하여 잡고 너희 신의 이름을 부르라 그러나 불을 붙이지 말라"왕상 18:25. 그들은 그렇게 했다. 오전 내내 제단을 돌면서 우상을 향한 춤을 추었으며, 한목소리로 "바알이여 우리에게 응답하소서!"26절라는 주문을 중얼거렸다. 그러나 성경 본문에 분명하게 나와 있는 것처럼 "아무 소리도 없고 아무 응답하는 자도"26절 없었다.

거짓 신들은 이러했다. "입이 있어도 말하지 못하며 눈이 있어도 보지 못하며 귀가 있어도 듣지 못하며 코가 있어도 냄새 맡지 못하며 손이 있어도 만지지 못하며 발이 있어도 걷지 못하며 목구멍이 있어도 작은 소리조차 내지 못하느니라"시 115:5-7. 그날 아침 갈멜 산 위에는 무시무시한 침묵만이 흘렀다. 물론 바알의 제사장들이 뛰어오르고 춤추는 소동은 있었다. 그러나 하늘은 침묵했다. 천둥의 신 바알은 할 말이 없는 듯했다.

태양이 가장 작렬할 때, 즉 바알의 능력이 절정에 달했다고 생각될 때 엘리야는 한 단계 더 나아간다. "정오에 이르러는 엘리야가 그들을 조롱하여 이르되 큰 소리로 부르라 그는 신인즉 묵상하고 있는지 혹은 그가 잠깐 나갔는지 혹은 그가 길을 행하는지 혹은 그가 잠이 들어서 깨워야 할 것인지 하매"왕상 18:27. 엘리야는 놀랄 만큼 풍자적인 유머 감각의 소유자였음이 틀림없다. 의심의 여지없이 그 순간은 그 날의 경험 중에서 가장 즐거운 순간이었다. 엘리야는 바알을 조롱했다. 바알이 진정한 신이라면 반드시 자신을 부르는 사람들의 소리를 들을 수 있어야 한다. 아마도 그의 보청기 배터리가 다 닳았나 보다! 아니면 수면제를 과다 복용했을지도 모른다! 바알이 응답을 하지 않은 이유가 무엇이라도 있어야 하지 않겠는가! "이에 그들이 큰 소리로 부르고 그들의 규례를 따라 피가 흐르기까지 칼과 창으로 그들의 몸을 상하게 하더라"28절.

사람이 신실함으로 구원을 이룰 수 있다면, 그들은 분명 구원받았어야 할 사람들이다. 그들은 세상에서 가장 신실했다. 신실하게 틀리기는 했지만 말이다. 그들의 믿음은 강했지만, 믿음의 대상은 잘못된 것이었다. 믿음은 언제나 믿는 사람이 아니라 그 대상에 의해서 결정된다. 대면하는 상태에 있을 때 당신은 무엇을 믿고 의지하는가? 엘리야는 하나님을 믿었다. 하나님이야말로 그가 우상숭배의 거짓과 싸워 이길 수 있게 해준 강한 믿음이었다.

당신이 믿는 대상은 믿을 만한가? 예를 들어 보겠다. 오랜 시간 지연된 비행기를 기다리고 있다고 가정해 보라. 씩씩거리며 앉아 있는 동안 한 낯선 사람이 당신에게 다가온다. "여보세요" 하면서 그가 당신에게 "당신은 어디를 꼭 가셔야 하는 분처럼 보이는군요. 저에게는 자가용 비행기가 있어서 몇 분 내로 떠나게 될 텐데, 타시겠습니까?"
라고 말한다.

당신은 타지 않을 이유가 없다고 생각한다. 그를 따라 활주로로
나가, 이윽고 그가 안내한 한 낡은 프로펠러 비행기 앞에 섰다. 씹는
껌과 종이 철사로 조립된 비행기였다. 두 번의 세계대전을 연거푸 거
친 비행기처럼 보인다는 말이다! 프로펠러는 반쪽밖에 남아 있지 않
았다. 꼬리 조립 부분도 떨어져 나가고 없다. 당신은 곰곰이 생각해
보고는 "잠깐만요" 하고 말한다. "도대체 이 비행기가 얼마나 안전한
가요?"

"사실은 저도 몰라요" 하고 그 친구가 명랑하게 대답한다. "저도 이
비행기를 타 본 적이 한 번도 없어요. 하지만 저는 비행한다는 사실
이 너무 흥분돼요. 그러니까 한번 타서 알아봅시다! 저도 알아요, 알
아. 이게 좀 낡아 보이긴 하지요? 하지만… 자, 믿음을 좀 가져 보세
요. 자, 올라타세요!"

당신이라면 그 비행기에 올라타겠는가? 어림도 없다! 그 비행기를
타는 것은 결코 믿음의 행동일 수 없다. 그것은 바보 같은 짓이다. 왜
그런가? 그 친구가 믿는 대상이 무가치하기 때문이다. 그의 의도가
무엇이든, 또는 그의 신실함이 어떠하든 상관없다. 문제는 오직 그 비
행기가 고물이라는 데 있다.

이와 동일한 원리를 대면 상태에 놓인 그리스도인에게 적용할 수
있다. 중요한 것은 우리의 신실함도, 우리 반대자들의 신실함도 아
니다. 중요한 것은 우리가 믿는 것이 진리인가 하는 것이다. 우리는
참되고 유일하신 하나님을 믿는다. 이것은 견고한 토대이며, 우리의
믿음은 그 위에 바탕을 두고 있다. 따라서 다른 사람들이 인간이

만든 그들의 교리들을 얼마나 신실하게 믿는지와는 상관없이 우리의 닻은 변함없는 영원한 진리다.

공개성

바알의 제사장들이 그들의 신을 구슬리는 데 완전히 실패한 후 이제는 엘리야가 진짜 하나님을 나타내 보일 차례가 되었다. "엘리야가 모든 백성을 향하여 이르되 내게로 가까이 오라"왕상 18:30. 이는 아주 사소한 명령처럼 보일 수 있지만, 대면의 문제에서 핵심적인 원리를 담고 있는 말이었다. 즉, 공개적으로 일을 하는 것이다.

건전하지 못한 종교의 주된 특징 중 하나는 은밀함이다. 그들은 비밀 기호나 암호를 사용하고, 비밀 예식을 치른다. 이런 종교 단체는 계급과 같은 틀을 정해 놓고 있는데, 꼭대기에 있는 소수의 특권층만 '더 깊은 진리'를 공유한다. 그러나 기독교인들은 모든 일을 공개적으로 하게 되어 있다. 성경은 어떤 비밀 예식도 요청하지 않는다. 우리는 교회에 다니면서 어떤 비밀스러운 악수나 감춰 놓은 진리를 배우지 않는다. 믿음의 깊은 진리를 배우고 싶다면 단지 성경을 읽으면 된다. 하나님과 친밀한 경험을 하기 원한다면 기도와 금식에 시간을 드리면 된다. 그리스도 안의 삶에는 어떤 '비밀'도 없다. 이것이 기독교의 독특함 가운데 하나다. 기독교는 종교가 아니다. 그것은 하나님과의 관계다.

나는 엘리야가 어떻게 사람들을 불러 자신의 주변에 모이게 했는지를 기록한 성경 저자에게 정말 감사하다. 엘리야는 "가까이 오라"
고 말했다. "당신들은 이것을 놓치고 싶어 하지 않을 것이다." 엘리야
는 모든 사람이 지금 막 벌어질 일을 보기 원했다. 그는 "엘리야가 대
체 어떤 속임수를 쓴 것일까?" 하고 의아해하며 떠나는 사람이 단 한
사람도 없기를 바랐다. 하나님이 영광 받으시도록 모든 면이 명확하
기를 원했다.

병사들이 예수님을 잡으러 왔을 때, 그분도 이와 유사한 말씀을
하셨다. 그분은 "너희가 강도를 잡는 것같이 검과 몽치를 가지고 나
를 잡으러 나왔느냐 내가 날마다 너희와 함께 성전에 있으면서 가르
쳤으되 너희가 나를 잡지 아니하였도다"막 14:48-49라고 말씀하셨다. 예
수님은 모든 사람이 판단하도록 자신이 사역을 공개적으로 수행했다
고 말씀하셨다. 이와 대조적으로 제사장들과 사두개인들은 비밀리
에 예수님을 체포해야 했는데, 이는 백성이 무슨 말을 할지 두려웠기
때문이었다.

하나님은 당신의 삶이 투명하길 바라신다. 당신이 누구인지, 누구
의 편에 서 있는지 다른 사람들이 잘 알기를 원하신다. 물론 그리스
도인이 비밀리에 일을 해야 하는 사회나 상황들도 존재한다. 그러나
대부분 사회에서는 그런 일이 거의 없다. 그러므로 주님을 위해 일어
서야 할 때 숨지 마라. 당신이 그리스도인이라는 사실이 알려지는 것
을 두려워해야 하는 것처럼 행동하지 마라. 아무도 나중에 속임수를
썼다고 당신을 공격하지 못하도록 당신의 싸움을 공개적이고 당당한
것으로 만들라.

담대함

백성이 자신의 주변으로 모여들자 엘리야는 명령을 내리기 시작했다. 먼저 그는 이스라엘의 각 지파에서 사람들을 뽑아 자기를 도와 하나님께 드릴 제단을 만들도록 했다. 그런 다음 나무를 정렬하고, 희생으로 드릴 소의 각을 떠서 그것들을 제단 위에 올려놓았다. 희생 제물은 (거의) 준비가 되었다.

엘리야는 "통 넷에 물을 채워다가 번제물과 나무 위에 부으라"고 명령을 내렸다왕상 18:33. 상상할 수 있겠는가? 무엇보다 그때 그곳에는 삼 년 동안 가뭄이 있었고, 따라서 물을 구하기란 정말 쉽지 않았다. 사실 물을 얻을 수 있는 가장 가까운 장소는 지중해였을 것이다. 그래서 백성은 산길을 내려가 통에 바닷물을 채운 다음 다시 산 위로 올라와 제단에 물을 쏟아부어야만 했다.

사람들이 그 일을 끝냈을 때, "다시 그리하라"고 엘리야가 말했다 34절. 그래서 그들은 아래로 내려갔다. 얼마쯤 지나서 그들은 숨을 헐떡거리면서 올라와 제단을 다시 물로 채웠다.

엘리야는 또다시 명령을 내렸다. "세 번째로 그리하라"34절. 그제야 백성은 감을 잡기 시작했다. 엘리야가 도모하고 있는 것은 목마르고 탈진한 사람들에게 마시지 못할 물 열두 통을 길어오게 하는 씁쓰레한 역설이 아니었다. 그의 마음에는 진짜 목적이 따로 있었다. 사람들이 피우는 불로는 도무지 불붙일 수 없게 하려고 번제물과 나무가 완전히 물에 흥건히 젖기를 원했던 것이다. 속임수일 수가 없었다! 그렇게 물에 흠뻑 젖은 것을 태우기 위해서는 다름 아닌 기적이 필요했다. 불의 하나님에게서 오는 기적 말이다!

엘리야의 대담함에 감사하지 않을 수 없다. 그는 큰 능력의 기적을 바라면서 하나님을 신뢰하고 있었다. 우리는 얼마나 자주 그렇게 하는가? 예를 들어 나는 오직 사소한 일에 대해서만 자녀와 기도하는 부모들을 알고 있다. 그들은 안전한 여행이 되게 해주시기를, 아들이 감기를 이겨 낼 수 있게 해주시기를, 밤잠을 잘 잘 수 있도록 도와주시기를 기도한다. 그러나 큰일을 이루어 주시는 것에 대해서는 하나님께 구하지 않는다. 오해하지 마라. 작은 것을 위해 기도하는 일을 중지하라고 말하는 게 아니다. 성경은 하나님 앞에 모든 것을 가져오라고 말한다. 그러나 나는 무엇이 우리 자녀의 믿음을 더 빨리 세워 줄 수 있을까 질문해 본다. 일어나리라고 알고 있는 것을 위해 기도하는 것과 하나님이 정말 기적 같은 일을 이루어 주시도록 기도하는 것 중에서 말이다.

솔직히 어떤 사람은 자녀와 대담한 기도를 드리기 두려워한다. '하나님이 우리의 기도를 들어주지 않으시면 아이들의 신앙은 어떻게 될 것인가?'를 걱정하는 것이다. 나도 그 부분에 대해서는 잘 모르겠다. 하지만 내가 분명히 아는 것은 만약 그들의 눈에 하나님이 너무 작게 보이면 그들의 신앙이 어떻게 될 것이라는 사실이다. 하나님이 참으로 어렵고 불가능한 것을 이루시리란 믿음이 없다면, 당신은 왜 애당초 당신의 삶을 그분께 드렸는가? 그분을 당신의 삶에 개입할 수 없는 힘없는 하나님으로 여긴다면, 왜 그분을 숭배하는가?

그리스도인으로서 확신을 지닌 대학 신입생이 물리학 교수와 정면 대결을 벌인 실화를 읽은 적이 있다. 수업 첫 시간에 그 교수가 "여러분 중에는 하나님과 초자연이라는 괴상한 구식 관념을 갖고서 학교에 온 사람이 있을 것입니다. 제가 당장 그 사람의 머리에서 그 생각들을 끄집어내 주겠습니다"라고 말했다. 그리고 나서 그는 분필을 치켜들면서 이렇게 말했다. "물리학은 제가 이 분필을 바닥에 떨어뜨리면 이것이 깨진다는 것을 우리에게 알려 줍니다. 어떠한 신에게 기도하든 여러분의 모든 기도로도 이 분필이 깨지는 것을 막을 수 없습니다." 그리고 나서 그는 분필을 떨어뜨렸고, 분필은 즉시 산산조각이 났다. 꽤 이해가 가는 논리 같지 않은가?

한 학기 동안 계속해서 그 교수는 매주 분필로 학생들에게 도전했다. 드디어 마지막 수업 시간이 되었다. 그가 학생들에게 질문했다. "여러분, 그동안 이해가 되었습니까? 혹시 아직도 하나님이 과학보다 더 위대하다는 낡아 빠진 관념을 가진 사람이 있는 것은 아니겠지요?"

그런데 한 학생이 손을 들고는 "네, 제가 그렇습니다" 하고 담대하게 말했다. 그 학생은 한 학기 동안 물리학의 기본 이론을 배우면서 그날을 준비해 왔다. 그는 바로 이 순간이 오리란 것을 알았으며, 그래서 자신을 아는 몇몇 그리스도인 친구에게 자신이 하려는 일에 대해 기도를 부탁해 두었다.

"그런가?"

그 교수는 재미있다는 듯이 놀란 목소리로 대답했다.

"그러면 자네는 내가 분필을 바닥에 떨어뜨릴 때 자네의 기도로 내 분필이 부러지는 것을 막을 수 있다고 생각한단 말이지?"

"네, 그렇습니다."

그는 대답과 동시에 기도하기 시작했다. 강의실에서 아주 큰 소리로 말이다.

"하나님, 이 사람들에게 하나님을 나타내 주십시오. 분필이 바닥에 떨어질 때 오늘은 그것이 부러지지 않게 해주십시오."

당신이 짐작하는 대로 이 기도는 그 교수를 완전히 뒤흔들어 놓았다. 홍겨운 기분을 완전히 잡친 교수는 그 학생에게 소리를 질렀다. "그 바보스러운 짓을 멈추게!" 그러고는 욕을 퍼부으며 학생에게 화를 내기 시작했다. 길고 신랄한 비난을 퍼붓는 도중 그는 갑자기 손을 위로 뻗쳐 올렸다. 그때 그가 꼭 붙잡고 있던 분필이 미끄러져 공중으로 날아올랐다가 교수의 양복바지의 접어 올린 단 위에 떨어지더니 신발 위로 떨어졌다가 또르르 바닥 위로 굴러 내렸다. 부러지지 않은 채로 말이다!

강의실에는 폭소와 함께 박수 소리가 터져 나왔다. 교수는 완전히 어안이 벙벙해져 있다가 그것이 아무 의미도 없다는 말을 쏟아붓기 시작했다. 그러나 그 학생은 단지 빙그레 웃기만 했다. 하나님은 공개적으로 그의 기도에 응답하셨고, 그곳에 모인 모든 사람이 그 사실을 알았다.

이 학생의 담대함이 너무 사랑스럽지 않은가? 오해하지 마라. 나는 전능하신 하나님께 그분이 무엇을 하셔야만 하는지를 말씀드림으로써 그분을 상자에 가두어 놓으라고 제안하는 것이 아니다. 하나님은 당신의 개인 마술사가 아니다. 이 학생의 담대한 기도는 그의 개인 기도 훈련과 하나님에 대한 철저한 순종에서 비롯되었음을 꼭 기억하라.

매일 '똑같은 것'을 놓고 기도하는 것에 지겨워진 적이 있는가? 그렇다면 죽은 자를 일으키고 병든 자를 고치며 무에서 유를 창조하시는 하나님이 계신다는 것을 당신이 믿는지를 곰곰이 생각해 보기 바란다. 그분은 당신과 대면하는 중에 당신을 통해 기적과 같은 일을 이루길 원하시는 하나님이다. 그분은 엘리야의 하나님이시고, 이 하나님을 믿는 믿음으로 엘리야는 담대해졌다. 단지 더 멋진 추억을 남기기 위해서 하나님이 이루실 일에 '장애물'까지 두도록 만든 커다란 담대함 말이다.

기도

우리는 이미 엘리야가 기도하는 사람이라는 것을 알았다. 바알과의 싸움이 절정에 달했을 때도 이 위대한 지도자는 다시 한 번 기도했다.

> "아브라함과 이삭과 이스라엘의 하나님 여호와여 주께서 이스라엘 중에서 하나님이신 것과 내가 주의 종인 것과 내가 주의 말씀대로 이 모든 일을 행하는 것을 오늘 알게 하옵소서 여호와여 내게 응답하옵소서 내게 응답하옵소서 이 백성에게 주 여호와는 하나님이신 것과 주는 그들의 마음을 되돌이키심을 알게 하옵소서"
>
> 왕상 18:36-37.

이 선지자의 기도 내용을 관찰해 보라. 엘리야는 사람들이 여호와의 살아 계심을 깨달아 알도록, 그리고 자신은 단지 그분의 대리자라는 것을 알게 되도록 간구했다. 단순하고 짧은, 그러면서도 요점이 있는 기도였으며 여섯 시간 이상 애를 쓰며 계속된 거짓 선지자들의 기도와는 큰 대조를 이룬다.

이런 엘리야의 모습은 우리가 영적 싸움을 하는 동안 계속해서 하나님과 의사소통을 유지해 나갈 필요가 있음을 알려 준다. 바울은 에베소서 6장에서 영적 전신갑주를 묘사할 때 똑같은 이야기를 하며 우리를 일깨워 준다. "모든 기도와 간구를 하되 항상 성령 안에서 기도하고"18절. 그는 대결에 직면했을 때 하나님께 의뢰하는 것이 얼마나 중요한지를 알고 있었다.

엘리야의 기도는 어떠한 결과를 가져왔는가? "이에 여호와의 불이 내려서 번제물과 나무와 돌과 흙을 태우고 또 도랑의 물을 핥은지라"왕상 18:38. '와!' 이 탄성이 바로 사람들이 유일하고 참되신 하나님으로부터 온 능력의 증거를 보았을 때 느꼈던 것이다. 그들은 두려워하고 놀라워했다. "모든 백성이 보고 엎드려 말하되 여호와 그는 하나님이시로다 여호와 그는 하나님이시로다"39절.

얼마나 예기치 못한 변화인가! 아침에는 바알 예배가 판을 쳤다. 그리고 해 질 무렵에는 신실한 한 사람의 담대한 기도 덕분에 하나님께 드리는 예배가 다시 시작되었다!

승리

남은 일은 청소뿐이었다. 희생 제물은 없어졌다. 제단 역시 사라졌다! 유일하게 남은 쓰레기는 거짓 선지자들이었다. 엘리야는 사람들에게 이렇게 지시했다. "엘리야가 그들에게 이르되 바알의 선지자를 잡되 그들 중 하나도 도망하지 못하게 하라 하매 곧 잡은지라 엘리야가 그들을 기손 시내로 내려다가 거기서 죽이니라"왕상 18:40.

좀 극단적인 처사라고 생각하는가? 율법에 따르면 그렇지 않다. 거짓 선지자가 받는 형벌은 죽음이었다신 13:1-5. 하나님은 나라에 악성 종양이 있다면, 그 나라의 지속적 승리를 위해 먼저 종양을 제거해야 함을 아셨다. 그것이 완전히 제거되기 위해서는 고통이 따를 수밖에 없음을 알았던 엘리야는 영적 외과 의사처럼 행동했다. 나는 때때로 우리 현대 그리스도인이 죄를 분명하게 심판받지 않았을 때 일어나는 비극적인 결과를 생각하지 않은 채 구약성경을 비판하고 있다고 생각한다.

동시에 우리는 은혜의 시대에 사는 것을 감사해야 한다. 하나님은 여전히 죄를 심판하는 분이시지만, 궁극적인 죄의 심판은 예수님이 죗값을 치르신 십자가 위에서 이루어졌다. 그러므로 거짓 선지자들조차도 지금은 용서와 구속을 바랄 수 있다. 그들이 죄를 회개하고 불신앙과 반역을 버린다면 말이다.

다소 극적인 이 이야기의 끝에서 나는 하나님이 과연 어떤 사람을 뽑아서 사용하시느냐는 질문에 답을 함으로써 세 가지 원리를 제안하고자 한다.

첫째, 하나님은 '하나님 더하기 한 사람은 다수'라고 확신하는 사람을 사용하신다. 하나님의 수학은 인간의 수학과는 엄청나게 다르다. 우리는 숫자로 따지지만, 하나님은 그렇게 하지 않으신다. 850명 대 1명? 문제가 안 된다! 하나님의 셈에는 그것이 850명 대 1명 더하기 하나님이다. 중요한 것은 한 사람이 아니라, 그 한 사람에게 능력을 부어 주시는 하나님이다.

나는 하나님이 어떻게 교회를 시작하셨는지를 보기 위해 복음서를 연구하는 것을 좋아한다. 하나님은 여러 수단을 사용하실 수도 있었지만, 우리를 위해 본이 되는 한 가지 방법을 선택하셨다. 예수 그리스도의 초점은 군중(주로 얄팍한 이유 때문에 그분을 따랐던)이 아니라, 예수님의 성품을 닮은 소수의 무리였다. 이들이 바로 "천하를 어지럽게 하던"행 17:6 사람들이다. 적은 수의 신자로 시작된 초대교회가 진보된 기술 문명과 많은 재정을 가진 우리보다 훨씬 더 큰 세계 복음화를 이루었을지도 모른다.

영적인 세계에서는 '얼마나 많은 사람'이 아니라 '어떤 유의 사람인가?'가 중요하다. 문제는 '우리가 무엇을 할 수 있는가?'가 아니라 '하나님이 무엇을 하실 수 있는가?'이다. 적의 크기에 압도당하지 말고 하나님이 얼마나 크신 분인지 생각하라.

둘째, 하나님은 문제를 바라보기보다는 잠재력을 바라보는 사람을 사용하신다. 엘리야는 겁을 먹고 손을 떨면서 "너무나 많은 사람이 저를 대적하고 있습니다! 그러니 제가 무엇을 할 수 있겠습니까?"라고 대답할 수도 있었을 것이다. 그러나 그는 하나님이 위대한 일을 하시도록 자신을 내어 드렸다.

민수기 13장에는 이스라엘 자손이 광야를 통과하며 천천히 이동할 때 바란 광야 가데스에서 그들의 운명을 규정짓는 중대한 결정을 내리는 장면이 나온다. 하나님은 그들에게 직접 그 땅으로 들어가라고 말씀하셨다. 그러나 그들은 직접 그 땅으로 들어가는 대신 위원회를 구성하여 조사하기로 했다. 항상 그렇듯이 그 위원회도 다수와 소수가 지지하는 보고를 했다. 갈렙은 소수가 동의하는 보고를 했다. "우리가 곧 올라가서 그 땅을 취하자 능히 이기리라"30절. 갈렙은 하나님이 능하시므로 백성이 능히 할 수 있다고 믿었다. 그러나 다수의 보고는 달랐다. "우리는 능히 올라가서 그 백성을 치지 못하리라 그들은 우리보다 강하니라 하고 이스라엘 자손 앞에서 그 정탐한 땅을 악평하여 이르되 우리가 두루 다니며 정탐한 땅은 그 거주민을 삼키는 땅이요 거기서 본 모든 백성은 신장이 장대한 자들이며"31-33절.

오늘날 거의 모든 주일학교 학생이 갈렙과 여호수아의 이름을 말할 수 있지만, 다수의 동의안을 가져온 열 사람이 누구였는지는 모른다. 누가 그들에 대해 생각하겠는가? 그들의 이름 역시 그 장 첫머리에 기록되어 있지만, 누가 그들을 기억하기 원하겠는가? 그들은 주위를 둘러보고 도처에서 장애물들을 보았던, 즉 문제만을 바라보는 사람들이었다. 여호수아와 갈렙 역시 거인들을 보았다. 그러나 그들은 위대한 우주의 하나님이 그들에게 명하여 올라가서 그 지역을 취하라고 하셨기 때문에 승리하리라는 잠재성을 보았다. 하나님은 여호수아와 갈렙을 사용하셨다. 나머지 열 사람은 역사에서 잊힌 인물이 되었다.

셋째, 하나님은 자신의 능력보다는 자신의 유용성에 초점을 맞추는 사람을 사용하신다. 당신은 당신이 잘할 수 없다고 느낄지도 모르고 많은 능력이나 기회가 없다고 느낄지도 모른다. 그러나 당신은 하나님이 당신이 하기 원하시는 것을 모두 할 수 있다. 능력에 초점을 맞추면 당신은 교만해지고, 결국 하나님은 당신을 사용하실 수가 없다. 능력의 부족함에 초점을 맞추면 당신은 부정적이 되고, 하나님은 당신을 사용하지 않으실 것이다. 고린도전서 4장 2절은 "맡은 자들에게 구할 것은 충성이니라"고 말씀한다. 이 본문은 신자인 우리에 대한 말씀이다. 우리는 우리 자신이 똑똑하다거나 재능이 있다거나 굉장한 사람이라는 것을 증명하려고 해서는 안 된다. 그저 신실하기만 하면 된다.

나는 엘리야에 관해 공부하면 할수록 그에 대한 야고보의 말이 참되다는 것을 깨닫는다. 그는 그저 우리 같은 사람이었다약 5:17. 비범한 삶을 살았던 보통 사람. 이것이 엘리야가 얻은 명성이다.

나는 어떤 학생을 지켜보면서 "하나님, 세상에 이 학생으로 무얼 하려고 하십니까? 어떻게 이 학생이 주님의 일을 할 수 있겠습니까? 그에게는 아무런 재능이 없습니다!" 하고 주님께 말씀드렸던 적이 있다. 졸업 후 그는 캐나다에 있는 쇠퇴해 가는 조그마한 교회의 담임 목사가 되었다. 열아홉 명이 그 강단을 떠난 상태였고, 회중은 영적으로 아수라장이었다. 그래서 나는 "이 친구는 너무 바보 같아서 그 청빙을 거절하지 않았군!" 하고 생각했다.

그런데 진짜 바보가 누구였는지 짐작할 수 있겠는가? 몇 년 후에도 나는 그 친구의 소식을 여전히 듣고 있었다. 부서져 내려앉은 교회를 맡아서 그는 하나님을 향한 불을 붙여 놓고 있었다. 교인들은 성장하고 있었다. 믿지 않는 사람들이 사방에서 구원받고 있었다. 당회에서는 교회 건축을 위한 캠페인을 시작했다. 123년 만에 처음으로 말이다!

한편 같은 신학교를 졸업한 또 다른 학생이 있었다. 그는 목사에게 필요한 모든 은사를 다 지닌 사람이었다. 지도력, 따뜻함, 효과적으로 말씀을 전달하는 놀라운 능력 등. 나는 그의 장래가 밝을 것이라고 확신했다. 그러나 졸업 후 그는 한 교회를 쪼개어 놓았으며, 다른 여자와 살기 위해 자신의 아내와 이혼했다. 오늘날 그는 완전히 사역에서 떠나 있다(천만 다행스러운 일이다).

이들 두 사람에게서 얻는 교훈은 명석함이 헌신과 연결되어 있지 않으면 아무것도 생산할 수 없다는 것이다. 하나님은 무딘 연장보다는 날카로운 연장을 더 좋아하시겠지만, 사용할 수 있는 것이 무딘 것뿐이라면 기꺼이 그것을 사용하실 것이다. 엘리야는 하나님이 자신을 사용하시도록 내놓은 단순한 사람이었다. 대면해야 했을 때 그는 하나님을 위하여 일어서서 주님의 목적을 위해 자신이 할 수 있는 최선을 다해 자신의 은사들을 사용할 마음을 가지고 있었다. 하나님이 유사한 방법으로 당신이 사는 세계에서 당신을 사용하시지 않겠는가?

COMMUNICATION

기도

4장

누군가 당신의 기도생활을 위해 본보기를 선택하라고 한다면, 아마도 당신은 엘리야를 선택하지는 않을 것이다. 당신은 "엘리야는 하나님의 능력 있는 선지자였지만, 저는 그렇지 않습니다. 그는 기적을 일으켰지만, 저는 분명히 그런 사람은 아닙니다"라고 주장할 것이다. 아무튼 우리는 엘리야를 초자연주의라는 망토 안에 꽁꽁 말아 두었다. 그 결과 그는 우리와 멀리 떨어진 접근하지 못할 사람처럼 보이게 되었다.

그러나 이것은 엘리야에 대한 야고보의 묘사와는 다른 것이다. 그가 뭐라고 말했는지 기억하는가? "엘리야는 우리와 성정이 같은 사람이로되"약 5:17. 이 말의 의미를 음미하기 위해서 당신에게 야고보에 관한 두 가지 일을 상기시켜 주고 싶다. 첫째, 그의 서신서가 신약성경의 어떤 다른 책보다도 기도의 교리에 대하여 가장 많이 이야기하고 있다는 점이다. 둘째, 전통에 따르면 초대교회가 야고보에게 '낙타 무릎'이라는 별명을 붙여 주었다고 하는데, 그 이유는 그가 기도하기 위해 끊임없이 무릎을 꿇음으로써 무릎에 군살이 박히게 되었기 때문이다. 나는 이 사실이 마음에 든다! 성령님이 우리에게 기도에 관하여 가르치기를 원하실 때, 그분은 이론가를 선택하지 않고 실행가를 뽑으신다. 교리는 역동적이다. 진리는 우리의 호기심을 만족시키기 위해서가 아니라 우리의 경험을 정비하고 고치기 위해 존재하는 것이다.

그런데 무엇이 '낙타 무릎'에게 동기를 부여했을까? 무엇이 그를 돌이켜 기도하게 했을까? 야고보의 본보기는 누구인가? 그의 서신은 엘리야를 "바로 우리와 같은" 사람이라고 언급한다. "엘리야는 기도를 했던 능한 선지자였다"거나 "엘리야는 기도를 했던 기적의 사역자였다"라는 언급은 그 어디에도 없다. 그저 그는 우리와 같은 사람이었다. 하늘에서 뚝 떨어진 다른 종류의 사람이 아니었다. 엘리야 역시 문젯거리들과 당혹스러움, 의심과 실망, 두려움과 좌절을 겪었다. 그러나 그는 기도했다. 이것이 바로 그를 다르게 만들었다. 그리고 이것이 바로 야고보가 기도의 표준으로 엘리야를 선택한 이유다. 엘리야가 우리와 성정이 같은 사람이라면 우리도 엘리야처럼 기도할 수 있다는 것을 성경은 우리에게 말해 주고 있다.

열왕기상 18장을 주의 깊게 보면 하나님과 이런 식으로 대화하는 엘리야를 보게 된다. 이 장면이 물론 우리가 그의 기도생활에 대해 처음 읽게 되는 부분은 아니다. 일찍이 우리는 엘리야가 비가 내리지 않도록 기도하는 것을 보았다왕상 17:1, 약 5:17. 또한 후에 아합 왕과 마주치게 됐을 때도 그는 먼저 기도를 드렸다왕상 18:16. 그리고 갈멜 산에서 불을 내려오게 한 것 역시 엘리야의 기도였다왕상 18:36-37. 이제 엘리야는 홍수를 위해 기도하려고 한다.

비가 내릴 것이라고 하나님이 이미 약속하셨다는 것을 염두에 두

라. "많은 날이 지나고 제 삼 년에 여호와의 말씀이 엘리야에게 임하여 이르시되 너는 가서 아합에게 보이라 내가 비를 지면에 내리리라" 왕상 18:1. 하나님이 이미 비를 약속하셨다면 왜 그것을 위해 기도하는가? 왜냐하면 기도는 약속을 실행으로 바꾸어 주는 믿음의 손이기 때문이다. 하나님은 목적을 정해 주실 뿐 아니라 수단도 정해 주신다. 기도란 내키지 않는 하나님께 가서 그분이 하기 싫어하는 일을 하시도록 설득하는 것이 아니다. 기도란 우리가 의존적인 사람임을 인식하면서 하나님 앞에 나오는 행위다. 기도란 우리의 필요가 부분적이 아니라 전부라는 깨달음이다.

내가 그리스도인이 된 지 얼마 후 어떤 사람이 내 성경 첫 페이지에 다음과 같은 이행시를 적어 준 적이 있다.

내가 시도할 때 나는 실패한다.
내가 신뢰할 때 그분은 성공하신다.

이 두 줄에는 깊은 신학적 의미가 함축되어 있다. 그리스도인의 삶은 시도하는 삶이 아니다. 그것은 신뢰하는 삶이다. 경건을 따라 사는 것은 어려운 것이 아니라 불가능하다는 사실을 인식해야 한다. 왜냐하면 그리스도인의 삶을 살려면 초자연적인 도움이 필요하기 때문이다.

진지한 기도

나는 엘리야의 기도생활에서, 하나님의 영이 우리의 경험 속으로 깊이 파고들어 오실 것이라고 믿는 세 가지 특성을 찾을 수 있다고 본다.

먼저 엘리야의 간절한 기도에 주목하라. 열왕기상 18장 끝부분에서 우리는 "엘리야가 아합에게 이르되 올라가서 먹고 마시소서 큰 비소리가 있나이다"41절라는 구절을 읽게 된다. 뒤이어 나오는 구절에서 하늘에 구름이 없다는 것을 발견하는데, 그러면 어째서 엘리야는 큰 빗소리를 들을 수 있었을까? 그 대답은 엘리야가 하나님과 가까이, 그리고 계속해서 대화를 나누었다는 사실에서 찾을 수 있다. 하나님은 이미 비를 약속하셨고 따라서 엘리야는 비가 올 것을 알았다. 비록 구름을 볼 수는 없었지만 믿음의 귀로 그 소리를 들을 수 있었다.

당신은 어떤 일에 있어서 이와 같은 강한 확신을 해본 적이 있는가? 하나님이 어떤 일을 너무도 똑똑히 보여 주셔서, 그 당시 형편에 개의치 않고 단지 그것을 믿음으로 받아들였던 적이 있는가? 엘리야는 그런 확신을 했던 것이다.

한편 아합 왕은 거의 아무런 감흥을 받지 못했다. 그가 방금 무엇을 목격했는지를 고려해 볼 때 나는 이 사실이 믿기지 않는다. 얼굴을 땅에 대고 회개하는 대신 아합은 저녁을 먹으러 나갔다. 대조적으로 엘리야에 대해 성경은 "엘리야가 갈멜 산 꼭대기로 올라가서 땅에 꿇어 엎드려 그의 얼굴을 무릎 사이에 넣고"왕상 18:42라고 기록하고 있다. 이 본문이 이런 기도의 자세를 언급하는 것은 기도할 때 따라야 할 본보기로서가 아니라 그 선지자의 외적 행동을 통해 그가 얼마나 간절했는지를 보여 주기 위해서다. 우리 주님이 겟세마네 동산에서 하신 기도를 기억하는가? "만일 할 만하시거든 이 잔을 내게서 지나가게 하옵소서 그러나 나의 원대로 마시옵고 아버지의 원대로 하옵소서"마 26:39라고 부르짖으셨을 때 그분은 땅에 넘어져 엎드리셨다. 그분의 자세는 마음속에 있는 영적 태도를 반영한 것이다.

야고보는 엘리야가 "간절하게 기도했다"라고 기록하는데, 이 구절을 글자 그대로 번역하면 "그는 자신의 기도 속에서 기도했습니다"라고 할 수 있다. 심오한 생각이 아닌가? 엘리야는 전능하신 하나님과의 대화에 몹시 사로잡혀 있었고, 그래서 마음속에 있는 것은 무엇이든 다 털어놓았다. 그는 하나님이 마치 몸으로 바로 거기에 함께 계신 것처럼 하나님께 이야기했다. 이것이 진지함이다.

새로 개종한 사람이 기도하는 것을 들어 본 적이 있는가? 그것은 정말 신선하다! 언젠가 우리는 우리 가정 성경공부반 사역을 통하여 한 사람을 주님께 인도했다. 그는 목요일 밤에 주님을 알게 되었고 주일에 교회에 나왔다. 목사님이 저녁예배가 있다고 광고를 했는데, 물론 그 친구는 그냥 집에 있어도 된다는 것을 몰랐다. 그래서 그는 또 나왔다. 그날 밤 그는 우리 교회에서 수요일 밤에 성경공부와 기도 모임이 있다는 것을 알았고, 그래서 수요일 밤에도 교회에 나왔다.

수요일에 나는 그의 옆자리에 앉았고, 기도 모임을 시작하기 바로 전에 그가 나에게 와서 물었다.

"저도 기도해도 괜찮을까요?"

"물론이지요. 기도하기 위해 우리가 여기에 모여 있는 것이니까요."

"네, 압니다. 다만 저에게는 문제가 하나 있습니다. 저는 여러분이 하는 식으로 기도하지 못합니다."

"오, 그건 아무런 문제가 되지 않습니다. 오히려 그 사실에 대해서 하나님께 감사하게 될 거예요!"

우리는 기도를 시작했는데, 그는 너무 떨린 나머지 기도를 시작하지 못하고 있었다. 나는 그의 다리 위에 손을 얹으며 그를 격려했다. 나는 그날 밤 그의 기도를 결코 잊지 못한다. "하나님, 저 짐입니다" 하고 그가 입을 열었다. "저는 목요일 저녁에 당신을 만났던 바로 그 사람입니다. 주님, 죄송합니다. 저는 여기 모인 사람들이 하는 대로 기도하지 못합니다. 그러나 제가 아는 최고의 방법으로 당신께 말씀드리고 싶습니다. 당신을 사랑합니다. 하나님, 정말 사랑합니다. 정말 감사합니다. 나중에 뵙겠어요."

그의 기도는 우리 기도 모임에 불을 붙였다! 우리 가운데 어떤 사람들은 기도의 신학에 관하여 말하는 것은 참 잘해 왔다. 거창한 단어들로 은하계를 훑으면서 교리의 우주를 탐구하는 것 말이다. 그러나 이 친구는 진지하게 기도했다!

내 아이들은 기도의 신학에 관하여 내게 많은 것을 가르쳐 주었다. 아이들이 꽤 어렸을 때 우리 집에 한 신학자가 방문했다. 식사를 마친 후 우리는 늘 하던 대로 가정예배를 드릴 준비를 했고, 그분께도 같이 드리자고 했다. 기도 시간이 되어 아이들은 아이 특유의 순수한 마음으로 예수님께 세발자전거와 모래 상자와 담장과 또 다른 것들을 주신 것에 감사했다. 우리 손님은 예배가 끝나기가 무섭게 나를 불렀다.

"헨드릭스 교수님!"

그는 강의를 하는 듯한 어투로 말을 시작했다.

"당신은 신학교의 교수가 아닙니까? 그런데 자녀에게 어떻게 저런 것을 위해 기도하라고 가르칩니까?"

"네, 저는 그렇게 가르칩니다. 박사님은 박사님의 포드 자동차에 대해 기도하신 적이 있지 않습니까?"

나는 그가 그런 기도를 했음을 감지했다. 거의 다 떨어진 폐차 직전의 차를 믿음으로 타고 다니고 있었기 때문이다.

"물론이지요. 그러나 그건 다릅니다."

"오, 그러세요?"

내가 대꾸했다.

"어째서 박사님의 포드 자동차가 저희 아이의 세발자전거보다 하나님께 더 중요하다고 생각하시나요?"

나는 그를 더 몰아붙였다.

"박사님은 운전을 많이 하시지요. 오가는 길을 보호해 달라고 하나님께 기도하신 적이 있습니까?"

"헨드릭스 형제님, 저는 여정에 자비를 베푸시도록 하나님께 기도하지 않고는 결단코 아무 곳에도 가지 않습니다."

"그렇습니까? 제 아이가 담장을 위해 감사했을 때 사실은 예수님이 안전하게 지켜 주신 것을 감사드린 것입니다. 그 담장은 맞은편에 있는 큰 개들이 들어오지 못하도록 막아 줍니다!"

나는 우리 중 많은 사람에게 이 사람과 같은 문제가 있지는 않은지 걱정스럽다. 우리는 소화 가능한 지적 능력 이상의 교육을 받은 듯하다. 새신자 그리고 단순하고 진지한 마음으로 하나님께 이야기하듯 기도하는 아이들이 우리와 함께 있다는 것은 신선한 일이다. 하나님은 믿는 마음의 정직함을 기뻐하신다.

갈멜 산 꼭대기에서 무릎을 꿇고 위를 바라보며 엘리야는 그의 마음을 쏟아 놓았다. 그의 온 마음을 차지하고 있던 물을 위해 간절히 기도했다. 우리 그리스도인은 진부한 말과 미사여구를 버리고, 단순하게 하나님 앞에서 간절한 마음을 드리는 데 초점을 맞출 필요가 있다.

기대하는 기도

엘리야의 기도생활의 두 번째 특성은 기도 속에 담긴 그의 기대다. 열왕기상 18장의 세 구절에 나오는 세 가지 진술은 기도의 응답에 관한 내용이다. "아무것도 없나이다"43절. "사람의 손만 한 작은 구름이 일어나나이다"44절. "큰 비가 내리는지라"45절. 아무것도 없는 것에서부터 작은 구름으로, 작은 구름에서부터 큰 비로 발전했다. 이것이 하나님 응답의 진전이었다.

우리가 주목할 점은 엘리야가 기대하며 기도했다는 것이다.

> "그의 사환에게 이르되 올라가 바다 쪽을 바라보라 그가 올라가 바라보고 말하되 아무것도 없나이다 이르되 일곱 번까지 다시 가라 일곱 번째 이르러서는 그가 말하되 바다에서 사람의 손만 한 작은 구름이 일어나나이다 이르되 올라가 아합에게 말하기를 비에 막히지 아니하도록 마차를 갖추고 내려가소서 하라 하니라" 왕상 18:43-44.

일곱 번! 우리 중 많은 사람이 그 전에 이미 기권했을 거라는 생각이 든다. 그리고 만약 엘리야가 여섯 번째에 그만두었다면 어떻게 되었을는지도 궁금하다. 그는 무언가를 찾고 있었다. 그래서 기대하는 믿음으로 자신의 종더러 하늘을 살펴보게 했다. 그는 계속해서 다시 종을 보냈는데, 그것은 그가 기도에 응답하실 하나님을 기대하고 있었기 때문이다. 우리가 아무것도 기대하지 않는다면 실망할 일도 없을 것이다.

사도행전 12장에 이 원리에 대한 좋은 예가 있다. 그 이야기는 이렇다. "이에 베드로는 옥에 갇혔고 교회는 그를 위하여 간절히 하나님께 기도하더라"5절. 그래서 하나님은 그들의 기도에 응답하셔서 베드로를 감옥에서 기적처럼 나오게 하셨다. 자유의 몸이 되자마자 그는 마가라 하는 요한의 어머니 마리아의 집에 갔는데, 그곳에는 여러 사람이 모여서 기도를 드리고 있었다12절. 무엇을 위해 기도하고 있었는가? 물론 베드로가 구출되기를 기도하고 있었다. "베드로가 대문을 두드린대 로데라 하는 여자아이가 영접하러 나왔다가 베드로의 음성인 줄 알고 기뻐하여 문을 미처 열지 못하고 달려 들어가 말하되 베드로가 대문 밖에 섰더라 하니"13-14절.

어떤 장면인지 느껴지는가? 작은 소녀가 문틈으로 보다가 베드로를 발견한다. "세상에나! 베드로예요!" 너무 흥분한 나머지 그 소녀는 베드로에게 문을 열어 주는 것도 잊어버린다. 곧장 사람들에게 달려가 말한다. "보세요. 베드로가 밖에 있어요." 이에 사람들이 일어나서 할렐루야 합창을 다 함께 불렀을까? 아니다. 그들은 그 소녀에게 "네가 미쳤다"15절라고 했다.

"보세요!" 하고 로데가 주장한다. "베드로예요. 제가 보았어요."

"베드로일 리가 없어. 그는 지금 감옥에 있어. 네가 헛것을 보았을 거야."

하지만 소녀는 잠잠하지 않았고, 그래서 결국 그들 중 약삭빠른 한 사람이 더 심오한 신학적 대답을 생각해 낸다. "그러면 그의 천사라"15절. 문제는 그들이 기도한 것이 천사가 된 베드로가 구출되는 것이 아니었다는 사실이다. 그들은 베드로의 구출을 놓고 기도하고 있었다. 다행히도 그들의 기도 응답이 계속 문을 두드리고 있었다. 그리고 베드로의 성격상 아마도 이때쯤에는 꽤 세차게 문을 두드렸을 것이다! 따라서 누군가가 드디어 정신을 차리고 일어나서 문을 열었을 것이고, 성경은 그들이 베드로를 보고 놀랐다고 기록한다16절. 정확히는 뒤로 자빠졌다고 표현해야 할 것이다. 하나님이 실제로 그들의 기도에 응답하셨다!

이들 초대교인들을 모두 공격하기 전에 당신이 이와 유사한 반응을 보였을 수도 있다는 것을 기억하라. 어떤 사람이 당신에게 와서 이렇게 말한다.

"이봐요, 당신이 지난 22년 동안 기도해 온 남동생 있죠?"

"빌 말인가요? 네, 그는 저의 마음에 항상 큰 부담이었어요. 완전히 탕아입니다. 온 가족이 그를 부끄럽게 생각하고 있답니다."

"그런데 말이죠. 당신은 응답을 받았어요."

"무슨 말씀입니까?"

"하나님께서 당신의 기도에 응답해 주셨습니다."

"농담하지 마세요!"

"정말입니다! 빌이 지난 주 구원 초청에 응답하여 강단 앞으로 나갔고 그리스도를 자신의 구주로 영접했습니다."

"그가 정말 빌이었습니까?"

"확실해요! 제가 거기에 있었는걸요. 그는 구원을 받았어요."

"아닐 겁니다. 당신이 본 사람은 아마도 다른 사람일 겁니다. 빌은 절대로 그리스도를 영접하지 않을 거예요."

우리가 엘리야와 같은 믿음을 자라게 해야 할 곳이 바로 여기다. 엘리야의 족속이 늘어나기를!

그는 "하나님은 나에게 비가 올 거라고 말씀하셨다. 그래, 비 오는 소리를 들을 수 있어. 가서 비를 찾아보거라"고 말한다. 한 사람이 그에게 "아니요, 거기에는 아무것도 없습니다"라고 말한다. 그런 다음 그의 반응은 무엇인가? "다시 보아라. 비가 오고 있다." 그리고 결국 비가 왔다. 긍정적인 사람들과 함께 있는 것이 즐겁지 않은가? 하나님의 약속에 대한 믿음이 너무도 견고해서 하나님의 역사를 예상하는 사람과 시간을 함께 보내는 일은 축복이 아닌가?

하나님에 대해 이와 같은 확신을 가진 한 가족이 우리 동네에 살았던 적이 있다. 그 가정의 아버지는 하나님이 자신을 전임 사역자로 부르고 계신다고 확신했다. 그래서 사업체를 팔고 사역을 시작했다. 재정이 부족하여 생활이 좀 어려웠는데, 어느 날 저녁 가정예배 시간에 네 아들 중 가장 어린 티미Timmy가 말했다.

"아빠, 제가 셔츠를 위해서 기도한다면 예수님이 싫어하실까요?"

"물론 그렇지 않지."

아이 아빠가 대답했다.

그때 이 가족은 내가 모든 부모에게 강력히 추천하는 한 도구를 사용하고 있었다. 그들은 작은 공책을 마련하여, 한쪽 면에 '우리의 기도'라고 썼고 다른 쪽에 '그분의 응답'이라고 적었다. 따라서 티미의 요청에 따라 그들은 한쪽에 '티미의 셔츠'라고 적었다. 엄마가 '치수는 7호'라고 덧붙여 놓았다.

그날 이후 매일 밤 티미는 가정예배에서 가족들이 자신의 셔츠를 위해 열심히 기도하는 모습을 분명히 보았을 것이다. 그들은 여러 주 동안 기도했다. 그러던 어느 날 티미의 어머니가 달라스 시내에서 옷 가게를 하는 한 사람의 전화를 받았는데, 그는 그리스도인이었다. "제가 방금 7월 재고 정리 세일을 마쳤거든요." 그는 말했다. "댁에 네 명의 아이가 있다는 얘기를 들어서, 마침 이번 기회에 댁에 드릴 것을 따로 남겨 놓아야겠다고 생각했어요. 남자아이 셔츠가 몇 벌 있는데, 필요하신가요?"

"치수가 어떻게 되지요?"

"7호입니다."

"얼마나 있습니까?"

"열두 장이 있습니다."

당신은 어떻게 하겠는가? 엄마는 그 가게에 가는 내내 하나님을 찬양했고, 그 셔츠들을 기쁘게 받아 왔다. 그리고 그녀는 그 옷을 티미의 옷장 서랍에 넣었다. 그날 밤 티미가 "셔츠를 위해서 기도해요"라고 말했을 때 어머니가 나섰다.

"티미야, 셔츠를 위해서는 이제 기도하지 않아도 된단다. 하나님이 너의 기도를 들어주셨어."

"들어주셨다고요?"

그 어린 소년이 놀라면서 물었다.

"그렇단다."

그리고 미리 얘기한 대로 티미의 제일 큰형이 방으로 들어가서 셔츠 하나를 가져와 티미 앞에 있는 탁자에 놓았다. 티미의 눈이 접시만큼 커졌다. 그다음 또 다른 아이가 가서 다른 서츠를 가져와 티미 앞에 내려놓았다. 탁자 위에 서츠 열두 장이 쌓일 때까지 그렇게 했다. 티미는 아마도 하나님이 서츠 공장에 다녀오신 건 아닐까 생각했을 것이다.

오늘날 티미는 성인이 되어 달라스에 살고 있는데, 그는 하늘에 계신 그처럼 광대한 하나님이 새 서츠가 필요한 어린 소년의 필요에 여전히 관심을 가지고 계심을 잘 알고 있다. 당신 자신에게 질문해 보라. 당신의 아이들도 그 사실을 알고 있는가? 풍요로운 사회에서 자녀를 키우는 가운데 작은 일조차도 하나님의 응답을 기대하며 기다리라고 자녀를 격려해 줌으로써 하나님을 신뢰하는 믿음이 자라도록 그들을 돕고 있는가?

엘리야가 그랬다. 하나님은 까마귀를 보내어 매일 그를 먹이셨다왕상 17:4, 6. 그 결과 그는 하나님 앞에서 기대하며 기다리는 것이 얼마나 중요한 것인지를 이해하게 되었다.

하나님은 모든 기도에 다 응답하지는 않으신다. 때때로 우리는 기도 응답란에 '응답 없음'이라고 써 놓을 수도 있다. 그것 역시 우리를 향한 그분의 응답이다. 그것 역시 우리가 구한 것을 허락해 주시는 것에 뒤지지 않는 또 하나의 응답이다. 나와 아내는 우리 가정에 두 아이를 더 주시도록 기도했다. 두 번이나 하나님이 응답하시는 것처럼 보였으나 모두 유산되고 말았다. 내가 병원에서 집으로 돌아오자마자 "아빠, 안녕히 다녀오셨어요! 남자예요, 여자예요?" 하고 물어본 아이들의 모습이 생생하다. 나는 아이들을 소파에 앉히고 하나님이 안 된다고 말씀하셨다고 말해 주었다. 기도에 대한 주제로 스물네 번 설교하는 것보다 그 한 번의 경험이 아이들에게 더 많은 것을 전달해 줄 수 있다. 아이들이 이해할 수 있는 수준에서 전달이 이루어지는 것이다. 그러나 문제는 종종 우리 어른들이 하나님이 주시는 메시지를 깨닫지 못한다는 데 있다.

하나님을 신뢰함으로써 응답을 받거나 받지 못할 수도 있지만 대개의 경우 우리의 기대하는 자세는 기다림으로 증명되어야 한다. 우리 가정의 기도 제목 중 어떤 것은 응답받기까지 오랜 시간이 걸렸다. 그 가운데 하나는 퇴역 군인 장교이신 나의 아버지의 구원이었다. 퇴역하시기 직전에 아버지는 우리를 만나러 달라스로 오셨는데 당연히 우리 아이들 모두 신이 났다. "할아버지가 오신대! 할아버지가 오신대! 할아버지가 제복을 입고 오셨으면 좋겠어!"

가슴에 각종 훈장으로 장식된 제복을 입은 나의 아버지가 비행기 통로에 나타났을 때, 막내 빌이 할아버지를 향해 뛰어나갔다. 아버지가 비행기에서 이동 계단을 밟고 활주로로 내려오던 때였다. 계단을 다 내려오자마자 빌이 팔을 벌려 할아버지를 껴안았다. 내가 그들에게 이르렀을 때 빌이 "할아버지, 이제 예수님을 아세요?" 하고 묻는 것을 들었다.

아버지는 약간 당황하시는 것 같았다. 그런 질문을 받을 것이라고는 예상하시지 못했기 때문이다! 아버지가 마침내 대답하셨다.

"아, 아니, 글쎄, 안다고 말할 수가 없구나."

"그렇지만 곧 아시게 될 거예요."

빌이 대답했다.

"우리가 할아버지를 위해 기도하고 있으니까요!"

'곧'이 여러 해로 바뀌었다. 실제로 나의 아버지는 1974년, 돌아가

시기 넉 달 전에야 자신의 삶을 주님께 드렸다. 나는 아버지를 위해 42년 동안 기도해 왔다.

아마도 당신은 어떤 것이나 어떤 사람을 위해 오랫동안 기도해 오고 있을 것이다. 그것은 사랑하는 사람의 구원일 수도 있고, 나라의 변화, 또는 사역의 성공일지도 모른다. 하나님 말씀의 권위에 근거하여 나는 다시 한 번 언덕 위로 올라가 기대감으로 바라보라고 당신을 격려하고 싶다. 주님이 말씀하셨다. "구하라 그리하면 너희에게 주실 것이요 찾으라 그리하면 찾아낼 것이요 문을 두드리라 그리하면 너희에게 열릴 것이니"마 7:7. 기대하는 마음으로 구하고 찾고 두드리라. 하나님은 여전히 우리 기도에 응답하는 일을 하고 계신다.

기도의 효과

엘리야의 기도생활의 세 번째 특징인 기도의 효과를 놓치지 말기 바란다. 갈멜 산 꼭대기로 다시 돌아가 보면, 성경에는 이렇게 기록돼 있다.

> "조금 후에 구름과 바람이 일어나서 하늘이 캄캄해지며 큰비가 내리는지라" 왕상 18:45.

이 구절에는 두 가지 효과가 묘사되고 있다. 첫째, 땅에 대한 효과가 있었다. 내린 비는 가볍게 뿌리는 보슬비가 아니었다. 그 비는 대지를 촉촉하게 적시지만 가뭄을 해결해 주지는 못하는 여름날의 가벼운 비가 아니었다. 그것은 오래 지속되던 가뭄을 해갈해 줄 흠뻑 적시는 억수 같은 비였다.

오늘날 우리는 영적으로 메마른 사회에서 살고 있다. 많은 사람이 영적인 사막에 둘러싸여 있다고 느낀다. 나는 하나님이 사람들의 영적 가뭄을 해갈할 하나님 은혜의 신선한 단비를 기도로써 내려오게 할 수 있는 사람들을 찾으신다고 믿는다.

엘리야의 기도가 일으킨 두 번째 효과는 그 자신에게 미치는 영향이었다.

> "여호와의 능력이 엘리야에게 임하매 그가 허리를 동이고 이스르엘로 들어가는 곳까지 아합 앞에서 달려갔더라" 왕상 18:46.

땅이 막 새롭게 된 것처럼 엘리야 자신이 새로운 역동적인 힘을 경험하게 되었다. 하나님의 능력이 그에게 임한 것이다. 그것보다 더 큰 간증은 없었다. 이런 능력이 임한 이유는 엘리야가 기도를 통해서 하나님의 보좌를 붙잡는 방법을 알았기 때문이다.

이것은 마음속에 간직해야 할 귀중한 원리다. 위대한 기도는 위대한 축복을 가져온다. 엘리야의 기도는 기도의 언어나 시간, 또는 큰 목소리 때문에 위대한 것이 아니었다. 엘리야의 기도가 위대한 이유는 그것이 진지하고 기대감이 동반되었으며, 살아 계신 하나님께 투자되었기 때문이다.

하지만 그런 식으로 기도하는 것은 또한 위험스러운 일이다. 엘리야는 그것을 배웠다. 그는 비가 오지 않기를 기도했으며 기도의 응답으로 시내가 말랐다. 이제는 비가 오기를 기도했는데 그 응답으로 홍수가 났다. 위대한 기도는 위대한 축복을 가져온다.

어렸을 때 나는 지난 세대의 위대한 성경학자 렉터스L.L. Legters 박사가 사역하는 교회에 출석하는 특권을 누렸다. 한번은 그가 어떤 교회에서 목회할 때 일어난 이야기를 들려주었다. 그날 그는 호주머니에 오십 달러를 넣고서 거리를 걸어가고 있었는데, 마침 휴가를 맞아 선교사 숙소에 기거하고 있던 한 선교사와 마주치게 되었다.

"렉터스 박사님." 그 선교사가 말했다. "우리가 만나게 된 것은 하나님의 섭리인 것 같습니다. 우리는 지금 교회에서 긴급 기도회를 열었습니다. 목사님이 참여해 주신다면 너무나 좋겠습니다."

다소 무뚝뚝한 성격인 렉터스 박사가 말했다.

"무지 속에서 기도하지 말고 지성적으로 기도합시다. 여러분에게 필요한 것이 정확히 무엇입니까?"

"우리는 긴급 재정이 필요합니다. 오십 달러가 필요합니다."

그래서 그들은 함께 기도회에 참석했고 빙 둘러앉아 돌아가며 모든 사람이 기도를 드렸다. 그러나 마지막 사람의 기도가 끝났을 때 모인 사람 중 한 사람이 "저는 이 문제를 두고 우리가 주님께 간절히 기도드리지 못했다는 느낌이 듭니다"라고 말했다.

"그러면 기도를 좀 더 합시다"라고 어떤 사람이 제안했다. 그래서 그들은 돌아가며 두 번째 기도를 드렸다. 그리고 다시 세 번째 기도를 드렸다. 렉터스 박사가 하나님이 자신에게 말씀하신다고 느낀 때가 바로 그때였다. "렉터스, 너의 주머니 안에 있는 오십 달러를 내놓는 것이 어떠냐?"

필연적인 일은 결코 미루지 않는 성격이었던 그는 한 여신도가 기도하는 중에 말했다. "잠깐만요!" 그리고 주머니에 손을 집어넣었다. 그는 "하나님이 막 여러분의 기도에 응답하셨습니다"라고 말하면서 탁자 위에 그 돈을 올려놓았다.

그 일이 일어난 지 수년이 지난 후 그 이야기를 우리에게 들려주던 박사는 길고 마른 손가락을 뻗으며 이렇게 말했다.

"신사 숙녀 여러분, 기도하는 것은 위험한 일입니다!"

그것은 지금도 마찬가지다. 당신이 개입되기를 원하지 않는다면 절대 기도하지 마라. 개인적으로 헌신하지 않고서는 기도하지 마라. 왜냐하면 기도의 응답은 당신을 통해서 시작될 수 있기 때문이다.

야고보는 우리에게 "너희는 욕심을 내어도 얻지 못하여 살인하며 시기하여도 능히 취하지 못하므로 다투고 싸우는도다 너희가 얻지 못함은 구하지 아니하기 때문이요 구하여도 받지 못함은 정욕으로 쓰려고 잘못 구하기 때문이라"약 4:2-3고 경고한다. 나는 오랫동안 왜 기도생활에서 번번이 실패하는지 자문해 왔다. 그 실패는 우연이 아니었다. 내가 일구어 놓은 결과였던 것이다.

나이가 들면 들수록 나는 사탄이 얼마나 교묘한지에 대해서 놀라게 된다. 그는 항상 가장 결정적인 영역을 보지 못하도록 우리의 눈을 흐려 놓는다. 사소한 일에 대해서는 절대 그렇게 하지 않는다. 사탄은 우리가 기도하지 않는 한 전도하는 것을 걱정하지 않는다. 그는 우리가 사람들에 관해 하나님과 이야기하는 것이 하나님에 관하여 사람들과 이야기하는 것보다 훨씬 더 중요하다는 것을 알고 있다. 사탄은 우리가 기도하지 않는 한 성경을 공부한다고 해도 전혀 걱정하지 않는다. 그는 우리에게 말씀을 주시는 하나님과의 대화를 떠나서는 그 말씀이 결코 우리의 삶 속에 들어올 수 없다는 것을 알고 있다. 기도하지 않는다면 결국 우리는 심각한 영적 교만에 빠지게 될 것이며, 사탄은 이것을 매우 좋아한다. 그는 우리가 지역 교회에서나 기독교 사역을 하는 어떤 다른 기관에서 열성적으로 활동하게 되는 것을 걱정하지 않는다. 때때로 나는 오히려 사탄이 이것을 부추긴다고 생각한다. 우리가 기도만 하지 않는다면 말이다. 그렇게 되면 우리는 활동적일 수는 있지만 아무것도 성취하지 못할 것이기 때문이다.

복음서들은 예수님의 생애 가운데 단지 52일 동안을 기록했다. 마가복음 1장은 주님이 가장 바쁘셨던 날 중의 하루를 기록하고 있다. 그날은 기적과 가르침과 병 고침으로 빽빽하게 가득 찬 하루였다. 대중 사역을 하는 사람은 사람들과의 끊임없는 상호 교류에서 오는 육체적, 감정적, 영적 고갈을 이해할 수 있다.

우리 주님이 무엇을 하셨는지 주목해 보라. "새벽 아직도 밝기 전에 예수께서 일어나 나가 한적한 곳으로 가사 거기서 기도하시더니" 막 1:35. 아버지와 끊어지지 않는 대화를 하셨던 예수님께 기도하는 시간이 따로 필요하셨다면, 나는 얼마나 더 그렇겠는가? 당신의 필요는 얼마나 크겠는가? 바쁜 섬김의 하루를 보내신 후 무한하신 하나님과 대화하는 것이 그분의 최우선이었기에, 그분은 해 뜨기 한참 전에 일어나서 기도하러 한적한 곳으로 가셨다.

나는 많은 영역에서 하나님의 일이 시들어져 가고 있다고 믿는데, 이는 하나님의 능력이 부족해서가 아니라 우리의 기도가 부족해서 그렇다고 생각한다. 우리는 싸우고, 전략을 짜며, 애를 쓰고, 우리가 할 수 있는 것은 모두 한다. 기도만 빼고 말이다. 그러나 야고보가 말한 대로 우리는 구하지 않아서 얻지 못한다.

엘리야는 구했다. 그는 간절하고 기대하는 마음으로 기도함으로 하나님과 끊임없이 대화했다. 그 결과 그는 자기 기도의 효과를 목도했다. 당신도 기도를 배움으로써 하나님의 능력이 당신의 세계를 변화시키는 것을 볼 수 있다. 하나님의 능력을 드러나게 하는 것이 바로 기도이기 때문이다!

헌신

직업군인이셨던 나의 아버지는 말년에 수도 워싱턴에 있는 국방성Pentagon에서 근무하셨다. 언젠가 아버지를 만나 뵈러 그곳을 방문했을 때, 우연히 신문에 실린 흥미로운 기사를 읽었는데 제2차 세계대전 때 미국의 아시아 지역 군사 책임자였던 용장 맥아더가 쓴 것이었다. "성공적인 군대를 위한 필요조건"이라는 제목이 붙은 그 기사에는 맥아더가 가장 중요하게 여겼던 네 가지 원리가 언급되어 있었다.

첫째, 사기가 있어야 한다. 싸우는 힘에는 반드시 충성심, 이길 수 있다는 의지, 그리고 목숨을 바쳐도 아깝지 않다는 각오가 한데 섞여 있어야 한다. 둘째, 힘이 있어야 한다. 군대에는 각자의 임무를 잘 수행하도록 알맞게 잘 훈련되고 잘 무장된 사람이 있어야 한다. 셋째, 충분한 보급처가 있어야 한다. 생명선은 언제나 열려 있어서, 일선에 있는 군인들이 승리하는 데 필요한 모든 것을 공급받아야 한다.

하지만 이 기사의 주요 부분은 다름 아닌 네 번째 원리였다. 승리를 이루기 위해서는 적에 대한 지식이 있어야 한다. 맥아더는 "적에 대한 지식이 많으면 많을수록 승리의 가능성은 더욱 커진다"라고 썼다. 그는 군대의 역사를 통하여 이 원리를 끌어냈는데, 구약성경의 여호수아를 시작으로 제2차 세계대전 때 북아프리카 작전까지를 예로 들었다.

적을 알아야 승리한다는 원리는 영적인 영역에도 적용할 수 있다. 이것을 인식했던 바울은 고린도 교인들에게 사탄이 그들에 대하여 틈을 얻는 것을 원치 않는다고 말했다. "우리는 그 계책을 알지 못하는 바가 아니로라"고후 2:11. 맞는 말이다. 우리는 사탄이 어떻게 움직이는지는 잘 알고 있다. 하나님이 사탄의 전략들을 성경에 노출해 놓으셨다. 그러므로 대적에 대해 더 많이 알수록 더욱 큰 영적 승리를 거둘 수 있는 것이다.

열왕기상 19장에서 우리는 사탄이 사용하는 전략의 한 예를 발견할 수 있다. 이 장의 주제는 "승리는 언제나 우리를 취약하게 만든다"로 요약할 수 있다. 승리를 하면 그 기쁨 때문에 경계를 늦추게 되고, 자연스럽게 우리는 적의 파괴적인 화살에 완전히 노출된다. 이번 장은 우리에게 갈멜 산 꼭대기의 승리에서 절망의 계곡 밑바닥으로 떨어지기까지는 그리 오랜 시간이 걸리지 않는다는 사실을 상기시켜 준다. 믿는 자들로서 이런 침체의 시기 가운데 우리를 구조해 주는 유일한 것은 하나님에 대한 우리의 헌신이다. 엘리야의 도주를 읽으면서 내가 가장 감사하는 것은 이 이야기의 현실성이다. 하나님이 한 사람에 관한 그림을 그리실 때 그 사람의 모든 실수와 좋지 않은 것까지 포함하여 그리시는 것은 바로 성경의 영감성을 확인시켜 주는 증거다. 하나님은 있는 그대로 이야기하시는 분이다. 값싼 소설처럼 그럴싸해 보이는 이야기를 덧입히시는 분이 아니다. 설화문학의 관점에서 본다면, 엘리야에 관한 이야기를 갈멜 산에서의 위대한 승리로 종결짓는 것이 훨씬 더 고무적이었을 것이다 왕상 18:16-46. 그러나 그것은 동화를 창작하는 것이지 사실에 대한 참된 기록은 아니었을 것이다.

엘리야에 관한 진실은, 야고보가 말했듯이 그는 "우리와 성정이 같은 사람"이었다는 것이다 약 5:17. 그리고 인간이었기에 쉽게 실패할 수 있었다. 바울은 인간의 이 자연적인 경향을 우리에게 상기시켜 준다. "그런즉 선 줄로 생각하는 자는 넘어질까 조심하라" 고전 10:12. 그의 요점은 우리가 강하다고 생각하는 바로 그때가 약한 것에 쉽게 영향을 받을 수 있는 때라는 것이다. 우리에게 가장 위대한 승리의 순간은 우리가 가장 취약할 때다.

열왕기상 18-19장에서 이것이 증명된다. 이 두 장은 예리한 대조를 이룬다. 산 정상에서의 승리에 뒤따른 절망의 구렁텅이. 어찌 된 영문인지 엘리야는 그의 삶 가운데 가장 위대한 승리를 거둔 직후 가장 처참한 패배를 맛보았다. 엘리야의 참패에서 우리가 교훈을 취하는 것은 지혜로운 일일 것이다. 왜냐하면 사탄은 수천 년 전에 엘리야에게 시도해서 성공했던 똑같은 수법을 오늘날 우리에게도 여전히 써먹고 있기 때문이다.

환경을 바라볼 때의 위험성

열왕기상 18장 끝부분부터 다시 살펴보자. 참패를 당하여 속이 뒤틀린 아합은 그의 병거에 올라타고 갈멜 산에서 이스르엘로 내려갔다^왕상 18:45. 그의 집은 약 56킬로미터 정도 떨어져 있었으므로, 말할 것도 없이 그는 그날 저녁 다소 늦게 집에 도착했다. 그는 이세벨이 이미 잠들어 있기를 바랐다. 그래서 살금살금 왕궁 안으로 기어들어 갔다. 아마도 신발은 벗어서 손에 들고 있었을지 모른다.

그러나 그때 너무나도 귀에 익은 목소리가 들려왔다.

"아합!"

"어, 왜 그러오?" 그가 뚱하게 대답했다.

"안색이 나빠 보여요. 무슨 일 있었어요?"

"이봐요, 이세벨. 나 정말 피곤해요. 긴 하루였소."

"무얼 좀 드시겠어요?"

"아니 괜찮아요. 식욕이 없구려."

"그러면 앉아서 커피라도 마시면서 무슨 일이 있었는지 한번 말해 보세요."

우리는 아합이 계속해서 대화의 주제를 바꾸려고 시도하리란 것을 예상해 볼 수 있다(예를 들면, "사마리아 리그에서 어느 구단이 우승할 것 같소?"와 같은). 그러나 남편에게서 정보를 캐내기 위해 이세벨은 집요하게 물고 늘어진다. 결국 아합은 "아합이 엘리야가 행한 모든 일과 그가 어떻게 모든 선지자를 칼로 죽였는지를 이세벨에게 말"^{왕상 19:1} 한다.

성경 본문에는 그 후 어떤 일이 일어났는지 나온다. "이세벨이 사신을 엘리야에게 보내어 이르되 내가 내일 이맘때에는 반드시 네 생명을 저 사람들 중 한 사람의 생명과 같게 하리라 그렇게 하지 아니하면 신들이 내게 벌 위에 벌을 내림이 마땅하니라 한지라 그가 이 형편을 보고 일어나 자기의 생명을 위해 도망하여 유다에 속한 브엘세바에 이르러 자기의 사환을 그곳에 머물게 하고"왕상 19:2-3.

이 시점까지 엘리야의 비전을 가득 채운 유일한 것은 하나님이었다. 그러나 이제 마치 망원경을 거꾸로 들여다봄으로써 그의 감지력이 왜곡된 듯 엘리야는 갑자기 환경을 보기 시작한다. 하나님의 종들에게 이런 경우가 종종 있다. 베드로와 다른 제자들이 배를 타고 나갔던 때를 기억하는가? 그들이 밤낚시를 하고 있을 때였다. 그들이 배 오른편 너머를 쳐다보았을 때 갑자기 물 위로 걸어오는 누군가가 보였다. 그들은 까무러치게 놀랐다! 그러나 그 누군가는 예수님이셨고, 그분의 음성을 듣고서야 제자들은 주님임을 깨달았다. 그때 베드로는 평소 그의 성격대로 "주님, 만약 당신이 주님이라면 저를 주님께로 오라고 해주십시오"라고 말했다.

그래서 주님은 "오라!"마 14:28-29고 말씀하셨다.

그런데 그것은 베드로에게 어려운 문제였다. 주님께 가려면 배에서 내려야만 했다. 베드로가 조심스럽게 배에서 내려 한 손씩 차례로 떼는 장면을 상상해 보라. 그러고 나서 또 조심스레 걸음을 옮기면서 바다를 건넌다. 한편 배 뒤쪽에 있는 빌립과 안드레는 눈알이 튀어나올 지경이다. 그런데 베드로가 주 예수님께 눈을 떼고 환경, 즉 바람과 파도를 보자마자 그의 몸이 가라앉기 시작한다. 베드로는 "내가 지금 여기서 뭐 하고 있는 거지?"라고 울부짖듯 소리친다. "난 물 위를 걸을 수가 없어. 난 어부에 불과하단 말이야!" 그 순간 그의 몸이 물속으로 빠지기 시작했다. 그때 그는 (아마도 신약성경 중 가장 중요한 기도일지 모르며 분명 가장 짧은 기도로) "주여, 나를 구하소서" 하고 외친다. 예수님은 손을 내밀어 베드로를 물 무덤에서 구해 주신다마 14:30-31.

그런데 베드로가 어떻게 배로 되돌아갔다고 생각하는가? 신약성경에는 예수님이 그를 업고 가셨다고 적혀 있지 않기 때문에 우리는 그가 걸어서 돌아갔을 거라고 추측해 볼 수 있다. 그리고 내가 확신하기로는 그는 내내 주님께 눈을 고정했을 것이다. 용기의 원천인 주님에게서 눈을 떼는 순간이 우리가 용기를 잃는 순간이다. 우리를 보호하고 공급하실 수 있는 유일한 분인 그분에게서 초점을 떼는 순간 우리는 미끄러지기 시작할 것이다.

내가 바울을 존경하는 이유가 바로 여기 있다. 바울은 우리에게 "주 안에서 항상 기뻐하라 내가 다시 말하노니 기뻐하라"빌 4:4고 말한다. 나는 이 구절을 읽을 때 "얼마나 훌륭한 말씀인가!"라고 생각했다. 그런데 그후에 그가 이 편지를 썼을 때 어디에 있었는지 공부하게 되었다. 그는 로마의 고급스러운 장소에 있지 않았다. 그는 수감되어 있었다! 그러나 그는 그런 현실 가운데서 어떻게 기뻐할지를 알고 있었다. 그 기쁨은 원하는 것을 가짐으로써 오는 행복이 아니다. 진정한 기쁨은 당신의 삶을 위한 계획을 세우고 계시는 사랑의 하나님을 온전히 신뢰하는 것에 토대를 두고 있다.

불행히도 엘리야는 그것을 잊었다. 성경에 기록된 하나님의 가장 위대한 역사 중 하나를 직접 목격했음에도 그는 하나님께 눈을 떼고 주변 환경을 보기 시작했다. 그는 '내가 뭔데 감히 왕과 싸우고 있지?'라고 스스로에게 물었다. '내가 어떻게 이렇게 깊이 개입됐지? 왕비가 나를 쫓고 있어. 여기서 빠져나가는 게 상책이야!'

그래서 곧바로 줄행랑을 쳐서 남쪽으로 약 193킬로미터 정도 떨어진 브엘세바에 이를 때까지 쉴 새 없이 달렸다. 그에게 필요했던 일은 살아 계시는 하나님께 계속해서 시선을 집중하는 것이었다. 그러면 그는 이세벨의 위협에 신경을 쓰지 않고 하나님이 하실 수 있는 일들로 그의 마음을 채울 수 있었을 것이다. 하나님께 눈을 고정할 때 하나님이 우리가 최우선으로 헌신할 대상이 되시는 것이다.

환경에 당신의 시선을 고정하지 마라. 그렇게 한다면 당신은 망할 것이다. 하나님께 당신의 시선을 고정해 둔다면 그분이 당신을 통해 일하실 것이다. "너희 안에 계신 이가 세상에 있는 자보다 크심이라"요일 4:4는 말씀을 기억하라.

어리석은 기도의 위험성

이세벨에 대한 엘리야의 반응은 우리에게 지속적으로 노출되어 있는 두 번째 위험을 보여 주는데, 그것은 어리석게 기도하는 것이다. 자신과 사악한 왕비와의 거리를 193킬로미터 정도나 벌려 놓고도 엘리야는 여전히 위험을 느낀 나머지 스스로 광야로 들어가 하룻길쯤 가서 한 로뎀나무 아래에 앉아 죽기를 원하며 "여호와여 넉넉하오니 지금 내 생명을 거두시옵소서 나는 내 조상들보다 낫지 못하니이다"왕상 19:4라고 말했다.

매우 놀라운 성경 본문이다. 엘리야를 위협하는 사람은 오직 이세벨뿐이었는데, 그 때문에 엘리야는 선지자의 일을 포기하려 하고 있다! 혈혈단신으로 선지자 850명을 상대해서 승리를 거두었는데도, 복수심에 불탄 한 여자를 대했을 때는 달아나고 있으니 말이다!

엘리야의 기도를 읽으면서 나는 그가 느꼈을 혼동을 약간은 짐작할 수 있었다. 어떤 상황을 왜곡해서 보면 언제든 그것에 정직하지 못하게 되는데, 기도조차도 그렇게 된다. 나는 엘리야가 진짜로 죽기를 원했다고 생각하지 않는다. 죽기를 원했다면 193킬로미터 정도까지 멀리 가지는 않았을 것이다. 자신을 이세벨의 처분에 맡기면 간단하게 해결될 것이니 말이다. 그리고 이세벨은 그의 요청을 기쁘게 받아들였을 것이다.

그러나 엘리야는 죽기를 원하지 않았다. 오히려 그는 상황을 올바르게 보지 못하고 있었는데, 즉 그는 능력의 하나님을 잊어버렸다. 그래서 그는 진심으로 원하는 것이 아닌 것을 놓고 기도하게 되었다. 왜냐하면 그것이 자신의 문제를 푸는 최선의 해결책인 것처럼 보였기 때문이다. 또다시 그는 자신의 환경에 초점을 맞추고 자신에게 거짓말을 하기 시작했다. "제가 이번에는 정말로 실수를 했습니다. 하나님, 제가 이세벨을 너무 화나게 해서 그녀가 저를 죽이고 싶어 합니다. 저는 정말 아무 쓸모가 없는 것 같습니다."

앞서 엘리야가 우리 기도의 본보기가 된다고 말한 것을 기억하라. 포기하려는 그의 태도가 그의 표본 됨을 감소시키는 것은 아니지만, 이 기도는 우리가 연민에 빠져 있을 때 기도 내용이 한심해질 수 있다는 것을 보여 준다. 하나님이 약속하고 이행하신 좋은 일들은 잊어버리고, 그분에 대한 헌신은 흐려진다. 더 나아가 엘리야처럼 우리가 진짜 원하지 않는 것들을 구하게 된다.

당신의 기도에 응답해 주지 않으신 축복으로 말미암아 하나님께 감사해 본 적이 있는가? 나는 때때로 내가 하나님께 구했던 어리석은 일들을 곰곰이 생각해 보고는 하나님이 현명하시게도 그런 것들을 허락하지 않으신 것을 기쁘게 생각한다. 기도는 당신이 원하는 것을 구하는 것이 아니다. 기도는 하나님이 원하시는 것을 구하는 것이다.

내가 제일 먼저 암송했던 성경구절 중의 하나가 다음 말씀이다.

> "또 여호와를 기뻐하라 그가 네 마음의 소원을 네게 이루어 주시
> 리로다" 시 37:4.

젊었을 때 이 구절을 마음속으로 외우던 것이 아직도 기억난다. "와! 하나님은 내가 구하는 것은 어떤 것이라도 주시는구나"라고 생각했다. "얼마나 좋은 약속인가!" 그러나 나는 대개의 경우 내가 하나님을 기뻐하기보다는 나 자신을 기뻐하고 있음을 발견했다. 내 생각을 차지하고 있던 것은 내 마음의 소원이었지 하나님을 기뻐함이 아니었다. 오랜 시간이 걸렸지만 마침내 하나님을 기뻐하게 되었을 때, 하나님이 그분의 소원과 일치하도록 내 마음의 소원을 바꾸셨음을 알게 되었다.

사춘기였을 때 필라델피아에서 아리따운 아가씨와 데이트를 한 적이 있다. 나는 필라델피아 북동쪽에 살았고 그녀는 필라델피아 남서쪽에 살았다. 너무 먼 거리였다. 우리 집에서 그녀의 집까지 1시간 45분이 걸렸다. 전차, 버스, 지하철 그리고 또 다른 전차를 한 번 더 타야만 했다. 그러나 나는 그녀를 보아야만 했다! 내가 문밖으로 달려 나올 때 뒤에서 "하워드야, 돌아와! 설거지 좀 도와줘야지!" 하고 부르시던 할머니의 목소리를 아직도 기억할 수 있다.

"미안해요, 할머니." 반 블록쯤 내려가면서 내가 고함을 질렀다. "지금은 도와드릴 수 없어요. 제 여자 친구를 만나야 해요!"

그렇게 도시의 정반대까지 가서 내가 무엇을 했는지 아는가? 그녀

의 설거지를 도와주었다! 지금까지도 나에게 그 여인(결국은 나의 아내가 된)과 함께 설서시를 했던 일보다 더 기쁜 일은 없다. 그녀의 기쁨이 내가 바라는 소망이었다.

이것이 정확히 영적 영역에서 일어나는 일이다. 하나님의 뜻이 나의 뜻이 된다. 그분의 말씀이 나의 말이 된다. 그리고 하나님의 기쁨이 나의 생각을 채우게 되는 그때, 영적 변화가 일어나 그것이 나의 소원이 되는 것이다. 하나님께 기도할 때 "하나님, 제가 원하는 것이 아니라 주님이 원하시는 것을 이루어 주십시오"라고 말할 수 있어야 한다. 그것이 비록 이세벨의 손에 죽는 것이라 할지라도 말이다! 하나님의 뜻 바깥에서 안락하고 안전한 것보다는 하나님의 뜻 안에서 죽는 것이 더 낫다. 엘리야는 어리석은 기도를 했다. 그는 이 말을 재촉했던 것이다. "네가 원하는 것을 조심해서 구해라. 그것을 받게 될지도 모른다." 다행히도 우리에게는 바보들을 참아 주시고 어리석은 우리의 기도를 대책 없이 들어주지는 않으시는 사랑의 하나님이 계신다.

당신의 필요를 소홀히 하는 것의 위험성

오늘날 사탄이 그리스도인들을 꾀어내기 위해 사용하는 속임수 중에서 아마도 자신을 소홀히 하는 것보다 더 효과적인 것은 없을 것이다. 우리는 삶의 모든 면에서 어려운 요구를 받는 압박감 높은 사회에 살고 있다. 이런 강력한 공격에 직면할 때 우리가 깨달아야 할 것은 단지 우리가 그리스도인이라는 사실이 정서적, 육체적 필요에 대한 면역을 갖게 해주지는 않는다는 것이다. 다른 사람들과 마찬가지로 말이다.

예전에 불행히도 이 부분에서 잘못된 인식을 가진 한 뛰어난 학생이 우리 달라스 신학교에 있었다. 그는 공부를 더 많이 하고 제 딴에는 하나님의 일을 위해 더 잘 준비하겠다는 생각으로 잠자는 시간을 줄였다. 일체의 오락을 중단했는데, 공부에 방해가 되기 때문이었다. 깨어 있는 매 순간을 활동으로 채우고 결코 휴식은 취하지 않았다. 그는 예수 그리스도께 너무도 헌신한 나머지 아무것도, 즉 음식이나 휴식조차도 방해가 되어서는 안 된다고 확신했다. 그 결과 그는 한 번도 건설적인 사역을 이룩하지 못했는데, 그 이유는 자신이 진정 누구인지를 알아보기 위해 한 번도 시간을 내어 본 적이 없기 때문이다. 그는 자신의 업적으로 모든 사람에게 감명을 주기 위해 일 중독자가 되었다. 그러나 그가 진짜 이룬 일은 주위 사람들로부터 자신을 격리한 것뿐이었다.

한번은 지나친 과로의 전철을 밟고 있던 또 다른 학생에게 질문했다. "왜 담배를 피우지 않나?"

그가 충격을 받은 표정으로 나를 쳐다보며 말했다. "헨드릭스 교수님, 제 몸은 성령의 전입니다! 그런데 어찌 담배로 그 성전을 해칠 수 있겠습니까?"

"그러면 왜 지나친 활동으로 그 성전을 해치려 하고 있지? 왜 조금도 쉬지 않고 무리를 해서 때 이른 장사를 지내려고 하고 있느냐는 말일세. 그것이 하나님을 영예롭게 하는 방법인가?"

엘리야도 이와 동일한 함정에 빠졌다. 그는 오랜 시간 일했다. 극심한 스트레스를 받았다. 성경에는 그가 갈멜에서 이스르엘까지 약 56킬로미터 정도를 아합의 수레에 앞서서 달려갔다고 나온다_{왕상 18:46}. 주님께 능력을 받았다 해도 놀라운 마라톤 실력이 아닐 수 없다. 그런 다음 이세벨의 죽음의 체포령을 피하기 위해 또다시 약 193킬로미터 정도를 달렸다. 그러고는 하룻길을 걸어 광야로 들어갔다. 그가 마침내 로뎀나무 아래 털썩 주저앉았다는 것은 이상할 것이 없다. 그는 깨끗이 쓸려서 버려질 준비가 되어 있었다!

그가 어리석은 것을 말하고 기도했다는 것 또한 이상하지 않다. 지치고 곤비할 때면 좋은 결정을 내리지 못할 수 있음을 아는가? 마치 뇌가 꺼져 있는 것처럼 당신은 명확하게 사고할 수 없을 것이다. 그러나 만약 시간을 들여 당신 자신을 새롭게 한다면 상황은 완전히 달라 보이게 된다. 또한 그 후에 내린 결정이 건전한 판단임을 보게 될 것이다.

그런데도 오늘날의 기독교는 정력이 완전히 소모되도록 일하는 지도자들을 영웅으로 만드는 경향이 있다. 왜 그런지 모르겠다. 그것은 벽에다 자신을 세차게 밀쳐서 거기에 박히게 되었다고 주는 영예의 훈장이나 마찬가지다. 그러나 이 문제에 대한 내 경험을 바탕으로 말하자면, 그리스도에 대한 헌신이란 진이 빠지도록 일해서 얻는 면허증이 아니다. 마찬가지로 쉬는 상태에 있는 것이 헌신이 부족한 증거인 것도 아니다. 우리는 너무 바쁘다. 그래서 시간을 내어 집에 있으면서 쉬려는 사람이 별로 없다. 우리는 이 책임에서 저 책임으로, 이 회의에서 저 회의로 밤낮 정신이 없다. 그 결과 우리는 항상 피곤함에 절어 있고, 아이들은 함께 놀아 달라고 늘 조르며, 교회는 점점 더 우리의 에너지를 소진시켜 가족의 유대를 강화하기보다는 약하게 만드는 부정적인 영향만 끼치고 있다.

엘리야가 그랬다. 그는 닳아서 기력을 잃고 고갈되었다. 낙심하고 축 처져 탈진해 있었다. 그러나 이 우울한 장면 가운데서도 우리는 하나님의 은혜를 생생하게 목격할 수 있다. 철저히 탈진된 채 엘리야는 "로뎀나무 아래에 누워 자더니 천사가 그를 어루만지며 그에게 이르되 일어나서 먹으라 하는지라 본즉 머리맡에 숯불에 구운 떡과 한 병 물이 있더라 이에 먹고 마시고 다시 누웠"다 왕상 19:5-6.

한번 생각해 보라. 하나님은 자기 종의 식사를 준비하기 위해 천사를 보내는 자비를 베푸셨다. 천사는 식사를 준비하고 엘리야를 깨웠다. 그것을 먹다가 엘리야는 너무 피곤한 나머지 다시 잠을 청했다. "여호와의 천사가 또다시 와서 어루만지며 이르되 일어나 먹으라 네가 갈 길을 다 가지 못할까 하노라 하는지라" 왕상 19:7. 이렇듯 하나님은 종들의 필요에 신경 쓰신다.

물론 엘리야가 달려온 여정은 하나님의 뜻에서 나온 여정이었다. 다행히 그는 하나님의 관심 밖에 있지 않았다. 하나님은 자비롭고 부드럽게 엘리야의 육체적 필요를 채우셨다. 하나님 자신을 나타내 보이실 그 순간에 엘리야가 준비되기를 원하셨기 때문이었다.

아마도 당신은 엘리야의 상황에 공감할 수 있을 것이다. 아마도 당신은 진이 빠지는 것이 녹슬어 고철이 되는 것보다는 낫다고 생각할지 모르겠다. 그러나 그것은 잘못된 생각이다. 엘리야에게는 결코 녹슬 위험이 없었다. 그리고 문제는 사실 진이 빠지느냐 녹이 스느냐가 아니라 우리의 믿음을 생활 속에서 어떻게 실천하느냐이다. 그것은 우리의 삶에서 성령님의 역사를 통해 오는 지혜와 중용을 의지함으로 가능하다.

내 친구 데이비드 로퍼David Roper는 "우리가 슬픈 감정을 느끼는 것이 단지 육체적 피곤함에서 오는 것 외에는 아무것도 아닐 수 있음을 알 필요가 있다. 우리는 자주 그런 감정을 너무 심오한 것이나 '영적인' 것으로 만들어 버린다"라고 지혜롭게 지적했다. 사람들과 함께 일을 하면서 나는 이것이 진리임을 알게 되었다. 누군가 나에게 와서 자신을 성가시게 하는 일이나 다른 사람과의 긴장 관계에 대해 상담을 청할 때면 나는 "당신에게 정말 필요한 모든 것은 밤잠을 잘 자는 것이다"라고 종종 이야기한다. 그리 영적으로 들리지 않을 수 있겠지만 한번 생각해 보라. 두통 때문에 잠에서 깬 적이 있다면, 당신은 그 순간 자신이 얼마나 영적이지 않게 느껴지는지 알 것이다. 나는 매우 지쳐 있거나 머리가 아플 때는 중요한 결정을 내리지 않는 것을 철칙으로 정해 두고 있다. 하룻밤의 숙면은 놀랍게도 사물을 보는 관점을 회복시킨다. 하나님이 엘리야에게 하라고 하신 요점이 바로 이것이다.

그는 자고 난 후 "이에 일어나 먹고 마시고 그 음식물의 힘을 의지하여 사십 주 사십 야를 가서 하나님의 산 호렙에 이르니라"왕상 19:8. 호렙까지는 남쪽으로 약 193킬로미터 정도 더 가야 했으므로, 엘리야는 이세벨에게 위협을 받은 이후 약 480킬로미터 이상을 이동한 것이었다. 교통수단이 별로 없던 그 당시의 480킬로미터는 지금의 4,800킬로미터와도 같았다. 이세벨과 자신의 거리가 그만큼 많이 벌어지자, 겁에 질렸던 선지자는 마침내 도주를 멈추었다.

내가 없으면 안 된다고
느끼는 것의 위험성

그렇다고 엘리야가 경계를 늦췄던 것은 아니다. 솔개를 피하는 들쥐처럼 그는 "그곳 굴에 들어가 거기서 머물더니 여호와의 말씀이 그에게 임하여 이르시되 엘리야야 네가 어찌하여 여기 있느냐 그가 대답하되 내가 만군의 하나님 여호와께 열심이 유별하오니 이는 이스라엘 자손이 주의 언약을 버리고 주의 제단을 헐며 칼로 주의 선지자들을 죽였음이오며 오직 나만 남았거늘 그들이 내 생명을 찾아 빼앗으려 하나이다"왕상 19:9-10.

이런 식의 상황 묘사가 약간 교만하게 들리지 않는가? "저만이 유일하게 남았습니다, 주님. 그러니 제가 그들에게 붙잡히면 주님의 일이 어떻게 이루어지겠습니까?" 하나님의 지시로 시작된 수많은 위대한 사역이 소위 없어서는 안 되는 한 사람 때문에 중단된 적이 얼마나 많은가 하는 생각이 든다.

나는 하나님이 크게 사용하신 한 단체를 알고 있는데, 그 단체는 믿음과 비전을 가진 한 사람이 세웠다. 그는 그 단체를 설립하고 발전시켰으나, 다른 사람에게 넘겨주지는 못했다. 그래서 그는 설립자이자 관리자였으며, 그 단체의 장의사도 되었다. 결국 그 단체는 그의 대에서 활동을 중단했기 때문이다.

하나님께 없어서는 안 될 존재란 그 어디에도 없다. 우리 믿는 자들은 이 사실을 꼭 알아야 한다. 우리는 단지 하나님의 손안에 있는 도구일 뿐이다. 하나님은 우리를 사용하기 원하신다. 그러나 위험스러운 것은 하나님이 우리를 사용하실 때 승리를 가져온 장본인이 바로 자신이라고 생각하기 시작한다는 것이다. 나는 하나님이 어떤 사람을 제거하시는 이유가 여기에 있다고 생각한다. 승리는 우리의 일이 아니라 하나님의 일이라는 것을 우리에게 새롭게 상기시켜 주시기 위해서 말이다.

한 청년(그를 존이라고 부르겠다)이 만취한 채 일본 공습이 있었던 아침에 진주만에 정박해 있던 전함들 중 하나에 타고 있었다. 하나님의 섭리로 존이 타고 있던 배는 격침되지 않았고, 존은 그 난국에서 살아남았다. 그 후 존은 호놀룰루에 있는 군인 교회를 통해 예수 그리스도를 자신의 구주로 모셨다. 전쟁이 끝나자 그는 대학 공부를 마치고 우리 신학교에 들어왔고, 졸업 후 해군 군목이 되었다.

나는 그 섬에 선교여행을 갔다가 존을 친밀히 알게 되었다. 그는 주일에 교회에서 세 번의 예배를 인도하고 있었다. 예배 때마다 3백 명이 넘는 군인이 복음을 들으러 왔다. 그러고 나서 그는 우리와 저녁을 함께하자며 많은 군인을 집으로 초대했다. 식사 후 우리는 함께 거실에 둘러앉았고, 서너 시간 동안 존과 나는 그들의 질문에 대답을 했다.

그날 저녁 존이 인도하는 저녁예배 때 교회는 만원을 이루어 입구에까지 사람이 가득 찼다. 부대 내에서 단돈 십 센트에 최신 영화를 상영하고 있었는데도 말이다. 참석자들은 영화가 아닌 하나님의 말씀을 원했던 것이다. 저녁예배 참석자 중에는 존이 가르치는 성경공부에 참석하기 위해 섬 반대편에서 오는 이들도 있었다.

달라스의 집에 도착하자마자 나는 존의 아내 캐럴이 보낸 전보를 받았다. 그 유망한 젊은이가 비행기 사고로 죽었다는 것이다. 그는 자신이 추진하여 시작된 군인 교회를 봉헌하기 위해 괌에 갔었다. 그런데 그 봉헌식이 끝난 후 그가 탄 비행기가 이륙하다가 정글로 추락하고 말았다. 사흘 후 구조대가 마침내 찌그러진 동체를 찾아냈다.

그 소식을 접하자마자 나는 몽둥이로 얻어맞은 듯한 기분이 들었다. 존은 아내와 네 아이를 남겨 두었다. 큰아이가 겨우 일곱 살이었다. 나는 믿을 수 없는 슬픔에 젖었고, 고통 속에 있는 존의 아내에게 어떤 위로의 글이라도 써야만 할 것 같았다. 그것은 내가 그때까지 쓴 편지 가운데 가장 어려웠던 것이었다. 나는 캐럴에게 "모든 것이 합력하여 선을 이루느니라"롬 8:28는 하나님의 약속의 말씀을 상기시켜 주었다. 그리고 이렇게 적었다. "하나님은 제 마음속에 '합력하여'라는 작은 단어에 밑줄을 그어 주셨습니다. 우리에게 일어나는 여러 일은 따로 일어났다 끝나지 않습니다. 그 모든 일이 서로 '합력하여 선을 이룹니다.'"

나는 하나님이 왜 존을 본향집으로 데려가셨는지 모른다. 그러나 나는 하나님이 올바른 일을 하셨다는 것을 신뢰해야만 한다. 하나님은 실수를 하신 적이 없기 때문이다. 존의 죽음을 깊이 생각하다가 나는 수년 동안 만나 보았던 군목들을 떠올려 보았는데, 그들 중 어떤 사람은 영적인 일이나 하나님의 말씀에 관심이 없었다. 그러나 존은 그 일에 열심이 있는 사람이었는데, 하나님은 그를 데려가셨다! 인생의 척도는 얼마나 오래 살았느냐가 아니라 얼마나 많이 이바지했느냐에 있다. 이 사실을 하나님이 내게 가르치기 시작하신 것이 바로 그때부터였다.

이세벨이 엘리야의 생명을 순식간에 끝내 버렸다고 생각해 보라. 그의 순교는 어쩌면 동굴 속에 숨어 있던 하나님의 선지자 7천 명

왕상 19:18을 분연히 일으킬 수 있었을지도 모른다. 물론 추측에 불과하지만 한 가지는 확실하다. 하나님을 섬기는 데 없어서는 안 될 존재는 아무도 없다는 것이다.

엘리야는 그것을 잊어버렸다. 그는 하나님의 일이 자신이 없이는 완성될 수 없다고 생각했다. 그래서 하나님은 엘리야를 동굴 바깥으로 내보내셨다. "여호와께서 이르시되 너는 나가서 여호와 앞에서 산에 서라 하시더니 여호와께서 지나가시는데 여호와 앞에 크고 강한 바람이 산을 가르고 바위를 부수나 바람 가운데에 여호와께서 계시지 아니하며 바람 후에 지진이 있으나 지진 가운데에도 여호와께서 계시지 아니하며 또 지진 후에 불이 있으나 불 가운데에도 여호와께서 계시지 아니하더니 불 후에 세미한 소리가 있는지라 엘리야가 듣고 겉옷으로 얼굴을 가리고 나가 굴 어귀에 서매 소리가 그에게 임하여 이르시되 엘리야야 네가 어찌하여 여기 있느냐"왕상 19:11-13.

하나님은 마침내 세미한 음성으로 엘리야에게 임하셨다. 그분은 웅장함을 통해서뿐만 아니라 침묵 가운데서도 말씀하신다는 것을 엘리야에게 가르쳐 주기를 원하셨다. 하나님은 영광 중에 대화하실 뿐만 아니라 누추함 속에서도 대화하신다.

이 진리를 포착했는가? 때때로 우리는 그리스도를 위한 일을 할 때 대중에게 더욱 많이 알려진 일들, 즉 역사의 방향을 바꾸어 놓을 것처럼 보이는 역동적인 드라마에 열광적으로 열중한다. 그러나 하나님이 일상적인 삶을 통해 사용하시는 사람들에 대해서는 어떻게 생각하는가? 우리는 너무도 쉽게 하나님이 위대한 것에만 관심을 가지고 계신다고 생각한다. 그러나 하나님은 큰일과 작은 일 둘 다에 관심이 있으시다. 우리를 화려한 행진 가운데로 인도하시든지 또는 예정에 없던 여정으로 인도하시든지 상관없이 그분은 우리에게 자신을 따르라고 부르신다. 세상에 평지풍파를 일으키는 엄청난 사건은 가끔 한 번 일어난다. 그러나 영원히 중요한 사건들은 날실과 씨실 같은 하루하루를 살아갈 때 항상 우리 주변에서 소용돌이치고 있다.

해리 아이언사이드 박사는 이것을 알고 있었다. 이 뛰어난 성경 학자는 언제나 신선함을 안겨 주는 사람으로, 내가 학생 때 우리 신학교에 꽤 자주 객원교수로 왔다. 나는 그리스도인의 삶을 살아가는 데 그의 실제적이고 솔직한 접근 방식이 참 좋았다. 어느 날 내가 그에게 "아이언사이드 박사님, 영적인 삶에 관한 이 모든 강의에 대해 어떻게 생각하십니까?" 하고 물어보았다. 나는 그의 응답을 결코 잊을 수 없다. "거기에 쓸 돈과 시간이 많이 있다면 참석해도 좋네." 예수 그리스도에 대한 복잡한 가르침을 그는 그렇게 높이 생각하지 않았다. 그는 단지 삶을 변화시키는 진정한 관계를 원했던 것이다.

내 질문에 대한 그의 대답이 얼마나 좋은 것인지를 깨닫기까지는 오랜 시간이 걸렸다. 그의 말은 곧, 실제 효과가 있는 영성이란 아이들이 배탈이 나서 일어난 밤이나 차가 망가졌을 때 또는 하수구가 막혀 물이 넘칠 때 실제 효과가 발휘되는, 그런 종류의 것이어야 한다는 말이었다. 그리스도인의 삶이 실제 효과가 있는 삶이라면 바로 이런 때 그 효과가 나타나야 하기 때문이다. 적어도 이것이 나에게 필요한 기독교다. 이것이 내가 사는 종류의 삶이기 때문이다.

갈멜 산 위에 있기란 굉장히 신이 나는 일이다. 그러나 우리는 대부분 평지나 골짜기에 산다. 우리가 생활하는 곳에서는 경건한 가치들이 대접받지 못하는 경우가 허다하다. 학교나 대학교에서 생활할 때는 그곳에서 성경의 진리를 듣기가 어려우며, 그 진리가 심각하게 받아들여지는 경우는 더욱 드물다. 가족들과 사는 곳에서는 그리스도의 사랑이 자주 실천되지 않아 고통과 깨진 관계가 생기고 있다.

세미한 하나님의 음성이 반드시 우리의 자신감이 되어야 하는 곳이 바로 이런 장소들이다. 그리스도에게 헌신된 삶을 살도록 부르심받은 곳이 바로 여기다. 사탄의 간계가 당신의 효과적인 사역을 중단시키지 못하도록 하라.

자신감

우리는 가끔 넘치는 자신감 때문에 보는 이를 격려하고 힘을 북돋워 주는 사람과 마주치게 된다. 미식축구 팀 달라스 카우보이스의 오랜 팬이었던 나는 우리 팀이 샌프란시스코 포티나이너스49ers와 경기를 했다 하면 졌기 때문에 여러 해 동안 기분이 상했었다. 그러나 우리 팀이 지고 있어도 나는 포티나이너스의 위대한 쿼터백 조 몬태나Joe Montana의 초연하고 놀라운 침착성을 지켜보는 것이 언제나 즐거웠다. 그는 보는 사람으로 하여금 자신감을 불러일으켰다.

팀이 궁지에 몰릴 때마다 경기를 뒤집을 작전이 준비된 조 몬태나가 등장한다. 승리를 거둔 후 그의 동료들은 언제나 이런 말을 했다. "조와 함께 경기를 하면 우리가 이길 것을 확신해요. 그의 눈에서 그것을 볼 수가 있지요. 그는 우리가 지는 것을 전혀 허용하지 않아요." 그것은 사실이었다. 그는 이길 수 있다는 자신감을 가지고 경기했다. 그리고 그에게는 그의 팀, 코치 그리고 경기 계획에 대한 믿음이 있었다. 그 결과 그는 포티나이너스의 선수들과 팬들에게 자신감을 불어

넣어 주었다.

스포츠 경기에서 진정한 인생의 경기장으로 돌아올 때 우리는 자신감이 위대한 하나님의 사람을 특징짓는다는 것을 발견한다. 베드로에게는 그 확신이 있었다. 바울도 역시 그랬다. 그들뿐 아니라 그들 같은 다른 성경의 인물들도 자신들이 하고 있는 것이 중요하다는 굳건한 확신을 가지고 있었다. 그리고 하나님이 그들을 인도하고 계셨기 때문에 그것은 옳은 태도였다.

그러나 불행하게도 우리 문화는 자신감의 품위를 깎아내려서, 자신감을 오만함과 종종 혼동하는 지경까지 이르렀다. 그러나 진정한 자신감은 단순히 스스로에 대한 자신감이 아니다. 그것은 결과에 대한 확신이다. 오래된 속담에 있듯이, "당신이 그것을 할 수 있으면 그것은 자랑이 아니다."

물론 그리스도인으로서 우리는 우리 스스로는 할 수 없다는 것을 깨닫는다. 우리 자신의 힘만 가지고는 그리스도인의 삶을 살 수 없다. 이미 지적한 대로 그리스도인의 삶을 사는 것은 어려운 것이 아니라 불가능한 것이다. 그것은 초자연적이기 때문이다. 그리스도인의 삶이란 우리가 경건한 삶을 만들어 내려고 시도하는 것이 아니라 하나님이 우리를 통하여 그분의 삶을 살아가시는 것이다. 그러므로 신자의 자신감이란 우리 자신에 대해서가 아니라 우리 자신보다 위대한 분에 대한 믿음을 가지는 것이라고 말할 수 있다.

이것이 바로 그리스도인을 독특하게 만드는 것이다. 그는 홀로 싸우고 있는 것이 아니다. 위대한 창조주 하나님과 함께 있다. 그는 혼자서 어려운 상황을 맞이하고 있는 것이 아니다. 성령님이 거기에서 그를 인도하시고 능력을 입혀 주신다. 하나님이 우리와 함께 계시며 우리를 돕기 위한 그분의 자원이 존재하고 있음을 깨달을 때, 우리는 가장 어려운 상황도 견딜 수 있는 하나님이 주시는 자신감을 얻게 된다.

엘리야는 자신감 있는 사람이었다. 지난 장에서는 그렇게 자신감 있게 보이지 않았다. 이세벨에게서 도망친 뒤로 그는 성경에서 종적을 감추기 때문에 당신은 아마도 그가 은퇴했다고 생각했을 것이다. 그러나 그는 은퇴한 것이 아니었다. 하나님이 주실 다음 과제를 위해 쉬고 있었다. 확실히 엘리야는 왕비의 분노를 피해 도주하는 실수를 범하기도 했으나 그가 근본적으로 하나님의 능력과 목적을 확신하고 있다는 것은 전에 보여 준 행동으로 이미 확인되었다. 그가 사역 전체를 통해서 보여 주는 확신에는 우리가 삶이라는 경기에 참여할 때 우리의 힘을 북돋아 줄 수 있는 다섯 가지 기본 원리가 나와 있다.

당신의 힘을 새롭게 하라

우리가 엘리야를 마지막으로 보았을 때, 그는 동굴 바깥에 앉아서 하나님의 세미한 속삭임을 애써 듣고 있었다왕상 19:12-13. 그 후 그에 대해서는 열왕기상 21장 17절에 가서야 "여호와의 말씀이…엘리야에게 임하여 이르시되"라는 말을 듣게 된다. 이 구절의 표현이 의미하는 것은 '얼마쯤 시간이 지난 후'다. 그것이 어느 정도의 시간인지 우리는 모른다. 그러나 우리는 그동안 그가 무엇을 하고 있었는지 쉽게 추측할 수 있다. 그는 휴식하고 생각할 시간을 가짐으로써 그의 힘을 새롭게 하고 있었다.

그에게 그것이 필요했다는 것은 자명하다. 로뎀나무 아래에서 천사를 만났을 때, 그는 완전히 탈진한 상태였다. 천사는 그가 잘 수 있도록 격려하고 음식도 주었는데, 그것으로 엘리야는 또다시 사십 주 사십 야를 지낼 수 있었다왕상 19:5-8. 그러나 엘리야는 모든 비용을 다 지급받고 호렙 산으로 휴가를 가는 것 이상이 필요했다. 마음속 자원이 고갈되었기 때문에 그의 영은 완전히 재정비되어야만 했다. 사역을 하는 대신 얼마 동안 사역을 받는 것이 필요했다.

이것은 다른 많은 하나님의 뛰어난 종들의 경우에도 마찬가지다. 예를 들어 모세는 섣불리 한 이집트인을 죽이고 미디안으로 도망간 후 목자의 인내와 고독을 배우면서 40년을 보냈다. 바울은 다메섹 도상에서 예수 그리스도를 만난 후 유용한 섬김의 삶을 살기 위해 하나님이 그를 준비시키실 수 있도록 아라비아 광야에서 수년을 보냈다. 우리가 무대에서 내려오는 것이 하나님이 우리 삶에서 그분의 일을 이루시기 위해 꼭 필요한 일일 때가 있다. 그리고 홀로 있음을 대신할 수 있는 것은 아무것도 없다. 어떤 일들은 시간, 그리고 조용히 지내는 것이 필요하다. 텍사스에서 하는 말처럼 "아이를 낳기까지 10개월이 걸린다. 여자 열 명에게 그 일을 맡겨서 한 달 만에 아이를 낳게 할 수는 없다."

시합이 진행되고 있는데 벤치에 앉아 시간을 보내는 것은 생산성이 없는 것처럼 들릴 수도 있다. 그러나 나는 거의 모든 그리스도인에게 이따금 그런 경험이 필요하다고 믿는다. 만약 당신 없이 당신 팀이 점수를 딸 수 있을지 염려가 된다면 지난 장을 다시 읽어 보기 바란다. 기억하라. 하나님께 없어서는 안 될 사람은 아무도 없다. 하나님은 다른 사람을 통하여 그 일을 이루실 수 있다. 때때로 그분은 그런 식으로 일하기를 고집하시는데, 그들의 유익뿐 아니라 당신의 유익을 위해서도 그렇게 하신다.

당신이 '영적 재활' 교육을 받는 동안 하나님은 당신이 그분께 초점을 맞추도록 도우실 수 있다. 다른 방법으로는 당신이 결코 주의를 기울이지 않았을 진리들을 가르쳐 주실 수 있다. 그분은 당신의 기도 생활을 다시 활기차게 만드심으로써 당신의 마음과 영을 새롭게 하실 수 있다. 그리고 목적과 임무를 새롭게 자각하게 해주심으로써 당신에게 새 힘을 주실 수 있다.

그러나 하나님이 당신을 일자리에서 빼 주시도록 기다릴 필요는 전혀 없다. 잠깐 빠져야 할 좋은 때가 언제인지 스스로 현명하게 결정할 수 있다. 예를 들어 특별히 어려운 결정을 내렸다거나 한동안 극심한 스트레스를 겪었다거나 중대한 위기를 헤쳐 왔다면 한동안 '빠져 있는 것'이 아마도 잘하는 일일 것이다. 그러나 당신이 맡은 책임과 하기로 한 일들에서 완전히 손을 떼지는 말아야 한다. 그것은 지혜롭지 않다. 그러나 새로운 책무를 떠맡는 것은 거절할 수 있으며, 하나님이 속삭이시면서 당신의 삶 속에 말씀하시는 것을 허락해 드릴 수 있도록 계획을 줄이고 삶을 단순화할 수는 있다.

나는 이 원리를 가장 소중히 여겨야 할 사람이 누구보다 목사, 선교사, 전임 사역자들이라고 생각한다. 그럼에도 그들은 이 원리를 잘 지키지 못하는 그룹이기도 하다. 그것은 비극인데, 대중 사역만큼 사람을 고갈시키는 것은 없기 때문이다. 장담하건대 목회는 힘든 일이 될 수 있다. 당신이 평신도라면 당신의 목사님을 보고 이렇게 생각할지도 모른다. '이 사람의 사역은 그렇게 어렵지 않아. 주일 아침에 몇 시간만 일하지. 그리고 주일 저녁예배와 수요일 밤, 철야예배에 설교

하고 이곳저곳 장례식과 결혼식에 참석하기만 하면 되는데 그게 뭐
그리 힘들겠어?' 그러나 그것은 잘못된 생각이다.

기독교 단체 '포커스 온 더 패밀리'Focus On The Family의 런던H. B.
London 목사는 풀러 교회성장 연구소Fuller Institute of Church Growth Study의
한 연구를 인용하며 다음과 같이 말했다. 90퍼센트의 목사들이 일주
일에 46시간 이상 일하고 있고, 90퍼센트가 사역에서 일어나는 어려
운 일들을 견디기에는 부적합한 훈련을 받았다고 느끼고 있으며, 50
퍼센트는 사역의 필요들을 채울 수 없다고 느끼고, 75퍼센트 이상이
그들이 사역하는 동안 적어도 한 번은 스트레스와 연관된 중대한 위
기를 겪는다고 한다. 또 80퍼센트 이상은 목회 사역이 그들 가정에
부정적인 영향을 끼쳤다고 믿으며, 33퍼센트는 목회 생활이 그들의
가족에게 절대적으로 해롭다고 느낀다고 했다.[*] 확실히 목사의 직분
이 언제나 즐거운 것만은 아니다.

목사, 신학교 교수, 설교자 그리고 성경 교사를 해온 개인적인 경
험을 바탕으로 나는 그 어려움에 대해 말할 수 있다. 사역에서 일어
나는 어려운 일들은 육체적, 감정적, 영적으로 나를 고갈시킨다. 때때
로 나는 금요일 강의를 마친 후 집회나 세미나 인도를 위해 비행기를
타고 어디론가 날아간다. 보통 금요일 저녁에 두 번 강연을 하고, 토
요일 아침에 두 번, 토요일 오후에 세미나를 하나 인도하고, 토요일
밤에 한두 번 강연을 한다. 그런 후 주일에는 대개 집회 장소를 제공
하는 교회에서 설교하게 되는데, 그 교회가 2부나 3부 예배를 드린다

● H. B. London & Neil B. Wiseman, *Pastors At Risk: Help for Pastors, Hope for the Church,* Victor Books, 1993, p.22.

면 그것은 두 번에서 세 번 설교를 하게 된다는 것을 뜻한다. 그런 다음 때로는 오후에도 집회가 있기도 하며 저녁예배 때 또 말씀을 전한다. 다 합치면 주말에 열두 번도 더 말씀을 전하게 되는 것이다. 그것은 그들이 월요일까지 나를 붙잡아 놓지 않았을 때의 경우다! 말할 것도 없이 집으로 돌아가는 비행기에 올라탔을 때 나는 파김치가 되어 있다.

내가 이런 식의 사역 여행을 위해 멀리 출타했다는 말을 들은 한 친구와 교회에서 마주쳤던 일이 기억난다. "어이, 하우이(하워드의 애칭), 어서 오게. 휴가는 어땠나?"

내가 그의 목을 조르지 않고 참았던 것은 하나님의 은혜임이 확실하다! 그리고 나는 그 친구를 납득시킬 방법을 알아냈다. "오, 아주 즐거웠다네"라고 말했다. "다음에는 자네도 나와 함께 가 보면 어떻겠나?"

"나도?" 하고 그가 흥분된 어조로 대답했다. 그는 사역 여행이 재미있는 일이라고 생각한 것이다. 그래서 몇 주 후에 나는 사흘 동안의 여행에 그를 데려갔다. 우리가 돌아올 때쯤에 그는 매우 지쳐서, 나는 그의 가방까지 들어야만 했다. "휴, 하우이. 이 피로를 풀려면 일주일은 휴가를 내야 할 것 같아"라고 친구는 말했다.

나는 그저 웃으면서 고개를 끄덕였지만, '세상에 어떻게 자네가 그렇게 지칠 수가 있나? 말씀을 전해야 했던 사람은 난데!'라고 속으로 생각하고 있었다.

이런 고된 일과는 시간이 가면서 그 대가를 치르게 되어 있다. 몇 년 전에 나는 스스로 일을 너무 바쁘게 만들어 버린 적이 있었다. 마치 분 단위로 이 비행기를 타서 이 청중 앞에서 말하고 다시 저 비행기로 갈아타서 저 청중 앞에 말하러 가는 것처럼 느껴졌다. 얼마가 지나자 내가 어느 도시에 있는지, 누구에게 말하고 있는지조차도 모를 지경이 되었다. 육체적으로는 피로가 쌓이고, 정신적으로는 축 늘어지고, 영적으로는 매우 지친 상태가 되었다. 내가 해야 했던 말은 모두 다 해 버린 것 같았다. 더 전할 것이라곤 아무것도 남아 있지 않았다.

지쳐 쓰러질 정도로 바쁜 일과를 보낸 후 예수님이 하셨던 일이 떠올랐다. "저물어 해 질 때에 모든 병자와 귀신 들린 자를 예수께 데려오니 온 동네가 그 문 앞에 모였더라 예수께서 각종 병이 든 많은 사람을 고치시며 많은 귀신을 내쫓으시되 귀신이 자기를 알므로 그 말하는 것을 허락하지 아니하시니라 새벽 아직도 밝기 전에 예수께서 일어나 나가 한적한 곳으로 가사 거기서 기도하시더니"막 1:32-35.

그래서 나는 내 주인의 본을 따랐다. 내 일과에서 며칠을 도려내어 조용한 시골로 갔다. 사역에 관한 어떤 책도 가져가지 않고 그저 성경책만 가져갔다. 나는 몇 차례 산책을 하면서 아내와 시간을 보내고, 주님이 나를 통해 일하시도록 나를 내어 드렸다. 엘리야처럼 나는 닳아 빠졌기에 새롭게 되는 것이 필요했다. 그리고 엘리야처럼 하나님이 힘을 회복시켜 주시는 것을 느꼈다.

그분의 역사를 기억하라

엘리야는 임무를 부여받지 않은 상태에서 시간을 보냈다. 그러나 결국에는 하나님이 그를 다시 불러 사역을 하게 하셨다. 하나님이 "너는 일어나 내려가서 사마리아에 있는 이스라엘의 아합 왕을 만나라 그가 나봇의 포도원을 차지하러 그리로 내려갔나니"^{왕상 21:18}라고 말씀하셨다.

엘리야가 아합 앞에 있던 때를 기억하는가? 갈멜 산에서 하나님이 극적으로 바알에게 승리를 거두신 바로 그 직후 말이다. 아합은 부아가 치밀어 마차를 타고 달려갔고, 곧 그의 아내가 엘리야를 죽이겠다고 위협을 가했다. 하나님이 다시 한 번 아합 왕에게 가라고 말씀하셨을 때 엘리야의 머릿속에 지난 기억들이 떠올랐을 것은 의심할 여지가 없다.

이런 과제를 수행해 낼 만한 자신감을 얻을 수 있는 방법을 하나밖에 알지 못한다. 하나님이 과거에 이루셨던 일을 기억하는 것이다. 내가 이렇게 말하는 이유는 하나님의 역사를 기억하지 못하면 믿음의 실패를 겪게 될 것이 뻔하기 때문이다.

그 한 예로 이스라엘을 생각해 보라. 이스라엘에게는 놀라울 정도로 그들을 먹이고 보호하신 하나님을 계속 찬양할 갖가지 이유가 있었다. 예를 들어, 그분은 기적처럼 홍해를 가르고 이집트를 떠날 수 있도록 해주셨다. 광야를 통과할 때 그분은 불기둥으로 그들을 인도하셨다. 그분은 그들의 대적들을 거듭 격파시켜 주셨다. 자비롭게 매일 아침 만나를 공급해 주셨으며, 두세 번의 경우에는 반석에서 물을 내주시기조차 했다. 하나님은 자기 백성을 위해 이런 모든 일, 그리고 더 많은 일을 이루어 주셨다. 그러나 매번 이스라엘 백성은 하나님의 축복을 빨리 잊어버리고 그다음 불평을 늘어놓았다. 그들의 영적 자신감은 점점 줄어들었으며, 약속의 땅을 취해야 하는 결정적 선택에 직면했을 때 그들의 믿음은 휘청거렸다.

이스라엘 백성에게 하나님을 믿는 믿음이 부족하다고 비난하기는 쉽다. 그러나 우리는 얼마나 다른가? 우리에게 수없이 공급해 주셨는데도 우리는 얼마나 많이 하나님과 그분의 돌보심을 의심했는가? 우리를 향한 하나님의 선하심을 기억하고 있는가? 하나님 은혜의 역사를 기념하고 축하하고 있는가?

은행 융자를 갚는다고 여러 해 동안 쩔쩔매는 교회를 여럿 보았다. 마침내 융자를 다 갚았을 때 감사 예배를 한 번 드리고 나서는 곧바로 새로 구상한 어떤 일로 관심을 옮겼다. 이처럼 교회 지도자들 다수가 멈추어 서서 성공을 즐길 줄 모르는 목적 지향적인 사람들이다. 하나의 목적을 이루자마자 다음 일을 하기 위해 이미 성취한 일에 관한 관심은 제쳐 놓는다. 그것이 하나님을 공경하는 일인가? 아니다. 우리는 잠깐 멈추어 서서 그분이 이루신 일들을 기념하고 그분의 축복을 진정으로 즐길 수 있어야 한다. 그렇지 않으면 그분의 역사를 쉽게 잊어버릴 수 있기 때문이다.

이스라엘의 후손들이 시편을 쓴 것은 바로 이런 이유 때문이었다. 그들은 하나님이 이루신 위대한 일들을 계속 기억하기 원했다. 그래서 시를 노래로 만들어 불렀다. 그런 식으로 그들은 하나님이 이루신 놀라운 일들을 자녀에게 노래로 가르칠 수 있었다. 예를 들면 시편 66편 5-6절이 있다.

"와서 하나님께서 행하신 것을 보라
사람의 아들들에게 행하심이 엄위하시도다
하나님이 바다를 변하여 육지가 되게 하셨으므로

무리가 걸어서 강을 건너고

우리가 거기서 주로 말미암아 기뻐하였도다."

시편 78편, 106편, 136편과 또 다른 많은 장에서 그분의 역사를 다시 떠올림으로써 하나님에 대한 자신감을 얻는다는 원리가 예증되어 있다. 지나온 세월 속에서 하나님이 이루어 주신 일들에 대해 당신의 기억을 새롭게 하라. 그러면 그것이 장래에 하나님이 하실 일에 대한 당신의 믿음에 다시 불을 붙여 줄 것이다.

우리 부부는 아이들이 어렸을 때, 하나님의 백성에 대한 그분의 신실하심을 아이들에게 확실히 들려주고 싶었다. 예를 들어 가정예배에서 우리는 아우카 인디언들에게 복음을 전하기 위해 자신의 생명을 바친 다섯 명의 선교사에 관한 이야기인 『영광의 문』(*Through Gates of Splendor*, 복 있는 사람 역간)을 읽었다. 또 다른 때는 『천로역정』을 읽었다. 그리고 우리 자신이 경험한 주님과의 개인적인 교제와 그분이 우리의 삶을 지도하고 감독해 주신 여러 일에 대해서도 들려주었다. 우리는 하나님은 신뢰할 수 있는 분이며, 지금도 백성의 삶 속에 계신다는 확신을 아이들의 마음에 심어 주기를 원했다.

우리는 단지 이야기를 들려주고 있었던 것이 아니다. 믿음의 기초를 세우고 있었던 것이다. 우리는 아삽이 세워 놓은 성경의 본보기를 따르고 있었다.

"내가 입을 열어 비유로 말하며

예로부터 감추어졌던 것을 드러내려 하니

이는 우리가 들어서 아는 바요

우리의 조상들이 우리에게 전한 바라

우리가 이를 그들의 자손에게 숨기지 아니하고

여호와의 영예와 그의 능력과 그가 행하신 기이한 사적을

후대에 전하리로다

여호와께서 증거를 야곱에게 세우시며

법도를 이스라엘에게 정하시고 우리 조상들에게 명령하사

그들의 자손에게 알리라 하셨으니

이는 그들로 후대 곧 태어날 자손에게 이를 알게 하고

그들은 일어나 그들의 자손에게 일러서

그들로 그들의 소망을 하나님께 두며

하나님께서 행하신 일을 잊지 아니하고

오직 그의 계명을 지켜서" 시편 78:2-7.

그분 안에 거하라

당신이 엘리야의 처지에 놓여 있다고 잠깐 상상해 보라. 하나님이 당신에게 이렇게 말씀하셨다. "너는 그에게 말하여 이르기를 여호와의 말씀이 네가 죽이고 또 빼앗았느냐고 하셨다 하고 또 그에게 이르기를 여호와의 말씀이 개들이 나봇의 피를 핥은 곳에서 개들이 네 피 곧 네 몸의 피도 핥으리라 하였다 하라"왕상 21:19. 그것은 왕에게 전달하기에는 꽤 강한 메시지다. 그것을 전달할 힘을 어디에서 발견할 수 있는가?

우리 가운데 그 누구도 나쁜 소식을 전달하는 사람이 되는 것을 좋아하지 않는다. 직원을 해고해야만 할 때, 학생에게 낙제점을 주어야만 할 때, 고객이 발행한 수표가 부도났음을 알려 주어야만 할 때, 환자에게 불치병에 걸렸음을 말해 주어야 할 때 그 말을 전하는 것은 극히 어려운 일이다. 따라서 우리는 재앙의 소식을 전달할 때 긍정적인 말로 푹신하게 감싸려는 시도를 한다. 예를 들어 나는 최근에 업주들을 위한 경영학 책에서 '해고'한다고 말하지 말고 '더 나은 직업을 갖도록 놓아 준다'고 말하라는 내용을 읽었다. 그런 방법이 엘리야에게도 통했을지 궁금하다. 아마도 그는 하나님의 심각한 말씀을 긍정적으로 빙빙 돌려 말할 수도 있었을 것이다. "아합 왕이여, 좋은 소식이 있습니다. 당신의 개들이 포식을 하게 되었습니다!"

아니다. 심판의 소식을 전달하는 강단을 가질 수 있는 유일한 길은 자신이 말하고 있는 것이 하나님에게서 왔다는 사실을 단단히 붙드는 것이다. 자신이 전하는 메시지가 누구의 것인지 기억하는 한, 엘리야는 소식을 전하는 자신의 행동을 걱정할 필요가 없었다.

한 유사한 상황이 다니엘 시대에 벌어졌다. 악한 관리 한 패거리가 계략을 써서 다리우스 왕을 납득시켜 하나님께 기도하는 것을 반대하는 법안을 통과시켰다. 다니엘은 이 결정이 자신의 믿음을 반대하는 것임을 즉각 알아차렸다. 그런데도 그는 자신의 믿음을 굽히지 않았다. "다니엘이 이 조서에 왕의 도장이 찍힌 것을 알고도 자기 집에 돌아가서는 윗방에 올라가 예루살렘으로 향한 창문을 열고 전에 하던 대로 하루 세 번씩 무릎을 꿇고 기도하며 그의 하나님께 감사하였더라"단 6:10.

다니엘의 용기에 탄복하지 않을 수 없다. 사람들이 자신을 올가미 씌우려 한다는 것을 알면서도 하나님께 계속 기도했을 뿐만 아니라 창문을 열어 놓고 기도했다. 그러면 모든 사람이 보고 들을 수 있었다! 그는 그렇게 행동하면 어떤 처벌을 받을지 알고 있었다. 사자 굴에 던져진다! 그런데도 그는 기도했다. 솔직히 나는 하나님이 자신을 구해 주시리라는 것을 그가 알았다고 보지는 않는다. 그는 하나님이 자신을 보호해 주실 수 있다는 것은 알았지만, 기적처럼 구출해 주시리란 기대는 전혀 하지 않았을 것이다. 성경 어디에도 그런 내용은 없다. 그저 그는 하나님께 순종하기 위해 죽음까지도 무릅쓰고자 했다. 그는 어떻게 그런 담대함을 가지게 되었을까? 하나님 앞에서 수많은 시간을 보낸 결과 죽든지 살든지 하나님 안에서 자신감을 소유하게 된 것이다.

나는 그와 같은 그리스도인들, 즉 경건한 삶에 굳게 서 있기 위해 경제적 빈핍, 신체적 위험 그리고 심리적 박해에 직면했던 사람들을 알고 있다. 그런 박해 아래에서 그들이 굳게 설 수 있었던 유일한 길은 예수 그리스도께 가까이 가는 것이었다.

예수님이 십자가에 달리시기 직전에 제자들에게 하신 말씀을 기억하는가? 다락방에서 그들에게 "내 안에 거하라 나도 너희 안에 거하리라 가지가 포도나무에 붙어 있지 아니하면 스스로 열매를 맺을 수 없음같이 너희도 내 안에 있지 아니하면 그러하리라"요 15:4고 말씀하셨다. 하나님의 효과적인 대리자가 되기 위한 열쇠는 바로 그분 안에 거하는 것이다.

다른 사람들을 존중하라

엘리야의 삶을 살필 때 우리는 다른 사람들을 존중하는 그의 태도를 간과하기가 쉽다. 왕들을 반대하여 나아와서는 하늘에서 불이 떨어지기를 요청한 한 사람이 있다. 우리는 그를 대담하고 모험적이며 매우 극적인 능변가라고 생각한다.

갈멜 산에서는 분명 그런 극적인 면을 보여 주었다. 그러나 아합 왕에게 하나님의 메시지를 전달할 때 우리는 그가 버릇없이 굴지 않고 존중히 대하며, 거칠게 말하지 않고 삼가며 말하는 것을 발견하게 된다. 엘리야가 갔을 때 아합 왕이 "내 대적자여 네가 나를 찾았느냐" 왕상 21:20라고 말하며 신경질적이고 차갑게 그를 맞이했기 때문에 엘리야 역시 심한 말을 그에게 퍼부었다 하더라도 크게 문제 될 것은 없었다. 더구나 열왕기상 저자가 언급하듯 아합 왕은 존중할 만한 사람이 아니었다. "예로부터 아합과 같이 그 자신을 팔아 여호와 앞에서 악을 행한 자가 없음은 그를 그의 아내 이세벨이 충동하였음이라 그가…심히 가증하게 행하였더라"25-26절.

그런데도 엘리야는 아합에게 엄숙하긴 했지만 부드럽게 말했다. "내가 찾았노라"20절. 더 이상 상황을 악화시키지 않으며 엘리야는 조용히 그에게 하나님의 메시지를 전달했다. 거의 대부분 사람이 아합 왕에게는 받을 자격이 없다고 생각한 사려를 베풀면서 말이다.

그에 대한 반응으로 아합은 완전히 예상 밖의 일을 했는데 그것은 하나님 앞에서 자신을 낮추는 것이었다27절. 아합의 회개를 지켜보면서 엘리야는 무슨 생각을 했을까? 엘리야가 아합이 진실하지 못하다고 생각하며 거부했다 하더라도 이해할 만하다. 그러나 성경 어디에도 그가 그렇게 했다는 언급이 없다. 아마도 엘리야는 자신이 아합의 마음을 판단할 수 없다고 생각하고 있었을 것이다. 또한 사악한 왕들조차도 자신을 낮추고 악한 길에서 돌이키면 자비로우신 하나님께 용서받을 수 있다는 것을 기억했을 것이다.

다른 사람들을 존중한다는 것은 자신감이 있다는 표시다. 어떤 사람이 주위 사람들을 괴롭히는 난폭한 자로 보인다면, 나는 그를 매우 자신감 없는 사람으로 볼 것이다. 대조적으로 다른 사람을 깍듯하게 예우하는 사람은 자신을 통제하고 있음을 보여 주는 것이며, 그런 자기 절제는 그 사람이 자신감 가운데 있는 사람임을 가리키는 것이다. 자신을 다스리고 있기 때문에 우위를 점하려고 다른 사람을 향해 눈을 부릅뜰 필요가 없다.

존중하는 태도의 최고의 본이 되는 분은 주 예수님이다. 그분은 바람과 바다까지 복종하게 할 수 있는 권위가 있었던 분이지만, 주관자들 앞에서 자신을 낮추셨다. "욕을 당하시되 맞대어 욕하지 아니하시고 고난을 당하시되 위협하지 아니하시고"벧전 2:23.

마찬가지로 베드로와 요한이 그리스도를 전한다는 이유로 성전을 지키는 사람에게 붙잡혀 산헤드린 공회에 끌려갔을 때 그들은 "도무지 예수의 이름으로 말하지도 말고 가르치지도 말라"행 4:18는 경고를 받았다. 나는 그들의 존중하는 태도를 좋아한다. 그들은 애처로운 소리로 말하지도 않았다. 불평하지도 않았다. 법정에서 조작하려고 하지도 않았다. 그 대신 공손하게, 그러나 담대하게 대답했다. "하나님 앞에서 너희의 말을 듣는 것이 하나님의 말씀을 듣는 것보다 옳은가 판단하라 우리는 보고 들은 것을 말하지 아니할 수 없다"19-20절.

"매너와 메시지는 연결되어 있다"라고 데이비드 로퍼가 말했다. "이 둘은 항상 공존한다. 친절 없는 진실은 단지 교리에 불과하다. 진실 없는 친절은 감상일 뿐이다. 친절한 사랑과 함께 전달되는 하나님의 진리만이 사람들의 동의를 끌어내는 능력을 갖추고 있다."

존경은 가장 거센 사람이 된다고 해서 얻어지는 것이 아니다. 아합은 구약성경에서 가장 거센 인물들 중 한 사람이었지만 그를 아끼던 사람은 거의 없었다. 사람들은 그를 두려워했지만 아무도 그를 존경하지는 않았다. 맞다. 만인의 칭송과 중요한 위치를 부여받은 사람은 엘리야였다. 왜 그럴까? 왜냐하면 그는 하나님을 위해 서 있었기 때문이다. 그래서 그는 그가 마땅히 처벌해야 할 아합, 존경받을 자격이 없는 아합을 존중할 수 있었다. 그는 이사야가 말한 진리 "공의의 결과는 영원한 평안과 안전이라"사 32:17를 예증해 주었다.

하나님을 다시 보여 주라

일찍이 우리는 엘리야의 그런 담대함이 자신이 하나님의 대리인임을 확신하는 데서 왔다는 것을 보았다. 다시 말해, 아합 왕 앞에 섰을 때 그는 하나님을 대표했던 것이다. 그는 그 왕에게 하나님을 '다시 보여 주었다.'

분명히 하나님은 바벨론 왕 느부갓네살이나 다메섹 도상의 바울에게 하신 것처럼 직접 만나시는 방식을 택해서 아합에게 자신을 나타내실 수도 있었을 것이다. 그러나 나는 아합이 그런 경험을 했다면 그가 살아남을 수나 있었을지 의심스럽다. 아합의 성격은 너무나 타락했고 그의 영성은 너무 밑바닥이라서, 내가 생각하기엔 그가 전능하신 하나님의 존전에 있는 자신을 발견하게 된다면 길바닥에 꼬꾸라졌을 것 같다. 따라서 하나님이 대리자를 사용하셨던 것은 자비로우신 선택이었다.

대리자의 사용은 또한 효과적이었다. 선지자와 이 어리석고 악한 왕의 이전 대면에서 결과가 없었던 반면 이번에는 심판의 메시지가 정곡을 찔렀다. "아합이 이 모든 말씀을 들을 때에 그의 옷을 찢고 굵은 베로 몸을 동이고 금식하고 굵은 베에 누우며 또 풀이 죽어 다니더라"왕상 21:27. 아합은 상황을 분명히 깨달았다. 그는 자신이 살아 계신 하나님을 상대하고 있다는 것을 마침내 알게 되었다. 엘리야는 하나님을 효과적으로 다시 보여 준 것이다.

당신이 영향을 끼칠 수 있는 영역 안에 있는 사람들에게 하나님을 다시 보여 주라고 그분이 당신을 부르고 계신다는 것을 생각해 본 적이 있는가? 바울은 "이 세상의 신이 믿지 아니하는 자들의 마음을 혼미하게 하여 그리스도의 영광의 복음의 광채가 비치지 못하게 함이니"고후 4:4라고 우리에게 알려 주고 있다. 당신은 이것을 인식하고 있는가? 하나님을 결코 본 적이 없기 때문에 영적 어두움 가운데서 이곳저곳을 헤매고 있는 사람들이 당신 주위에 있음을 말이다. 어떻게 해야 그들이 하나님을 볼 수 있겠는가? 바울은 이렇게 말한다. "어두운 데에 빛이 비치라 말씀하셨던 그 하나님께서…하나님의 영광을 아는 빛을 우리 마음에 비추셨느니라"고후 4:6. 다시 말해 불신자들은 그들이 당신과 내 안에 계시는 하나님을 보는 그 정도까지 하나님을 본다는 말이다.

그것은 별로 희망적으로 들리지 않는다. 그렇지 않은가? 왜냐하면 나 같으면 이렇게 생각할 것이기 때문이다. "저를 보지 마십시오. 저는 영적 모범생이 아닙니다. 그리스도를 그렇게 많이 닮지 못했어요. 저는 너무 많은 실수와 너무 많은 결점, 너무 많은 실패를 했기 때문에 누구도 제게서 하나님을 발견하지 못할 것입니다."

다행히도 성령은 그런 염려를 예상하셨는데, 왜냐하면 그분이 바울에게 영감을 불어넣어 다음과 같은 선언을 하게 하셨기 때문이다. "우리가 이 보배를 질그릇에 가졌으니 이는 심히 큰 능력은 하나님께 있고 우리에게 있지 아니함을 알게 하려 함이라"고후 4:7. 이것은 참으로 위로가 되는 생각이다! 불신자들에게 영적인 시각을 주는 것은 그리스도의 빛이지, 그 빛을 담고 있는 그릇이 아니다.

한번은 한 여인의 집에 방문하여 아름답게 정돈된 거실에 앉게 되었다. 나는 그녀가 실내 장식가임이 틀림없을 거라고 생각했는데, 왜냐하면 가구 하나, 벽에 걸린 그림 하나, 커튼 하나, 소파의 쿠션 하나, 카펫의 무늬 하나가 더없이 훌륭하게 배열되어 있었기 때문이다. 그런데 이 고상하게 정돈된 거실을 둘러보다가 시선이 내 앞 커피 탁자 위에 놓인 꽃다발로 멈추었다. 사실 나의 시선을 끈 것은 그 꽃이 아니라 꽃이 담긴 병이었는데, 그것은 아주 오래된 마요네즈 병이었다! 나는 믿을 수가 없었다. 도대체 이 고물 병이 여기 왜 있는 걸까.

마침 그때 나를 초대한 여주인이 다섯 살 된 딸을 데리고 거실에 들어섰다. "목사님, 이 아이는 크리스틴이에요. 목사님이 저 멀리 텍사스에서부터 오신다는 말을 듣고 매우 신이 났어요. 이 아이는 텍사스가 선인장과 모래로 뒤덮여 있는 줄로 생각하고 있어요. (그렇지 않다!) 그래서 목사님께 꽃이 어떻게 생겼는지 보여 드리고 싶어서 이 꽃들을 꺾어 왔답니다. 아마 눈에 띄는 것을 아무거나 집어서 이 꽃들을 꽂아 놓은 것 같아요. 하지만 상관없지요. 꽃들이 너무 예쁘니까요!"

그것들은 참으로 고왔다. 질그릇 속에 있는 하나님의 보배에 관한 바울의 말뜻이 바로 이것이었음을 후에야 깨달았다. 중요한 것은 보배이지 그릇이 아니다. 우리는 그리스도의 아름다움을 나타내는 데 필요한 마요네즈 병 외에는 아무것도 아니다. 하나님이 어떤 분이신지를 알아야 할 절실한 필요를 가진 세상에 하나님이 자기 자신을 다시 보여 주실 수 있는, 보잘것없지만 사용할 수 있는 그릇인 하나님의 마요네즈 병이 되는 것, 이것이 당신의 헌신 아니겠는가?

2부

다음 세대 섬기기

멘토링

1919년, 제1차 세계대전 때 당한 부상에서 회복 중이었던 한 청년이 시카고에 있는 작은 아파트를 임대했다. 그가 그 집을 선택한 이유는 그 근처에 유명 작가 서우드 앤더슨Sherwood Anderson의 집이 있기 때문이었다. 앤더슨은 독자와 평단 모두에게 격찬받은 소설 『와인즈버그, 오하이오』(Winesburg, Ohio)를 집필했으며, 젊은 작가들을 도우려는 마음을 지닌 사람으로 잘 알려져 있다.

앤더슨과 그 청년은 금세 친구가 되었으며, 2년 동안 거의 매일 함께 시간을 보냈다. 그들은 함께 식사를 하고 멀리 산책을 나갔으며, 밤늦게까지 글 쓰는 기교에 대해 토론했다. 청년은 자신의 습작을 종종 앤더슨에게 보여 주었으며, 그 능숙한 작가는 잔인할 정도로 솔직한 비평을 내놓았다. 그러나 청년은 결코 단념하지 않았다. 언제나 그는 앤더슨의 말을 경청하면서 고쳐야 할 점을 노트에 기록했고, 그런 후에는 원고의 완성도를 위해 타자기 앞에 떠나지 않았다. 그는 자기 자신을 방어하려고 하지 않았다.

그는 후에 이렇게 말했다. "앤더슨을 만나기 전까지 나는 글을 쓸 줄 몰랐다."

앤더슨이 그 청년에게 해준 가장 큰 도움은 앤더슨이 친분을 맺고 있던 출판 관계자들에게 그를 소개해 준 것이었다. 청년은 곧 자신의 작품을 쓰기 시작했다. 마침내 그는 1926년에 첫 번째 소설을 출판했는데, 큰 반응을 불러일으켰다. 소설의 제목은 『태양은 다시 떠오른다』(The Sun Also Rises)였으며, 그 청년의 이름은 어니스트 헤밍웨이Ernest Hemingway다.

그러나 잠깐! 이야기는 여기서 끝나지 않는다. 헤밍웨이가 시카고를 떠난 후 앤더슨은 뉴올리언스로 이사했다. 거기서 앤더슨은 또 다른 젊은 문장가를 만났는데, 그는 더 나은 글을 위해 지치지 않는 열성을 가진 시인이었다. 앤더슨은 그가 헤밍웨이에게 시켰던 똑같은 훈련, 즉 글을 쓰고 그것을 비평하고 의논하며 격려하면서 더 많은 글쓰기를 시켰다. 그는 그 젊은이에게 자기가 쓴 소설을 보여 주면서 단어들과 주제, 그리고 인물이나 이야기 전개에 주의를 기울이며 읽도록 격려했다. 앤더슨의 도움으로 그 젊은이는 1년 후 자신의 첫 작품 『병사의 보수』(Soldier's Pay)를 출판하게 된다. 3년 후 이 유망한 작가 윌리엄 포크너William Faulkner는 『소리와 분노』(The Sound and the Fury)를 출간했으며, 그것은 미국의 명작이 되었다.

열망을 품고 있는 작가들에게 멘토Mentor로서 도움을 준 앤더슨의 역할은 여기에서 멈추지 않았다. 캘리포니아에서 그는 수년 동안 여러 작가들 중에서도 극작가 토머스 울프Thomas Wolfe와 존 스타인벡John Steinbeck과 함께 작품 활동을 했다. 앤더슨의 문하생 중 세 명이 노벨 문학상을, 네 명이 퓰리처 문학상을 탔다. 유명한 문학 평론가

맬콤 카울리Malcolm Cowley는 앤더슨에 대해 "다음 세대의 문체와 비전에 자신의 자취를 남긴 그 세대의 유일한 작가"라고 말했다.

앤더슨은 무엇 때문에 자기 시간을 들여 전문적으로 젊은 사람들을 도왔을까? 그 자신이 경륜 있는 위대한 작가 시어도어 드라이저Theodore Dreiser의 영향 아래 습작을 했다는 것이 아마도 한 가지 이유가 될 것이다. 그는 또한 칼 샌드버그Carl Sandburg와도 상당한 시간을 보냈다.

이런 이야기는 우리에게 교훈을 준다. 나 자신의 경험을 돌아보게 할 뿐만 아니라 인간 경험에서 근본이 되는 원리라고 깨닫게 된 것을 예증해 주고 있다. 그 원리는 장래에 영향을 끼칠 수 있는 가장 위대한 수단이 다른 사람의 삶에 영향을 끼치는 것이라는 점이다. 이 과정을 멘토링Mentoring이라고 부른다.

'멘토링'은 성경에서 발견할 수 있는 단어는 아니지만, 성경 전체에서 이 원리를 발견할 수 있다. 사실 가장 좋은 예가 선지자 엘리야와 그의 후계자 엘리사의 관계다. 그보다 더 좋은 예는 없다.

엘리야가 하나님의 속삭임을 들었던 그 동굴로 다시 돌아가 보자. 당시 그의 마음의 상태를 기억하는가? 그는 탈진한 상태에서 괴로워하며 낙망해 있었다. 그는 하나님께 이렇게 말했다. "오직 나만 남았거늘 그들이 내 생명을 찾아 빼앗으려 하나이다"왕상 19:14.

그의 말은 절반만 맞았다. 그의 목숨이 위태롭다는 것은 사실이었다. 그러나 하나님은 7천 명이나 되는 사람들이 바알에게 굴하지 않았다는 것을 드러내셨다. 하나님이 이들 중 한 사람의 이름을 언급하셨다. "아벨므홀라 사밧의 아들 엘리사에게 기름을 부어 너를 대신하여 선지자가 되게 하라"왕상 19:16.

이 말씀을 읽을 때 많은 사람이 엘리야는 이제 끝났다고 가정한다. 마치 하나님이 엘리야에게 이렇게 말씀하셨다고 생각하는 것이다. "엘리야야, 보아라. 나는 이제 네가 필요 없게 되었다. 그 일을 이루기 위해 새로 사람을 구했단다. 참, 나가는 길에 그가 너 대신 섬기게 되었다고 그에게 말해 주지 않겠니?"

하지만 나는 좀 다른 해석을 제안하고자 한다. 더욱 희망적인 해석 말이다. 엘리야의 후계자를 지명함으로써 하나님은 자신이 신실하시다는 것을 알려 주셨다. 그분은 엘리야에게 그의 노력이 헛되지 않았다는 것을 말씀하고 계셨던 것이다. 그의 노력 덕에 미래가 있으리라는 것이다. 사실 엘리야는 횃불을 엘리사에게 넘겨줌으로써 그 미래를 시작하는 특권을 누리게 되었다.

나는 이것이 다른 사람의 멘토 역할을 하여 얻는 가장 큰 혜택이라고 생각한다. 멘토링을 통해서 우리 뒤를 따르는 사람들에게 유산을 남겨 놓게 되는 것 말이다. 주님이 지체하시는 한 우리는 모두 조만간 세상을 떠나게 된다. 그것은 백 퍼센트 확실하다. 그렇다면 "우리는 이 세상에 무엇을 남길 것인가?"라는 질문을 해야 한다. 대부분 사람이 유언을 남겨 그 질문에 답한다. 그러나 유언은 당신이 여러 해 동안 축적해 놓은 잡동사니들을 처분할 뿐이다. 더 깊은 질문은 다음 세대에게 전달할 무언가가 있느냐는 것이다.

얼마 전 월트Walt라는 사람이 필라델피아에서 세상을 떠났다. 월트에게는 가족이 있었지만, 그가 아는 사람 중에 유명 인사는 없었다. 그는 염색공으로 일하다가 오래전에 은퇴했기 때문에 가진 것이라곤 거의 없었다. 그가 책이나 다른 중요한 저술을 남기지 못했던 것은 초등학교 이상을 다녀 본 적이 없기 때문이다. 간단히 말해서 월트의 죽음은 인류 역사의 조류에서 잔물결 하나도 일으키지 못했다. 신문 부고란에 그의 죽음에 대해 두세 줄보다 더 많은 공간을 할애해야 한다고는 생각되지 않는다.

그러나 믿기지 않게도, 살아생전에는 물론 지금도 여전히 월트는 그리스도를 위한 일에 깊은 영향력을 행사하고 있다. 그것이 그가 늘 원했던 전부였다. 젊었을 때 월트는 소년들을 위한 주일학교 성경공부반을 시작했다. 그 반은 학생이 특별하게 많지는 않았으며 그 교회도 특별히 주목할 정도로 성도가 많은 것은 아니었다. 하지만 월트반 소년 열세 명 가운데 열한 명이 전임 사역자가 되었고, 그들 중 몇은 여전히 오늘날도 활동하고 있다. 내가 안다. 내가 그들 중 한 명이기 때문이다.

나는 이것을 유산이라고 부른다! 그러나 그것은 그냥 일어난 일이 아니었다. 월트는 선생님, 인도자, 코치, 아버지 같은 사람, 형님 같은 친구가 필요했던 어린아이들의 삶 속에 그런 유산을 만들어 나갔던 것이다. 이것이 바로 멘토다. 다른 사람이 발전하고 성장하도록 돕는 사람 말이다. 이런 일은 교수가 학생들을 가르칠 때와 같은 공식적인 관계를 통해서든지 또는 소년들과 함께했던 월트처럼 더 자유로운 관계에서도 이루어진다. 두 경우 모두 멘토링에는 한 사람이 그 자신을 다른 사람의 삶에 투자하는 관계가 있게 된다.

하나님이 엘리야에게 하라고 요청하신 것이 이것이다. 왜냐하면 엘리야가 무대에서 떠난 후에도 이스라엘은 여전히 선지자가 필요했기 때문이다. 우리 시대에 나는 하나님이 나와 당신에게 멘토로서 봉사하기를 요청하고 계신다고 믿는데, 그 이유는 우리가 무대를 떠날 때도 여전히 경건한 사람들이 필요할 것이기 때문이다.

지금만큼 경건한 사람이 필요한 적은 없었다. 예를 들어, 오늘 밤 미국에 있는 어린이의 40퍼센트가 친아버지가 없는 가정에서 잠자리에 들 것이다. 데이비드 블랜큰혼David Blankenhorn은 으스스한 그의 연구서『아버지 없는 미국』(Fatherless America)에서 그렇게 기술했다. 1950년에는 여자가 가장인 가정이 단 6퍼센트였던 반면, 오늘날에는 그 숫자가 폭발적으로 늘어나 24퍼센트가 되었다. 도심의 흑인 밀집 지역에 있는 가정은 대부분 아버지가 없는 상태였다!

이런 가정의 아이들에게 아버지 됨에 대한 본보기를 누가 보여 줄 것인가? 그 아이들에게 한 남자가 그들에게 헌신되어 있다는 것이 무슨 의미인지 누가 가르쳐 줄 것인가? 내가 자라면서 겪었던 똑같은 곤경에 처해 있는 소년들에게 남자 됨이 무엇을 의미하는 것인지 누가 가르쳐 줄 것인가? 나에게는 월트가 있었다는 사실이 얼마나 감사한지! 그분이 없었다면 나는 죽고 나서 영원히 그리스도가 계시지 않은 곳에 갔을 수도 있다. 그리고 누구도 이 사실에 관심을 가져 주지 않았을 것이다. 나는 월트의 영향에 크게 힘입어 오늘날의 내가 되었다.

그런데 멘토가 필요한 사람은 깨진 가정의 아이들만이 아니다. 견고한 가정의 아이들에게도 멘토는 필요하다. 아내와 나는 우리 네 아이에게 삶에 필요한 모든 것을 주었다고 생각한다. 그러나 실제로는 우리가 그렇지 못했다는 것을 안다. 우리는 그렇게 할 수가 없었다. 어떤 부모도 그렇게 할 수 없다. 가장 좋은 부모라 할지라도 자녀에게 전달해 줄 수 없는 것이 있다. 그들이 갖고 있지 않은 솜씨, 그들이 기르지 않은 습관, 그들이 소유하고 있지 않은 지혜, 그들이 제공할 수 없는 경험 등이 그러하다. 따라서 이것들을 공급해 줄 다른 어른이 필요하다. 이런 것이 바로 멘토가 공급해 주어야 하는 것이다.

그리고 우리의 교회를 돌아볼 때, 거기에서도 멘토링이 꼭 필요함을 발견한다. 신학교 교수인 나는 전도유망한 기독교 지도자들을 가르치는 특권을 누리고 있다. 그러나 몇 년 전에 나는 문제 하나를 발견했다. 이 유망한 젊은 학생들 가운데 멘토가 있었던 사람이 거의 없다는 점이었다. 나는 많은 학생에게서 똑같은 이야기를 들었다. "교수님, 제게는 제가 보며 배울 수 있는 사람이 한 명도 없었습니다. 제 삶에 큰 영향을 끼친 분이 단 한 명도 없었습니다."

나는 '약속을 지키는 사람들'The Promise Keepers의 일원이 된 것을 기쁘게 여기는데, 이 운동에 참여하는 사람들에게서도 똑같은 말을 들었다. 내가 집회나 지도자 훈련 세미나 등에서 수차례 멘토링을 주제로 강연했을 때 사람들이 차례로 나에게 말했다. "무슨 대가를 치르더라도 멘토를 얻고 싶습니다. 어디서 그런 분을 찾을 수 있습니까?"

사람들에게 멘토링에 대한 욕구가 있음을 보는 것은 격려가 되지만, 그렇게 많은 사람이 오랜 기간 멘토링이 결핍된 채로 있었음을 발견하는 것은 고통스럽다. 왜냐하면 멘토링 관계야말로 신자들이 성숙하게 되는 주요 수단이기 때문이다. 그런데 교회 내에서 우리 가운데 많은 사람이 영적으로 성숙한 그리스도인들을 만드는 길은 영적 성숙에 관한 교육과정에 많은 사람을 등록시키는 것이라는 잘못된 생각을 하고 있다. 우리는 그런 주제에 관한 책들을 그들에게 준다. 우리는 그들에게 관련된 성경구절들을 알려 주고, 숙제와 연습 문제도 나누어 준다. 이런 활동이 잘못되었다는 이야기는 아니다. 그러나 더 많은 지식의 흡수가 곧 영적인 성장으로 연결되는 것은 아니라는 사실을 생각해 보았는가?

만약 그렇다면 지금보다 수백만 권의 책이 덜 출판되었을 때 진작 이 세상은 변화되었을 것이다. 그러나 그리스도를 알기 위해서는 그 분과의 관계가 필요한 만큼 그리스도 안에서의 성장 또한 관계 맺는 일이 필요하다. 관계 중에서 가장 도움이 되는 것은 멘토와 멘티의 관계다. 왜냐하면 우리에게는 잘 배울 필요보다 우리를 잘 아는 사람이 필요하기 때문이다. 또 실천할 원리보다는 우리를 도와주는 사람이 더 절실하다. 우리는 우리를 믿어 주고, 곁에 있어 주며, 지도해 주고, 우리에게 그리스도를 따르는 모범을 보여 주는 누군가가 필요하다. 우리는 다른 사람의 격려, 지혜, 모범 그리고 책임을 묻는 것이 필요하다. 우리는 그의 미소, 껴안음, 찌푸리는 눈살 그리고 눈물이 필요하다.

이것이 엘리야가 엘리사에게 준 것이라고 나는 믿는다. 성경은 그들의 관계에 대해 상세히 알려 주고 있지는 않다. 그러나 나는 엘리야가 그의 후계자 엘리사에게 행했을 멘토링의 세 가지 방법을 제시하고자 한다. 그 과정을 통해서 엘리야는 젊은 세대에 영향을 끼쳐야 하는 오늘날의 우리에게 훌륭한 본을 보여 주고 있다.

첫째, 엘리야는 주도권을 가지고 행동했다. 열왕기상 19장 19절 말씀은 명백하다. "엘리야가 거기서 떠나 사밧의 아들 엘리사를 만나니." 나는 이 사실이 마음에 든다! 하나님의 지시에 순종해서 엘리야는 엘리사를 적극적으로 찾아 나섰고, 마침내 밭을 갈고 있는 그를 만났다. 그 즉시 그는 자기의 겉옷을 엘리사 위에 던졌는데, 이것은 엘리사가 그의 뒤를 이어 선지자가 될 것임을 상징하는 것이었다. 엘리야는 먼저 행동을 취했다. 그는 '나는 선생이야. 저 친구가 내 길을 따르길 원한다면, 나에게 먼저 와서 도움을 구해야 해. 자신이 얼마나 똑똑한지 증명해 보여야 한다고!' 하는 태도로 엘리사가 자신을 찾기를 마냥 기다리고 있지 않았다. 엘리야는 직접 자신의 후계자를 찾으러 나섰다. 그리고 그를 발견했을 때 자신의 의도를 분명하게 밝혔다.

우리는 오늘날 이 원리를 현재보다 훨씬 더 많이 사용해야 한다. 앞서 말한 대로 나는 "어디서 제 멘토를 찾을 수 있겠습니까?"라는 젊은이들의 질문을 많이 받는다. 동시에 나는 "제가 어디서 멘티를 발견할 수 있겠습니까?"라는 나이 드신 분들의 질문도 받는다. 이보다 더 명확한 연결이 있을 수 있겠는가? 그러나 사실 나이 드신 분들이 젊은 사람들을 먼저 찾아 나서서 그들이 자신을 사용할 수 있도록 길을 열어 놓지 않는 한 멘토링의 관계는 별로 이루어지지 못한다. 왜 그럴까? 멘토를 찾는 과정은 멘토링을 받기 원하는 많은 젊은이를 겁나게 하기 때문이다. 그들은 도움을 요청하는 것을 두려워한다. 일부는 거절당하는 것을 두려워한다. 그 밖의 사람들은 그들의 잠재력을 알지도 못한다. 따라서 먼저 나이 드신 분이 와서 젊은이의 친구가 되어 주는 것이 좋다.

그런데 내가 당신에게 들려주고 싶은 한 가지 작은 비밀이 있는데, 멘토로 봉사할 자격을 갖춘 사람 역시 멘토링 과정을 겁내고 있다는 사실이다. 많은 사람이 길옆에 비켜서서 이렇게 생각한다. '내가 제공할 수 있는 것은 아무것도 없어. 훈련을 받아 본 적도 없고. 그러니 내가 그들에게 무슨 말을 해줄 수 있겠어?' 그러나 당신이 실제적인 믿음의 경험을 조금이라도 해봤다면, 그리고 인생에서 배운 교훈이 조금이라도 있다면, 당신은 자신이 인식하는 것보다 훨씬 많은 것을 제공해 줄 수 있다. 기억하라. 멘토링은 정보를 전수해 주는 것이 아니라 한 사람의 옆에 있어 주면서 그가 성장하는 과정에서 그를 섬기는 것이다.

"하지만 제가 누구에게 접근해야 하는 겁니까?"라고 당신은 의아해하고 있을지 모르겠다. 하나님은 누가 엘리야의 후계자가 될 것인지를 분명히 해주셨다. 멘티를 어떻게 알아낼 수 있는가? 우리는 곧 그 질문에 대한 대답에 도움을 주는, 엘리사에게 있었던 자질을 살펴볼 것이다. 그러나 나는 당신이 해야 할 첫 번째 일이 기도라는 것을 말해 주고 싶다. 엘리야가 기도하는 사람으로 잘 알려졌다는 것을 기억하라. 나는 엘리야가 하나님께 자신의 망토를 차지하여 이스라엘의 다음 선지자가 될 사람이 누구인지 지시해 주시기를 구하면서 상당 시간을 기도하는 데 드렸을 것이라고 생각한다. 만약 그랬다면 호렙 산 동굴 밖에서 주신 하나님의 지시는 엘리야의 기도에 대한 하나님의 응답이었다.

하나님이 당신에게 배우기를 바라는 한 사람을 알려 주시기를 기도했다면, 이제 눈을 들어 성장을 원하는 증거를 보여 주는 누군가를 찾아보라. 그 증거는 그 사람의 말이거나 가르침을 받으려는 간절함일 수도 있다. 그러나 발전하려는 욕망이 있는지를 보라.

수십 년 전, 내 강의 시간마다 시종일관 맨 앞자리에 앉았던 한 학생이 있었다. 그는 정기적으로 손을 들어 질문을 쏟아부었는데, 내가 받아 온 질문 가운데 가장 예리한 것들이었다. 수업이 끝나면 그는 앞으로 나와서 더 많은 질문을 나에게 퍼부었다. 그러다 캠퍼스에서 우연히 마주치면, 그는 다시금 질의응답 시간을 또 한차례 갖자며 나를 붙잡았다. 한편 그가 내는 연구서와 과제물들은 내용이 상당히 흥미 있었을 뿐만 아니라, 그가 그리스도와 동행하는 데 필요한 실제적인 적용도 보여 주었다. 그러니 말할 것도 없이 나는 그에게 흔쾌히 시간을 내주었다. 훈련과 발전이라는 면에서 그는 명백히 동기부여가 되어 있었다. 그의 이름은 찰스 스윈돌Charles Swindoll이다. 그는 지금 내가 가르치는 달라스 신학교의 총장으로, 하나님의 말씀을 꿰뚫는 통찰력을 지닌 사람으로 전 세계에 알려져 있다.

찰스 스윈돌처럼 내가 여러 해에 걸쳐 영향을 끼칠 특권을 누린 다른 많은 학생에 관해서도 얘기할 수 있다. 그들이 공통으로 가지고 있던 한 가지 요소는 바로 자라고자 하는 욕망이었다. 그것을 발견하면 나는 언제든 그들에게 나 자신을 내어 주지 않을 수가 없었다. 이런 까닭에 나는 하나님이 당신의 영향권(교회, 동네, 일터 등) 안으로 데려오시는 남녀들에게서 그런 자질들을 찾아보기를 권한다. 영적으로, 개인적으로 자라기를 간절히 바라는 어떤 사람을 볼 때마다 '그를 돕기 위해 내가 무엇을 할 수 있을까?'라고 자신에게 물어보라. 그 사람이 하나님이 당신이 멘토링하기를 원하시는 사람일지도 모르기 때문이다.

둘째, 엘리야는 쓰임 받을 수 있도록 그 자신을 열어 두었다. 엘리야가 자신의 겉옷으로 엘리사를 두름으로써 후계자를 지명하는 의식을 치른 후 성경 본문에는 그 젊은 농부가 "소를 버리고 엘리야에게로 달려가서"라고 나온다왕상 19:20. 부모님에게 작별 인사를 한 후 엘리사는 "엘리야를 따르며 수종들었"다19:21. 이와 같이 엘리사는 엘리야에게 밀착했으며, 그 노련한 선지자는 상당한 시간을 그의 수련생을 훈련하면서 보냈음이 명백하다.

엘리야가 끼친 대부분의 영향은 관계를 통해 이루어진 결과였다.

그것을 어떻게 알 수 있는가? 왜냐하면 그 당시에는 책이나 시청각 교재가 없었기 때문이다. 엘리야가 제공해야 했던 '모든 것'은 그 자신이었다. 솔직히 그것은 축복이었다. 두 사람이 서로 얼굴을 맞대고 일할 수밖에 없었다. 요즈음 어떤 사람은 베스트셀러를 내놓지 못하거나 매체에 얼굴을 비치지 못하거나 세미나를 인도하지 못하면 자신이 강한 영향력을 끼칠 수 없다고 단정해 버린다. 그러나 내가 발견한 것은 이런 것이 개념을 전달하는 탁월한 수단이 될 수는 있어도, 숨김없는 솔직한 관계를 대체할 수는 없다는 사실이다. 따라서 말을 잘하지 못하더라도 용기를 내라! 단순히 당신 자신을 나눔으로써 놀라운 영향을 끼칠 수 있다.

그러나 시간이 필요할 것이다. 내가 이 말을 하자마자 책임을 회피하려고 멘토 지망생들이 사방에서 내뱉는 소리가 들리는 것 같다. "저는 이미 너무 바빠요!"라고 그들은 말한다. 하지만 잠깐! 멘토링에 관해서 말할 때 나는 이미 꽉 차 있는 일과표에 그 일을 덧붙이라고 당신에게 말하고 있는 게 아니다. 그런 곤경은 이미 나 역시 체험으로 이해하고 있음을 믿으라. 나는 당신의 생활 속에 어려운 일을 하나 더 첨가하라고 말하는 게 아니다. 당신이 이미 형성한 관계 속에서 더욱 전략적으로 행동하기를 권유하는 것이다.

예를 들어, 당신이 일하는 곳에 막 채용된 젊은 친구가 있는데 대화하는 중에 그가 열정적으로 구주를 사랑하고 있다는 것을 발견했다고 해보자. 그는 영적인 일을 위해서는 모든 것을 바칠 각오가 되어 있다. 당신은 그를 도와줄 수 있겠는가? 충분히 가능한 일이며, 당신의 시간이 많이 요구되는 일이 아니다. 어쨌든 점심은 매일 먹으니 그에게 점심을 함께하자고 말할 수 있지 않겠는가? 심각한 의제를 다

룰 필요도 없다. 두 사람 모두 그것을 원하지 않는 이상 말이다. 그냥 그와 공유하고 있는 일들, 즉 그리스도를 믿는 믿음과 그분과 동행한다는 것이 무엇을 의미하는 것인지 등에 대해 이야기하면 된다. 내가 보장하는 것은 시간이 지나면 당신은 그 젊은이의 삶에 심오한 변화를 일으킬 수 있다는 것이다. 당신의 말 때문이 아니라 당신이 신경을 써 주고 관심을 가져 주었기 때문이다. 멘토링이란 관계이지, 해야할 일을 적은 목록 중에 하나가 아니라는 것을 기억하라.

셋째, 엘리야는 엘리사의 본보기가 되어 주었다. 나는 이것이 멘토링의 과정 중 가장 위력 있는 부분이라고 생각한다. 뛰어난 연구가 앨버트 밴두러Albert Bandura가 보여 주었듯이, 본받는 것은 무의식적으로 배우는 것 중에서 가장 강력한 형태다. 당신의 멘티는 당신이 말한 것 중 대부분을 잊어버릴 것이다. 하지만 당신이 한 일은 거의 잊어버리지 않을 것이다. 그러므로 기억할 것은 당신의 수련생에게 본을 보이는 그 행동이 무엇이든 그가 당신의 본보기를 따르게 될 (또는 어떤 경우에는 거부하게 될) 가능성이 있다는 것이다.

엘리야는 엘리사에게 자신의 행동을 지켜볼 충분한 기회를 주었다. 우리는 엘리사가 부르심 받은 시기와 불수레를 타고 엘리야가 극적으로 떠나는 시기왕하 2:1-12가 언제인지 정확히 알지 못하나, 그동안 엘리사가 엘리야와 계속 동행했음은 안다. 이는 곧 나봇의 살해에 관해 엘리야가 아합과 맞섰을 때 엘리사도 거기 있었으며, 아합이 회개하고 자신을 낮추는 것을 직접 보았다는 의미다왕상 21:17-29. 마찬가지로 아합의 아들 아하시야가 이스라엘의 하나님 대신 블레셋 우상들과 상담하려 한 것에 대해 그를 벌하도록 엘리야가 보냄을 받았을 때 엘리사 역시 함께 따라갔을 것이다왕하 1:1-17. 이런 일들은 두 사람이 함께 겪었을 수많은 경험 중 일부에 불과하다. 이런 일들을 통해 엘리사가 얼마나 많은 것을 얻었을지 상상할 수 있겠는가?

당신과 함께 지냄으로써 다른 사람이 얻을 수 있는 것은 무엇인가? 아마도 그들은 문제나 위기에 직면할 때 기도한다는 것이 무엇인지, 또는 배우자에게 충실하다는 것이 무엇인지, 혹은 성경적 노동윤리가 어떤 것인지, 또는 믿지 않는 사람에게 복음을 소개하는 과정을, 임종을 맞고 있는 사람에게 고별인사를 하는, 쓰고도 단 일을 배울 수 있을 것이다. 당신이 젊은 그리스도인들에게 그리스도를 닮는 것에 대해 본을 보여 줄 수많은 기회가 매일 있다. 당신은 누군가가 이 경험들을 당신과 함께 나눌 혜택을 누리도록 해주고 있는가?

그러나 반대로 수습생의 관점에서 멘토링에 대해 생각해 보자. 엘리야보다는 엘리사처럼 당신은 다른 사람들을 멘토링하기에 앞서 먼저 멘토를 받고 싶을지도 모른다. 만약 그렇다면 엘리사가 그 관계에 공헌했던 몇 가지 사항을 주목해 보라.

무엇보다도 먼저 그는 동기부여가 되어 있었다. 우리는 엘리야가 그를 불렀을 때 "그가 소를 버리고 엘리야에게로 달려"왕상 19:20갔음은 이미 보았다. 다시 말해서 엘리사는 하나님의 사람을 뒤따르기 위해 자신이 하던 일을 즉시 버렸다. 더구나 그는 그 선지자에게 어슬렁거리며 가지 않았다. 어서 빨리 그와 함께 시간 보내기를 바란다는 듯 엘리야에게 달려갔다. 이런 반응은 엘리사가 성장의 도전을 기꺼이 받아들였음을 나타내 준다.

당신도 그런가? 자신의 결혼 생활에 관해 나에게 이야기하러 왔던 사람이 있었다. 우리는 그 관계에 대해 의논하면서 꽤나 많은 시간을 보냈다. 그런 후 우리는 그가 그 상황을 향상시키기 위해 지금 당장 할 수 있는 서너 가지 일을 결정했다. 그런데 일주일 후에 그는 내 사무실에 와서 똑같은 불평을 늘어놓았다.

"제가 제안한 것들 중 어떤 것을 시도해 보았습니까?"라고 내가 물어보았다.

"어떤 것들 말입니까?" 하고 그가 대답했다.

따라서 우리는 다시 그 모든 문제를 다루어 나갔다. 마침내 할 수 있는 것들에 대해 그가 동의한 후 나는 그를 보냈다. 그러나 그를 다시 만났을 때, 짐작한 대로 그는 똑같은 이야기를 가지고 돌아왔다! 여전히 어려움을 겪으면서도 우리가 동의한 것들 중 어떤 것도 행동으로 옮기지 않았던 것이다.

나는 그에게 말했다. "저는 당신을 도울 수 없을 것 같습니다." 사실 그런 사람은 누구도 도울 수 없다. 그는 투정하고 싶어 했지, 노력하고 싶어 하지는 않았다. 자신의 문제를 이론적으로 이야기하고 싶어 했지, 그 문제를 해결하기 위해 실제로 행동하지는 않았다.

엘리사의 반응은 얼마나 달랐는가! 그는 성장을 위해 자신이 감수해야 하는 책임을 기꺼이 받아들였다.

엘리사가 장래가 촉망되는 수련생이라는 표시를 나타내는 두 번째 자질은 겸손이었다. 성경에는 엘리사가 엘리야를 "수종"왕상 19:21들었다고 나온다. 구약성경의 다른 곳에서 이 단어는 '종'으로 번역되어 있으며, 또는 소년 사무엘이 "제사장 엘리 앞에서 여호와를 섬기니라"삼상 2:11는 말씀에서처럼 '섬기는 사람'으로도 번역할 수 있다. 즉, 엘리사는 엘리야를 섬겼다. 그는 엘리야에게 배우면서 스승의 필요들을 만족시키려고 노력했다.

그런 종의 자세를 가지려면 겸손이 필수적이다. 만약 엘리사가 그보다 못한 사람이었다면, 지도자의 망토가 결국은 자신에게 주어지게 될 거라는 사실을 깨닫고 그는 쉽게 자만해질 수도 있었을 것이다. '이제 조금 있으면 나는 하나님이 지정한 사람이 될 거야. 하늘에서 불을 내려오게 하는 사람이 된다고. 이제 됐어. 어차피 하나님의 사람이 될 건데 이 노인과 함께 지낼 필요가 어디 있겠어. 어차피 그는 한물갔는데.' 그러나 엘리사는 그렇게 생각하지 않았다. 엘리야의 필요들을 돌보면서 종의 역할을 수행했다.

나는 당신에게 얼마나 많은 재능이 있는지는 모르지만, 내가 아는 것은 겸손이 결여된 재능은 운전대를 잡고 있는 주정뱅이 같다는 것이다. 그것은 발생을 기다리는 사고다. 그와 같은 충돌 사고를 방지하는 길은 노련하고 성숙한 사람 밑에서 종의 역할을 수행하는 것이다. 이것은 하나님이 당신에게 주신 은사를 무시하라는 말이 아니다. 온유한 자세로 그 은사들을 걸러서 깨끗하게 하라는 의미다. 작은 일에 충성스럽다는 것이 증명된다면, 더 나아가 귀한 책임을 감당할 준비가 된 것이다.

바울은 자신의 수련생 디모데에게 이같이 충고했다. "네가 많은 증인 앞에서 내게 들은 바를 충성된 사람들에게 부탁하라"딤후 2:2. 그의 요점은 지도자의 지위나 책임을 재능에만 근거하여 너무 빨리 주지 말라는 것이다. 또한 새로 맡게 된 기회로 그 사람이 거만해질 수 있는지도 고려해 보라는 말이다.

당신은 겸손한 사람을 언제든지 분간할 수 있다. 모든 것을 다 알지 못하는 사람이 겸손한 사람이다. 어떤 사람들은 모든 문제에 대한 해답이 있다. 그래서 그들은 절대로 가르침을 받지 않는다. 그러나 겸손한 사람은 자신에게 성장해야 할 부분이 여전히 있음을 인식한다. 자신이 다른 사람들에게서 여전히 배울 것이 있음을 인정하려는 마음을 가지고 있다. 특별히 자신보다 더 경륜이 많은 사람으로부터 말이다. 이런 사람이 멘토의 도움을 받을 준비가 된 사람이다.

엘리사에 관해서 우리가 주목해야 할 필요가 있는 마지막 자질이 여기 있다. 그는 믿기 어려울 만큼 충성스러웠다. 그는 최후의 순간까지 엘리야와 함께 있었다. 그에게는 떠날 기회가 세 번씩이나 있었지만, 그는 매번 이렇게 말했다.

> "여호와께서 살아 계심과 당신의 영혼이 살아 있음을 두고 맹세하노니 내가 당신을 떠나지 아니하겠나이다" 왕하 2:2, 4, 6.

충성심은 그 사람의 인격에 대해 많은 것을 나타내 준다. 앞에서 나는 어니스트 헤밍웨이가 셔우드 앤더슨과 함께 시간을 보내면서 습작했던 것을 언급했다. 그 이야기에는 슬픈 내용이 있다. 세계적인 명성을 얻은 후 헤밍웨이는 그의 스승을 놀려댔다. 그는 공공연하게 그를 조롱했는데, 아마도 이제 자신이 앤더슨의 그림자 밑에서 벗어났음을 보여 주려는 방편으로 그렇게 했는지도 모른다. 그러나 그것은 부끄러운 행위였으며, 헤밍웨이는 자신이 한 잘못을 결코 인정하지 않았다. 세월이 지난 후 그는 마침내 선배의 공로를 인정하기는 했으나 사과는 언제나 회피하는 것 같아 보였다. 나는 그것을 비극이라고 보는데, 왜냐하면 그가 충성의 가치를 이해하고 있다는 것이 그의 작품에서 명백히 나타나고 있기 때문이다. 불행히도 그의 행동은 그의 이해에 어긋난 짓이었다.

수련을 받는 사람에게 충성은 결정적으로 중요한 것인데, 왜냐하면 멘토링의 관계는 일방적인 것이 아니라 상호 간의 관계이기 때문이다. 멘티가 자신의 멘토에 대해 자신감을 가지는 것처럼 멘토도 멘티 속에 그의 신뢰를 어느 정도 두어야 한다. 멘토는 멘티에게 자신의 시간, 지혜, 전문적인 의견, 친분을 맺고 있는 사람들 또는 그 밖의 다른 자원들을 주고 있는 것이다. 그렇게 함으로써 그는 "나는 당신을 믿는다. 나는 당신이 이런 선물들을 받아 사용해서 하나님이 원하시는 사람이 될 것을 신뢰하고 있다"라고 말하는 것이다. 이런 종류의 투자는 멘토에게 책임을 부여한다. 수련을 받는 자가 어떤 사람인지는 그런 신뢰를 어떻게 다루어 나가느냐에 달려 있다.

어떤 사람은 멘토링에 대해, 한 나이 든 사람이 젊은 사람을 성공에 이르기까지 도와주는 과정이라고 정의했다. 이 말도 어느 정도 맞지만, 나는 약간 다른 말로 멘토링을 표현하는 것을 선호한다. 멘토링은 성공보다 중요성에 관한 것이다. 성공은 목표에 도달하는 것을 의미하는 반면, 중요성은 사람들의 삶에 중대한 효과를 끼치는 것을 의미한다. 우리 가운데 얼마나 많은 사람이 목표를 성취하면서도 삶에 무엇이 진짜 중요한 것인지는 모르는 상태에 머물러 있는가.

이것이 내가 멘토링 관계를 강력하게 주장하는 이유다. 그 관계는 멘토와 멘티 모두에게 중요하다. 엘리야와 엘리사가 함께 있었던 마지막 때, 엘리사는 엘리야가 불수레를 타고 회오리바람과 함께 들려 올라가는 것을 보았다왕하 2:11. 그 순간 엘리야는 무슨 생각을 하고 있었을까? 이 세상에 대한 모든 미련이 사라지고 있었을 것이다. 그런데도 엘리야는 자신의 삶이 지극히 의미 있는 중요한 삶이었다는 자각을 하고 삶을 마감했을 것이 틀림없다. 그것은 그가 단지 위대한 일을 성취했기 때문이 아니었다. 물론 성취를 하긴 했지만, 그보다 더 위대한 일은 그가 유산을 남겼다는 것이다. 엘리야 자신의 삶을 쏟아부었던 한 사람이라는 유산 말이다. 나 역시 그런 비슷한 경험을 해보았기에, 그보다 더 만족스러운 일은 없다는 것을 안다.

엘리사 역시 엘리야와의 관계에서 중요한 것을 배웠다. 우리는 그가 엘리야의 망토를 집어 든 후 했던 첫마디를 통해 그 사실을 알게 된다. "엘리야의 하나님 여호와는 어디 계시니이까"왕하 2:14. 참으로 귀하다! 그것은 엘리사가 엘리야의 선지자 직분 이상을 물려받았음을 나타내 주는 것이다. 그는 전능하신 하나님을 느낄 수 있는 감각을 얻었다. 그보다 더 중요한 것은 없다.

주님과 더 가까이 동행하고 싶은가? 그렇다면 멘티를 찾아 나설 것을 권한다. 멘토는 결코 구주를 대신할 수는 없지만, 당신의 경험 속에서 주님을 어디에서 찾을 수 있는지 말해 줄 수는 있다.

.

사역

오늘날 크게 잘못 사용하는 호칭 중의 하나가 '사역자'라는 단어다. 사람들은 이 말을 안수받은 목회자와 동의어로 사용하지만, 그것은 근본적으로 잘못된 생각이다. 이 사실을 알게 되면 사람들은 놀라겠지만, '사역자'라는 말은 '종'이나 '하인'이라는 의미의 라틴어에서 파생된 것이며, '더 작다'라는 의미를 가진 어근인 '마이너스'라는 단어에 근거한 것이다. 그렇다면 원칙적으로 '사역자'는 더 낮은 지위나 계급에 있는 사람으로, 섬김을 받는 것이 아니라 섬기는 것이 직분인 사람이다.

오늘날의 성직자나 기독교 사역자가 섬기는 사람이 아니라는 말은 아니다. 그러나 내가 보기에는 대부분 사람이, 심지어 그리스도인들도 성직자를 하나님의 '일류 팀'으로서 그분의 중요한 일을 이루어 나가는 사람으로 생각하는 반면, 평신도는 일종의 응원단으로 보고 있는 듯하다.

그러나 이는 성경적이지 않다. 에베소서 4장을 보면, 거기에 네 가지 종류의 은사를 받은 사람이 나오는 것을 볼 수 있다. 그들은 사도와 선지자, 복음 전하는 자와 목사(교사)다. 또 다른 성경구절에서는 모든 믿는 자가 누구나 다 성령께 은사를 받았다는 사실을 배운다(예를 들면, 고전 12:7). 그런데 여기서 바울은 이 네 가지 은사에 독특한 기능이 있다고 말한다. 그 기능은 이것이다. "이는 성도를 온전하게 하여"엡 4:12.

이 구절에서 핵심적인 사실을 두 가지 발견할 수 있다. 첫째는 '섬기는 일'은 흔히 평신도(헬라어 *laos*, '백성'에서 나온 말)라고 불리는 하나님의 백성에게 주어졌다는 것이다. 다시 말해 사역은 목회자가 아니라 평신도가 주체가 되어 하는 일이다. 사실상(이것이 둘째 사실인데) 하나님이 목회자들에게 주신 주요 임무는 사역을 위해 그분의 백성을 준비시키는 것이다.

어떻게 해서인지는 몰라도 우리는 지도자와 신도 사이의 이런 관계를 반대로 알고 있으며, 그 결과는 여실히 드러나고 있다. 나는 너무 지쳐서 거의 실신 상태에 있는 목사들을 자주 만난다. 그들은 "헨드릭스 형제님, 저는 아무리 노력해도 사람들에게 동기부여를 못하고 있는 듯해요"라고 한숨을 쉬며 말한다.

"왜 그러십니까?"라고 물어볼 때 흔히 발견하는 것은 이 불쌍한 친구가 당연히 신도들이 해야 하는 사역을 직접 하느라고 진을 빼고 있다는 것이다. 물론 모두 교회를 '섬긴다'는 명목 아래 말이다. 그러나 그런 대답을 들을 때마다 나는 항상 이렇게 말해 주고 싶은 강한 충동을 느낀다. "당신은 그들을 섬기고 있는 것이 아니라 오히려 손발을 묶고 있는 것이요! 당신은 지금 그들이 해야 하는 일을 하면서 하나님이 당신에게 하라고 주신 일들은 게을리하고 있소!"

만일 현대 교회에 대해 한 가지를 바꿀 기회가 내게 주어진다면,

사역에 평신도를 등용하고 싶다. 사역은 천한 일이 아니라 중요한 주님의 일이기 때문이다. 엘턴 트루블러드Elton Trueblood가 말했듯이 첫 번째 종교개혁은 하나님의 말씀을 하나님 백성의 손에 다시 쥐여 주었다. 이제 우리는 하나님의 일을 하나님 백성의 손에 다시 쥐여 줄 두 번째 종교개혁이 필요하다.

'사역'이란 무엇인가? 사역은 사람들을 예수 그리스도 가까이로 이 끌어 들이는 것이다. 믿음의 가족 밖에 있는 사람들을 안으로 들여야 한다. 안에 있지만 그리스도에게선 멀리 떨어져 있는 사람들을 가깝게 끌어들여야 한다. 가깝게 와 있는 사람들을 성숙하게 만들어야 한다. 궁극적으로 이런 사역의 임무는 전문인이 아닌 평신도에게 속한 것이다. 교회나 기독교 단체에서 봉급을 받는 사람들만이 사역을 하는 것은 아니다. 솔직히 말하자면 봉급을 받지 않은 편이 더 나을 것이다. 왜냐하면 목회자는 좋은 사람이 되기 위해서 봉급을 받는 사람으로 흔히들 생각하는데, 그렇다면 나머지 사람은 아무 쓸모가 없는 사람이 되기 때문이다.

엘리사의 삶에 일어난 네 가지 일이 사역에 대해서 우리가 더 잘 이해하도록 도움을 준다. 당신은 아마 엘리사가 구약 시대의 선지자였기 때문에 하나님의 특별한 백성으로 구성된 '일류 팀'에 속해 있었으며 당신과는 다른 부류의 사람이었다고 생각할지도 모르겠다. 엘리사가 특별한 임무를 위해서 하나님께 임명받았음은 의심할 여지가 없지만, 사역을 이루어 나간 그의 원리는 우리 모두에게도 적용된다.

그 당시 배경은 이러하다. 엘리야가 떠날 시간이 가까워지자 엘리야와 엘리사는 길갈(여리고의 북동쪽에 위치)에서부터 시작해 동쪽으로는 베델(예루살렘에서 북쪽으로 약 16킬로미터 떨어진 곳에 위치)로, 서쪽으로는 여리고로, 그리고 마지막으로 서쪽으로 몇 킬로미터 더 가서 요단 강으로 길을 떠났다왕하 2:1-6.

그들이 여리고를 지날 때는 그 시에서 활약하던 추종자 선지자 쉰 명이 그들을 따라나섰다왕하 2:7. 그 당시에는 흔히 선지자 한 명이 지도자가 되어 선지자 무리를 이끌었다. 여리고 선지자들은 엘리야를 그들의 구루(지도자)로 추앙했다. 왜 아니겠는가? 그는 아합보다 오래 살았고 바알 선지자들과의 대결에서 승리했으며 하나님에 대한 이스라엘의 예배 모습을 회복시켰던 사람이다. 그러므로 그와 엘리사가 지나가자 선지자 무리는 어떤 일이 벌어질지는 몰라도 좌우간 그것을 관람하는 맨 앞좌석을 차지하기 위해서 서둘러 요단 강으로 따라나섰던 것이다.

그들의 기대는 무너지지 않았다. 우선 엘리야가 그의 외투로 물을 치자 강이 갈라졌다왕하 2:8. 이 사건을 보면서 혹시 생각나는 것이 없는가? 당신이 성경을 알고 있다면 여호수아가 이스라엘 사람들이 약속의 땅에 들어가도록 요단 강을 갈랐던 적이 있다는 사실을 기억할 것이다수 3:6-17. 아마 그 기적은 지금 엘리야와 엘리사가 건너는 부분 근처에서 일어났을 것이다. 그러므로 이미 우리는 깊은 상징을 담고 있는 일이 벌어지고 있다는 것을 알 수 있다.

이런 상징적인 일이 계속 일어난다. 엘리야의 영을 '두 배' 물려받게 해 달라는 엘리사의 요구에서부터 말이다왕하 2:9. 어떤 이들은 이것을 엘리야보다 두 배나 더 많은 기적을 행하게 해 달라는 요구, 또는 두 배나 더 효과적인 사역을 하게 해 달라는 요구로 잘못 이해했다. 더 그럴듯한 해석은 엘리사가 이스라엘의 어떤 장자라도 기대할 권리, 즉 가족의 상속재산 중에서 남들보다 두 배를 더 요구하고 있었다는 것이다신 21:17. 엘리야는 가족이 없었으므로 그가 "내가 떠나기 전에 무엇을 해주기를 원하느냐?"라고 엘리사에게 묻는 것은 당연했다. 그런데 당연히 엘리야는 선지자로서 물질적 재산이 거의 없었을 것이다. 그러니 엘리야가 확실히 소유했던 한 가지, 즉 살아 계신 하나님이 주신 권위와 능력을 달라고 엘리사가 요구하는 것은 당연한 일이었다.

다음 순간에는 불에 휩싸인 마차가 나타나고, 엘리야는 회오리바람 속에서 주님에 의해 올라갔다왕하 2:11. 엘리사는 즉시 자신의 '영적 아버지'가 하나님의 손에 의해 영원히 떠났음을 깨달았다. 슬픔, 또는 어쩌면 경이에 사로잡혀 그는 당시의 풍습대로 자신의 옷을 찢었다12절.

이제 엘리사의 사역이 시작되었다. 그가 한 첫 번째 일은 땅에 떨어진 엘리야의 외투를 집어 드는 것이었다. 그리고 나서 그는 요단 강의 동쪽 둑으로 다시 걸어가 물을 치며 이렇게 외쳤다. "엘리야의 하나님 여호와는 어디 계시니이까"14절. 그러자 강물이 갈라졌다. 엘리야의 "성령이 하시는 역사가 갑절이나"9절 자신에게 있게 해 달라는 엘리사의 요구가 이루어졌다는 분명한 신호였다.

이것이 엘리사의 사역에서 주목해야 할 첫 번째 원리, 바로 위임의 원리다. 엘리사는 자신의 권위가 아니라 자신의 삶을 하나님이 사로잡으셨다는 근거로 나아갔던 것이다. 이것만이 효율적인 사역의 유일한 토대다. 만일 하나님의 일을 하고 싶다면, 당신은 먼저 하나님이 그 일로 당신을 부르셨다는 것을 확신해야 한다. 그렇지 않다면 그것은 하나님의 일이 아니라 당신의 일이 될 것이다.

이것이 바로 수 세기 전에 여호수아 역시 배워야 했던 점이다. 엘리사처럼 여호수아도 위대한 지도자의 후임자였다. 엘리사처럼 여호수아도 요단 강을 갈랐다. 엘리사처럼 여호수아도 가나안에서 첫 번째로 여리고에 들렀다. 당신은 여리고 성벽이 이스라엘 백성이 7일 동안 그곳을 돌고 난 후에 무너졌음을 잘 알 것이다. 그러나 여리고를 포위하기 바로 전에 어떤 일이 일어났는지는 아마 잘 모를 것이다.

여호수아는 혼자 거닐다 무기를 든 사람을 만났다. 자신이 적지 가까이 와 있음을 즉시 깨달은 여호수아는 깜짝 놀라며 칼을 빼 들고 "그대는 적인가 아군인가?" 하고 물었다. 그러자 그는 "나는 적군도 아군도 아니고 여호와의 군대 대장으로 왔노라"고 대답했다 수 5:13-14. 하늘에서 온 방문객은 여호수아에게 경건한 마음으로 신발을 벗으라고 명령했다. 그 이유는 "네가 선 곳은 거룩하니라"15절는 것이었다.

어떤 이들은 그가 천사였다고 말하며, 또 다른 사람은 예수 그리스도가 구약에 나타나신 것이라고 믿는다. 그가 누구였든 그는 전쟁이 여호수아의 것이 아니라 주님의 것이라는 놀라운 사실을 여호수아가 깨닫게 해주었다. 여호수아는 사람의 힘으로 정복을 하고 있는 것이 아니라 하나님이 주신 임무를 수행하고 있는 것이었다. 주님은 시중을 들기 위해서 거기 계셨던 것이 아니라 지휘권을 맡으러 오셨다!

이것이 모든 사역의 바탕이 되어야 하는 전제 사항이다. 만일 당신이 하는 일이 하나님의 뜻이라는 확신이 없다면, 당신은 힘든 일을 만나면 포기해 버릴 것이다. 또는 그 일이 성공하면 그것을 당신의 영광이라고 생각할 것이다. 그러면 하나님의 목적은 제대로 이루어지지 않는다.

당신의 사역이 하나님이 주신 것이라는 사실을 어떻게 확신할 수 있을까? 무엇보다도 첫째로 그것을 위해 기도해야 한다. 밥 빌Bobb Biehl이 묻듯이 당신에게 슬픔의 눈물을 흘리게 하거나 좌절해서 탁자를 주먹으로 내리치게 만드는 일은 무엇인가? "주님, 누군가가 이 것에 대해 무언가를 해야 하지 않겠습니까?"라고 하나님께 외치게 할 정도로 열정을 불러일으키는 필요나 문제, 주제나 기회는 무엇인가? 그런 일이 하나님이 당신에게 그 일을 하고 싶은 마음을 주신 일이다.

그다음으로 당신의 은사는 어떤 것인가? 당신이 열심히 기도하고 있는 일을 이루는 데 전략적으로 사용될 수 있는, 하나님이 주신 능력은 어떤 것인가? 성령님은 그리스도의 몸속에서, 또한 그리스도의 몸을 통해 역사하시기 위해서 모든 믿는 이에게 재능을 주셨다. 당신의 은사가 무엇인지 알고 있는가? 만일 그렇다면 그것을 사용하고 있는가?

주님이 당신을 통해 이루기 원하시는 사역이 무엇인지를 결정하는 또 하나의 방법은 성숙한 영적 지도자들의 충고를 심사숙고하는 것이다. 당신을 위한 하나님의 목적을 이루어 나가고 있을 때는 대개 다른 사람들이 당신의 공헌을 인식하고 그것을 당신에게 말해 줄 것이다. 만일 그렇지 않다면 당신이 가장 효율적으로 섬길 수 있는 일을 하고 있는지 다시 한 번 생각해 보아야 한다.

나는 새신자들이 교회에 와서 "제가 어떤 분야에서 섬길 수 있겠습니까?"라고 궁금해하는 것을 본 적이 있다. 그들은 여기저기 몇 군데에서 시도해 보았다. 그러다가 어느 날 한 부모에게서 전화를 받았다. "목사님이 중고등부에 새로 기용하신 교사가 누구인지는 잘 모르겠지만, 글쎄 저희 딸이 신앙생활을 열심히 하기 시작했습니다. 얘가 요새는 성경도 자주 읽고, 친구들에게 주님을 전하기도 하고, 심지어 친구들을 교회로도 데려오지 뭐예요? 저희 아이의 태도가 완전히 달라졌어요!" 드디어 그 새신자가 자기에게 맞는 사역(교사)을 찾은 것이다!

지도자들의 의견이 완벽한 것은 아니다. 한번은 회계 회사에서 중간급 매니저로 일해 온 사람을 만난 적이 있다. 그는 회계야말로 주님이 자신에게 맡기신 일이라고 생각했다. 사람들에게 자신의 믿음에 대해 말할 기회가 있었고, 점심때는 성경공부를 인도했으며, 상당히 많은 사람이 재정 문제에서 벗어나도록 도왔다.

그가 한 일이 너무도 성공적이어서 교회에서 그를 알아보았다. 교회의 임직회에서는 그에게 직장을 떠나 평신도 행정 사역자로 일할 것을 권하기 시작했다. 처음 얼마간 그는 거절했다. 그러나 그 사람들 중의 한 사람이 이렇게 말했다. "하나님 앞에 올바로 서게 되면 자네는 전담 사역을 하겠다고 결정할 걸세."

그 말이 결정적이었다. 당연히 그는 하나님 앞에서 올바로 서기를 원했다. 그래서 그는 직장을 떠나 교회의 행정 사역자가 되었으며, 짧은 시간 내에 비참해지고 말았다. 왜 그랬는가? 자신의 재능을 사용할 수 없었기 때문이다(또한 하나님의 뜻을 벗어나기도 했다). 교회 내에서 그는 불신자들과 거의 접촉할 수 없었다. 옛 친구들과도 많이 끊어졌다. 교회의 재정을 관리하는 일은 효과적으로 잘했으나, 다른 많은 부분에서 그는 효과적이지 못했다.

결국 그는 사역을 사임하고 다시 회계 일로 돌아갔다. 그 결과 어떻게 되었는가? 거의 하룻밤 사이에 그는 주님을 위해서 다시 중요한 일을 하게 되었다. 또한 귀중한 교훈도 하나 배웠다. 좋은 의도에서 나온 충고라고 해서 늘 하나님의 의도를 반영하는 것은 아니라는 점을 말이다. 만일 당신이 이미 열매 맺는 사역을 경험하고 있다면, 하나님이 그렇게 원하신다는 확신 없이는 다른 일로 뛰어들지 마라.

다른 사람들, 특히 다른 지도자들이 우리 일을 어떻게 여기는지에 대한 문제는 엘리사의 사역에서 알 수 있는 두 번째 원리로 인도한다. 그것은 확증의 원리다. 엘리사가 요단 강을 건너자마자 선지자 쉰 명이 그를 둘러쌌다. 왜인지는 당신이 알 것이다. 엘리사는 엘리야가 보이지 않을 때까지 하늘로 들려 올라가는 것을 목격한 사람이었다. 또한 갈라진 요단 강을 막 건넌 사람이었다. 당연히 선지자들은 "엘리야의 성령이 하시는 역사가 엘리사 위에 머물렀다"라고 외쳤다. 그들이 존경과 명예를 표하기 위해서 엎드려 절한 것도 당연한 일이었다왕하 2:15.

그러나 그들의 경외는 완전한 것이 아니었다. 무리 중의 한 명이 엘리야가 어쩌면 하늘로 들려 올라가지 않았을지도 모른다는 기발한(?) 생각을 해냈다. 어쩌면 회오리바람이 그의 몸을 근처 어딘가에 떨어뜨렸을지도 모른다고 생각했다. 그래서 그들은 엘리야의 시신을 찾기 위한 구조대를 조직했다왕하 2:16. 그러나 엘리야나 그의 시신이 더는 지구 상에 존재하지 않는다는 것을 알았던 엘리사는 이 작업을 말리려고 했다. 선지자들이 그의 말을 들었을까? 아니다. "무리가 그로 부끄러워하도록 강청하매 보내라 한지라"17절.

이것은 우리의 실제 삶과 참으로 잘 맞는 이야기다. 나는 미국 전역에 있는 교회에서 자주 설교를 한다. 설교가 끝나면 예배당 뒷문에 서서 교인들과 인사하는 의식을 견뎌야 한다. 나는 이것을 '지렁이 의식의 영화화'라고 부른다. 사람들과 만나는 것을 꺼리는 것이 아니라, 내가 받을 자격이 있는 정도를 넘는 칭찬을 견뎌야 하는 사실이 내키지 않는 것이다. "헨드릭스 목사님, 제가 들었던 것 중에서 가장 훌륭한 설교였습니다! 꼭 사도 바울 같았어요!" 글쎄 그럴까?

어쨌든 재미있는 것은 이렇게 내 설교를 경이롭게 받아들였던 사람들 중 몇 명과 후에 그들이 겪는 문제에 대해 상의할 기회가 있었다는 것이다. 그들은 자신의 어려움이 무엇인지 설명한 다음 자신에게 도움을 줄 만한 어떤 것이라도 혹시 알고 있느냐고 물었다. 나는 성경을 꺼내 들고 성경구절을 하나 보여 준다. "그 문제에 대해서 하나님이 주시는 말씀 중 하나입니다"라고 나는 설명한다.

그런데 놀랍게도 그들의 대답은 흔히 이렇다. "물론 그 말씀은 성경 시대의 사람들에게는 잘 적용이 되었겠지요. 하지만 헨드릭스 목사님, 지금은 형편이 다릅니다. 물론 성경이 틀리다는 말은 아닙니다. 단지⋯, 아마 목사님이 제 상황을 이해하지 못하시는 듯합니다." 그러고는 자신의 문제에 대해서 다시 한 번 처음부터 끝까지 설명한다.

그들은 어떻게 나를 한순간에 사다리 위에 올려놓고서 다음 순간, 뭘 모르는 사람으로 취급할 수 있는가? 이것이 바로 여리고의 선지자들이 엘리사에게 한 일이다. 그들은 그의 권위와 능력이 주님에게서 왔음을 인식했으나 그것은 부분적인 것에 지나지 않았다. 엘리사가 그들이 원하는 것을 들어주지 않자 그들은 그를 강등시켰다. 그의 충고가 정확하다는 것이 증명되고 엘리야의 시신을 찾으려는 사흘간의 수색이 헛수고로 돌아간 후에야 그들은 비로소 "정말 이 친구가 무언가를 아는 사람이군!"이라고 결론지었다.

다른 사람들, 특히 다른 지도자들의 의심을 해결해 주기 위해 한 사람의 사역을 하나님이 확증해 주셔야 하는 일이 빈번하다. 사람들은 하나님이 하시는 일을 보는 것을 즐기지만, 그 일이 자신들의 목표와 모순될 때는 다르게 반응한다. 이것이 초대교회에서 일어난 일이다. 사도들은 복음을 전파하기 시작했고 믿는 무리가 늘기 시작했다. 하나님의 능력이 뚜렷하게 나타났다. 기적도 일어나고 있었다. 교회는 흥분과 열정으로 가득 찼으며, 모든 사람은 "하나님이 친히 역사하고 계신다"고 느꼈다.

그러다가 하루는 가이사랴로 요청받아 간 베드로를 통해 한 이방인 가족이 믿음을 가지게 되었다. 예루살렘 지도자들은 기겁했다! 그들은 중역 회의를 열고 베드로를 불렀다. "당신이 할례받지 않은 자들(이방인들)의 집에 들어가서 그들과 함께 먹었다고요?" 그들은 무슨 엄청난 사건이라도 벌어진 듯이 물었다행 11:2. 베드로를 신뢰하는 그들이 의심하는 모습을 보이는 것은 모순인데, 이제껏 교회가 그를 교회의 첫 번째 지도자로 여겨 왔기 때문이다. 설교로 삼 천 명을 전도하여 교회를 이끈 사람이 베드로가 아니었던가?2:38-41 유대인 관원과 장로들 앞에 서서 조금도 굽힘 없이 증거했던 사람이 베드로가 아니었던가?4:8-22 아나니아와 삽비라의 죄를 지적한 것이 베드로가 아니었던가?5:1-11 그러나 지금은 갑자기 베드로가 봉변에 빠진 사람이 되었다.

교회 지도자들은 베드로가 고넬료의 집으로 찾아가게 된 경위를 들었다. 그러나 그다음에 나오는 베드로에 관한 이야기는 주님의 천사가 교회의 기도에 응답해 베드로를 감옥에서 구출하는 장면이다. 이 점이 재미있지 않은가?12:1-17 단순히 우연인가, 아니면 베드로가 한 일이 주님의 인도하심에 따른 것이었음을 확증하는가?

나는 하나님이 당신에게 주신 사역을 확증해 주시기 위해서 어떤 일을 하실지 알 수 없다. 그러나 조만간 누군가가 당신이 하나님의 목적을 성취하고 있는지에 대해서 의문을 제기할 때가 올 것이다. 그런 일이 생길 때는 당신의 일이 하나님이 인정하시는 것임을 연관된 모든 사람이 분명히 알게 해 달라고 기도하라. 하나님이 그들의 의심을 풀어 주심으로써 당신은 자신감을 얻게 될 뿐만 아니라 동지도 얻게 될 것이다.

엘리사는 하나님이 자신에게 사역을 맡기셨음을 확신했다. 또한 선지자 무리도 그에 대해서 확신했다. 이제는 백성 차례였다. 본문에는 선지자들이 엘리야의 시신을 찾아 나선 동안 엘리사가 여리고로 향했다고 나온다. 이는 일리 있는 행동이자 전략적인 것이기도 했는데, 여리고는 많은 문제를 안고 있는 도시였기 때문이다. 여호수아의 시대에 그 문제는 벽이었고, 지금은 물이었다.

"그 성읍 사람들이 엘리사에게 말하되 우리 주인께서 보시는 바와 같이 이 성읍의 위치는 좋으나 물이 나쁘므로 토산이 익지 못하고 떨어지나이다"^{왕하 2:19}. 이 말을 통해 많은 것을 알 수 있다. 첫째로 구약에서 물은 보통 영적 활기와 연관된다. 여리고의 물이 나빴다는 사실은 그곳 사람들(또한 국가 전체)의 영적인 상태 역시 부패하고 있었다는 사실과 이어진다.

아합의 시대에 하나님의 뜻을 정면으로 도전하며 여리고를 재건했다는 것은 재미있는 사실이다. 여호수아가 그 도시를 파괴했을 때 이스라엘 사람들은 그곳을 완전히 박살 냈으며, 여호수아는 그 도시에 저주를 선포했다. "여호수아가 그때에 맹세하게 하여 이르되 누구든지 일어나서 이 여리고 성을 건축하는 자는 여호와 앞에서 저주를 받을 것이라 그 기초를 쌓을 때에 그의 맏아들을 잃을 것이요 그 문을 세울 때에 그의 막내아들을 잃으리라 하였더라"수 6:26.

그때부터 여리고는 폐허가 되었다. 그곳에 거주하는 사람들이 있기는 했지만, 도시를 재건하려는 이는 아무도 없었다. 그런데 히엘이라고 하는 사람이 나타났다. 성경은 그를 아합과 연결하고 있으며, 히엘에 대한 섬뜩한 이야기를 전해 주고 있다. "그 시대에 벧엘 사람 히엘이 여리고를 건축하였는데 그가 그 터를 쌓을 때에 맏아들 아비람을 잃었고 그 성문을 세울 때에 막내 아들 스굽을 잃었으니 여호와께서 눈의 아들 여호수아를 통하여 하신 말씀과 같이 되었더라" 왕상 16:34. 우리는 히엘이 우상숭배의 의식에서 자신의 아들들을 제사로 희생시켰는지, 또는 그들이 도시를 건축하는 과정에서 죽었는지는 알 수 없다. 그러나 요점은 분명하다. 여리고의 재건은 명확히 하나님의 의도와 어긋났다는 것이다.

그러니 당연히 여리고의 물이 짜고 땅이 열매 맺지 못할 수밖에 없었다. 바로 하나님이 그 도시를 적대시하셨다. 그러나 그때 엘리사가 도착했다. 그의 이름의 의미를 아는가? "하나님은 구원이시니라"(여호수아의 이름도 '구원'을 의미하며 이 두 사람 사이에 연관성이 존재함을 더 분명히 보여 준다). 엘리야("주는 하나님이시니라")가 진정한 하나님에 대한 예배를 다시 일으키기 위해서 보내졌다면, 엘리사는 그 땅에 치유와 회복을 위해서 보내졌다.

엘리사는 여리고에서 소금을 한 그릇 가져다가 그 도시의 물 근원에 뿌리면서 이렇게 말했다. "여호와의 말씀이 내가 이 물을 고쳤으니 이로부터 다시는 죽음이나 열매 맺지 못함이 없을지니라 하셨느니라"왕하 2:21. 나는 수문학, 즉 물에 대해서는 별로 아는 것이 없으나 한 가지 분명히 아는 것이 있다. 물을 깨끗하게 만들기 위해서 물에 다가 소금을 뿌리지는 않는다는 것이다. 엘리사는 무엇을 하려 했던 것일까?

갈멜 산에서 있었던 놀라운 사건에도 많은 이스라엘 백성이 여전히 숭배하던 거짓 신 바알을 무시하는 일을 엘리야처럼 엘리사도 하고 있었던 것이다. 바알은 불의 신이면서 비와 식물의 신이었다. 여리고의 샘물이 쓰고 곡식을 맺지 못하는 것은 바알 숭배자들을 부끄럽게 했다. 반면 주님을 섬기는 자들은 매일 소금을 섞은 곡식으로 제사 드렸는데, 소금은 하나님과 그들 사이의 언약의 상징이었다레 2:13.

그러므로 소금을 물에 뿌림으로써 엘리사는 실질적으로 이렇게 말한 것이다. "이제는 주님께로 돌아갈 때다. 주님과의 언약을 새롭게 할 때다. 바알이 아니라 주님만이 너희의 물과 삶을 다시 풍성하게 하실 수 있다. 오직 주님만이 너희의 영적 활기를 소생시키실 수 있다."

그것은 구원의 메시지였다. 이것이 엘리사의 사역에서 엿보이는 세 번째 원리로, 바로 의사소통의 원리이다. 엘리사의 사역에는 메시지가 있었다. 그는 인간의 선한 의도만이 아니라 주님의 말씀을 전해 주었다.

이것은 오늘날 우리에게도 중요한 내용이다. 우리 주변에는 너무도 많은 필요가 있다. 빈곤, 질병, 문맹, 기근, 온갖 종류의 중독 증세, 열악한 주택 조건 등 나열하자면 끝이 없다. 그러나 우리 그리스도인은 자주 우리의 첫 번째 임무가 이런 육체적 필요를 채워 주는 것인지, 아니면 그 배후에 있는 영적 필요를 채워 주는 것인지를 놓고 논쟁과 분열을 일으킨다. 나는 엘리사의 본이 우리에게 해결책을 제시해 준다고 본다. 즉, 우리는 둘 다 해야 한다. 우리는 사람들의 영적 상태를 돌보는 동시에 그들의 육체적 필요도 채워 주어야 한다. 또한 사람들의 육체적 안녕을 추구할 때 그들의 영적인 필요를 결코 소홀히 해서는 안 된다.

엘리사는 그렇게 했다. 그는 도시의 물을 고쳐 주었다. 물이 공동체의 생명선과도 같은 기후에서 그것은 참으로 실제적인 필요였다. 그러나 토목 기사로서 물을 고쳐 준 것 이외에도 엘리사는 영적 기사로서 하나님에 대한 인식과 그분을 의지해야 함을 사람들에게 다시 심어 주었다.

당신은 사역을 통해서 어떤 메시지를 전하고 있는가? 혹시 당신의 사역은 실제적인 쪽으로 치우쳐 있는지도 모른다. 가난한 사람들을 위한 식사 제공이나 주택 공사, 또는 불우한 도시 아이들을 모아 농구 팀을 만들고 코치하는 것 등 말이다. 이런 귀중한 일을 하면서 당신은 사람들에게 당신의 가장 중요한 동기는 그리스도에 대한 사랑이라는 것을 알게 하고 있는가? 당신은 냉수 한 잔을 대접하더라도 그분의 이름으로 하고 있는가? 또는 의도는 좋지만 그 이상의 어떤 소망도 사람들에게 주지 못하는 지역 봉사를 하고 있을 뿐인가?

반면에 사람들의 영혼에만 너무 중점을 둔 나머지 하나님이 그들의 몸도 만들어 주셨다는 사실을 소홀히 하고 있지는 않은가? 나는 그리스도를 위한 훌륭한 목적을 세웠지만 육체적 필요에는 눈이 가려져 있는 일을 많이 알고 있다. 그들은 "만일 우리가 그들을 그리스도가 없는 영원한 지옥으로 보내게 된다면 그들에게 먹을 것과 입을 것, 집을 준다 하더라도 무슨 소용이 있겠는가?"라는 태도를 취한다. 그러나 그런 사고방식 때문에 그들은 간혹 가장 형편없는 비인간성을 보일 때가 있다. 이는 그들을 믿기 어렵게 하고, 그에 따라 그들이 펼칠 수 있는 영향력에도 한계가 생긴다. 우리가 만일 누군가의 급한 실제적 필요를 돕기를 거부한다면 어떻게 그에게 하나님이 그를 사랑하신다는 진리를 믿게 할 수 있겠는가? 예수님이 그렇게 하시겠는가?

당신 사역의 메시지는 숭고하게 들리는 선교 표어보다 훨씬 많은 것을 통해서 전해진다. 나는 사람 또는 조직의 사역 의도가 적힌 서류를 많이 받아 본다. 그들은 대개 세상에서 가장 고귀해 보이는 의도로 일한다. 그러나 나는 직접 찾아가서 내 눈으로 본다. 그들이 사역하는 사람들과 대화해 보고, 그 단체의 이사들과도 말을 나누어 본다. 또 그들에게 후원금을 보내는 사람들과 말해 본다. 그 단체에 대해 더 자세히 알게 되면 알수록 나는 많은 사역이 그들이 선전하는 것과 같지 않다는 것을 깨닫는다. 그들이 의도적으로 거짓으로 꾸며댄다는 뜻은 아니다. 그러나 그들이 하는 일에서 전달되는 메시지는 다르다. 그 둘 사이에는 엄청난 괴리가 있다.

예를 들어, 잃어버린 영혼을 구하려고 복음 전도에 나선 사람이 지금은 숫자와 돈과 행사에 빠져 있다. 물론 그렇게 된 데는 속사정이 있을 수 있지만, 한 가지 분명한 점은 그는 더는 복음으로 사람들을 구원하겠다는 열정으로 움직이는 게 아니라는 것이다. 그리고 조만간 그 변화를 사람들도 눈치 채게 될 것이다.

물질적이며 시장 중심적 사회에 살고 있는 우리로서는 영적인 일을 소홀히 하기가 너무도 쉽다. 그래서 우리는 가끔 우리의 계획표와 주소록, 행사 일정과 멋있는 소개 책자를 하나님 앞에 내려놓고 이렇게 기도할 필요가 있다. "주님, 주님만이 우리의 힘이 돼 주셔야 합니다. 주님께 초점을 맞추도록 도와주소서. 우리의 열정을 주님이 부르신 일에 쏟을 수 있도록 도와주소서. 우리 사역의 어떤 부분이 주님의 목적에서 벗어나든지 사람들에게 전달하는 메시지를 타협하게 된다면, 그것을 버리고 주님이 공급하시는 자원에 한마음으로 의존할 수 있게 해주소서. 사람들이 우리를 볼 때, 우리가 아니라 그리스도의 일을 하고 있다는 것을 보게 하소서."

엘리사의 사역 형태에서 마지막 원리가 남아 있다. 절대로 빼놓아서는 안 되는 원리로, 그것은 대면의 원리다. 하나님을 위한 중요한 일을 할 때, 그것을 반대하는 사람들은 반드시 나타난다.

엘리사에게도 반대하는 무리가 나타났다. 벧엘로 가는 길에 한 못된 젊은이 무리가 나타났다. 영어 성경에는 "아이들"이라고 나오지만, 소년은 아니었다. 이들은 젊은이로, 아마도 바알의 거짓 선지자였을 것이다. 그러므로 여리고에 있는 주님의 선지자들과 경쟁자였을 수도 있다.

그때쯤에는 엘리야가 극적으로 하늘로 들려 올라간 일이 그 지역에 다 퍼졌을 것이다. 엘리야가 회오리바람에 실려 하늘로 올라간 것을 모든 사람이 알고 있었을 것이다. 엘리야의 선지자적인 지도력이 이제는 엘리사에게 전해졌다는 것도 들었을 것이며, 엘리사가 요단 강과 여리고에서 기적을 행했다는 것도 들었을 것이다. 그래서 엘리사가 벧엘을 향해 서쪽으로 가고 있을 때 청년 수십 명이 그를 조롱하러 나왔다. "대머리여 올라가라"라고 그들은 외쳤다 왕하 2:23. 이는 "만일 네가 그토록 위대한 선지자라면 엘리야처럼 하늘로 올라가지 그래?"라는 말이다.

그러나 누가 주님의 종을 조롱하는 것은 곧 주님을 조롱하는 것과 같다. 성경은 하나님이 조롱받지 않으신다는 것을 분명하게 말하고 있다! 그러므로 엘리사는 그들과 대면하기 위해서 돌아섰다. 그는 자신이 아니라 주님을 방어하는 것이었다. 성경은 "엘리사가 뒤로 돌이켜 그들을 보고 여호와의 이름으로 저주하매"라고 말한다왕하 2:24. 그 결과 야생동물 두 마리가 나와 그들 가운데 마흔두 명에게 상처를 입혔다.

이 구절은 우리가 믿는 자로서 의로 말미암아 핍박을 받을 때 반격할 수 있다는 내용이 아니다. 우리의 본보기는 그리스도이신 것을 기억하라. "욕을 당하시되 맞대어 욕하지 아니하시고 고난을 당하시되 위협하지 아니하시고 오직 공의로 심판하시는 이에게 부탁하시며"벧전 2:23. 그러나 엘리사의 예는 주님이 조롱을 받으시거나 헐뜯음을 당하실 때 우리가 주님을 위해 설 것을 격려한다. 마치 주님도 바리새인들이 그분이 바알세불을 힘입어 귀신을 쫓아낸다고 주장했을 때 그렇게 하셨던 것처럼 말이다마 12:22-37. 대면은 사역의 한 부분이다.

만일 우리가 주님을 위해 일하고 있다면 우리는 반드시 반대를 겪게 될 것이다. 예수님은 "사람들이 나를 박해하였은즉 너희도 박해할 것이요"요 15:20라고 하셨다. 마찬가지로 바울은 "그리스도를 위하여 너희에게 은혜를 주신 것은 다만 그를 믿을 뿐 아니라 또한 그를 위하여 고난도 받게 하려 하심이라"빌 1:29고 말한다. 당신은 그 값을 치를 준비가 되어 있는가? 당신이 준비할 수 있는 유일한 길은 당신이 하나님의 목적을 이루고 있음을 확신하는 것이다.

엘리사가 벧엘을 떠났을 때 갈멜 산을 향하여 북쪽으로 갔다왕하 2:25. 성경은 그 이유를 말해 주고 있지 않다. 그러나 그 산꼭대기는 이제 조용하리란 것을 우리는 알 수 있다. 엘리야가 바알의 선지자들과 극적으로 대면한 그 장면에서 남은 것은 하나도 없다. 어쩌면 제단이 세워졌던 곳이 약간 움푹하게 파여 있을지 모르고, 불에 탄 땅 몇 군데가 다시 흙으로 메워져 있을지도 모른다. 엘리사는 그 장면을 살펴보면서 무슨 생각을 했을까?

어쩌면 이런 생각을 했을지도 모르겠다. "나는 주님께 엘리야의 사역을 계속 이어나가라는 임명을 받았다. 주님은 그분의 능력과 선지자들을 통해서 나를 불러 주신 것을 확증하셨다. 주님은 불순종하는 백성에게 구원의 소식을 전하시고자 나를 보내셨다. 그리고 그분은 내가 그분과 진리의 말씀에 대한 모든 거짓말에 정면으로 맞서기를 원하신다." 그런 생각을 정리한 후에 엘리사는 자신의 대부분 사역을 이루어 나갈 북왕국의 수도인 사마리아로 향한다.

하나님은 우리 각 사람을 위한 사마리아, 즉 중요한 사역의 장소를 예비하셨다. 그러나 그 장소로 가기 전에 우리는 네 가지 사역의 중요한 요소를 잘 생각해 보아야 한다. 주님이 우리를 임명하셨다는 확신이 있는가? 주님이 임명하셨기에 우리가 그곳에 있는 거라는 확증이 필요한가? 우리에게 전달해야 하는 올바른 메시지가 있는가? 우리는 대면할 준비가 되어 있는가? 이 질문에 대답하고 나면, 사람들을 구세주께로 기꺼이 인도할 준비가 된 것이다.

9장

MISSION
사명

대부분 사람에게는 꿈이 있다. 그러나 얼마나 많은 사람이 그 꿈을 현실이 되게 하고 있는가? 래리 월터스Larry Walters는 그 소수의 사람들 가운데 하나다. 믿기 어려울지 모르지만 그의 이야기는 사실이다.

래리는 트럭 운전사였으나 그의 평생 꿈은 비행기를 조종하는 것이었다. 고등학교를 졸업하면서 파일럿이 되려는 소망으로 공군에 입대했다. 불행히도 그는 시력이 나빠 신체검사에서 떨어졌다. 결국 군에서 제대했을 때 그는 자신의 뒷마당에서 하늘을 이리저리 나는 전투기들을 보는 것으로 만족해야 했다. 그는 마당에 있는 의자에 앉아 하늘을 나는 꿈을 꾸었다.

그러다가 문득 래리에게 한 가지 아이디어가 떠올랐다. 그는 부근에 있는 군용 장비 가게에 가서 헬륨 탱크 한 개와 기상관측 풍선 45개를 구입했다. 이것은 파티에 사용하는 다양한 색깔의 예쁜 풍선이 아니라 다 불어 놓으면 지름이 1.2미터나 되는 커다란 풍선이었다.

래리는 줄을 사용해 그 풍선들을 마당 의자에 묶었는데, 그 의자
는 어느 집 마당에서나 흔히 볼 수 있는 알루미늄 의자였다. 그는 그
의자를 그의 지프차 범퍼에 고정해 두고 풍선들을 헬륨으로 채웠다.
그러고는 샌드위치 몇 개와 음료수를 싸고 엽총에 총알을 넣어서 챙
겼는데, 그 이유는 다시 착륙할 때는 풍선을 몇 개 쏘아 터뜨리면 된
다는 생각에서였다.

모든 준비가 완료되자 래리는 마당 의자에 앉아서 차에 묶었던 줄
을 끊었다. 그의 계획은 50-60미터 정도 천천히 떠올라서 나는 즐거
움을 맛보다가 다시 땅으로 천천히 내려오는 것이었다. 그러나 일은
그렇게 진행되지 않았다.

래리가 줄을 끊었을 때, 그는 천천히 떠오른 것이 아니라 마치 대포
알처럼 하늘로 쏘아 올려졌다. 또 60미터만 올라간 것도 아니었다. 그
는 계속 하늘로 올라가 결국 3,300미터를 올라간 후에야 멈추었다! 그
높이에서 그는 어느 풍선 하나도 바람을 뺄 수 없었는데, 그 이유는
혹시 그렇게 했다가 균형을 잃을지 모르기 때문이었다. 결국 그는 거
기서 14시간을 있으면서도 어떻게 내려와야 할지 전혀 알지 못했다.

결국 래리는 로스앤젤레스 국제공항으로 향하는 항공기 전용로
로 들어섰다. 팬암(미국 여객기 회사 중 하나) 비행사가 상공 3,300미터
높이에서 무릎에 총을 올려놓은 채 마당 의자에 앉아 있는 자를 지
나쳤다는 내용을 관제탑에 알렸다(만약 할 수만 있다면 나는 어떤 값을 치
르더라도 이 대화를 듣고 싶다)!

로스앤젤레스는 바로 바다를 끼고 있어서, 밤이 되면 해변 주변의
바람이 바뀌기 시작한다. 그래서 황혼이 드리우자 래리는 바다로 떠
가기 시작했다. 그때 해군이 그를 구출하기 위해 헬리콥터를 보냈다.

그러나 구조대는 그에게 접근하는 데 애를 먹었다. 그 이유는 헬리콥터의 프로펠러에서 나오는 바람이 그가 만든 이 희한한 장치를 헬리콥터에서 점점 더 멀어지게 했기 때문이다. 결국 그들은 그의 위로 떠서 그에게 줄을 내려뜨린 뒤에 그를 서서히 땅으로 내려보냈다.

땅으로 내려오자마자 래리는 체포되었다. 수갑을 찬 채로 끌려가는 그에게 한 방송국 기자가 소리쳤다. "월터스 씨, 왜 이런 일을 벌이셨습니까?" 래리는 멈추어 서서 그를 쳐다보고는 태연하게 이렇게 말했다. "남자가 그냥 집에 앉아 있을 수는 없지 않소."

대단하지 않은가? 물론 그의 아이디어는 비정상적인 것이었다. 사실 그것은 완전히 말도 안 되는 일이었다. 그러나 그것은 또한 그의 꿈이자 추구하는 일이기도 했다. 정말 많은 사람이 아무 모험도 하지 않고 아무 시도도 하지 않고 아무 상상도 하지 않는다는 것을 생각할 때, 래리 월터스 같은 사람의 가치를 인정하지 않을 수 없다. 그의 계획대로 일이 풀리지는 않았지만, 그러면 어떤가? 적어도 그는 정성 어린 노력을 기울이긴 했다.

엘리사에게도 이와 비슷한 모험 정신이 있었다. 그는 북왕국이 온전히 주님께 돌아올 모습을 그리며 그 비전을 위해 뛰어들 용의가 있었다. 엘리사의 사역은 사명 의식에 근거한 것이었다.

사명은 무엇을 의미하는가? 그리스도인들은 복음을 땅끝까지 전하는 임무를 설명하는 데 이 용어를 수 세기 동안 사용해 왔다. 그러나 복음이 미국에 도착했을 때 용어의 의미가 약간 변해서, 임무보다는 성전, 즉 건물을 사명이라고 부르게 되었다. 최근에는 조직체들이 사명이라는 용어를 그 조직의 근본적 존재 목적에 대한 선언을 설명하는 의미로 사용하고 있다.

그것은 원래 의미에서 크게 벗어나는 것이 아니다. 사명, 즉 미션이란 임무를 정의하는 명령문이기 때문이다. 사실 사명이라는 말은 '보내다' 또는 '보냈다'라는 의미를 지닌 단어에서 파생되었다. 그러므로 사명이 있는 사람은 목적이 있는 사람이다. 그는 무언가를 성취하려는 사람이다. 그는 그 목적을 성취하기 위한 책임감을 느끼며, 만일 그가 진정으로 헌신되어 있다면 그것은 그의 행동 지침이 될 것이다.

엘리사는 사명이 있는 사람이었다. 물론 그것은 그의 멘토이자 위대한 선지자인 엘리야에게서 물려받은 것이다. 엘리야는 바알의 숭배자들을 물리쳤다. 그러나 이스라엘은 아직 온전히 회개하고 있지 않았다. 바알 숭배가 조금 수그러들었을지는 몰라도 완전히 제거되지는 못했다. 그러므로 주님은 엘리야가 시작한 일을 완성하시기 위해 엘리사를 일으켜 세우셨다.

엘리사는 어려운 임무를 받았다. 아합의 뒤를 이어 그의 아들들 아하시야, 그다음에는 여호람이 왕이 되었다. 둘 중 누구도 아버지보다 나은 자가 없었다. 또한 그들의 뒤에는 이세벨이 있었다. 그러므로 엘리사가 사역을 시작했을 때 그는 영적으로 부패한 지도자들과 맞서야 한다는 것을 알고 있었다.

그러나 하나님은 악한 지도자들을 치시는 특유한 방법을 가지고 계신다. 여호람의 경우에는 반역을 사용하셨다. 열왕기하 3장 4-5절에 그 상황이 잘 나와 있다. "모압 왕 메사는 양을 치는 자라 새끼 양 십만 마리의 털과 숫양 십만 마리의 털을 이스라엘 왕에게 바치더니 아합이 죽은 후에 모압 왕이 이스라엘 왕을 배반한지라."

여호람은 이 반역 행위에 대응하여 남왕국인 유다와 유다의 남쪽 이웃인 에돔을 자기편으로 가담하게 하여 모압과 전쟁에 나섰다. 적군을 기습하기 위해 사해의 하반부를 끼고 도는 남쪽 경로를 선택하여 행군하다 그만 세 나라 군대에서 식수가 떨어지고 말았다.

좁은 공간에서 믿지 않는 사람 한두 명과 함께 있게 된 적이 있는가? 위기에 처하면 보통 하나님을 전혀 두려워하지 않던 사람들이 갑자기 상당히 종교적이 된다.

일주일 동안 물 없이 지내자 여호람은 종교적으로 변했다. "슬프다 여호와께서 이 세 왕을 불러 모아 모압의 손에 넘기려 하시는도다"^{왕하}

3:10.

그것은 겉과 속이 다른 행동이었다. 그때까지 여호람은 하나님을 완전히 무시하며 살았다. 그러다 문제에 봉착하니 "우리를 이 지경에 빠뜨린 것은 하나님이시다!"라고 말한다. 갑자기 그는 주님께 사명을 받은 사람이 되었다. 상당히 영적으로 들리지 않는가? 그러나 그것은 완전히 위선이었다. 그 상황을 주님의 책임으로 돌리기 위한 수단에 지나지 않았다.

다행히 유다 왕 여호사밧은 진정한 믿음이 있는 사람이었다. 그래서 그가 물었다. "우리가 여호와께 물을 만한 여호와의 선지자가 여기 없느냐?"^{11절}

여호람이 막 주제를 바꾸려고 할 때 그의 신하 중 한 명이 이렇게 말했다. "엘리야의 손에 물을 붓던(엘리야의 시중을 들던 사람이라는 의미) 사밧의 아들 엘리사가 여기 있나이다"^{11절}.

엘리야의 이름이 언급되었을 때 아마 여호람의 표정은 마치 벌레를 씹은 것처럼 보였을 것이다. 엘리야는 여호람의 아버지 아합의 천적이었는데, 지금 누군가 그의 후계자 엘리사를 식수난의 해결사로 추천하고 있었기 때문이다.

그러나 너무 늦었다. 왜냐하면 여호사밧이 이렇게 말했기 때문이다. "여호와의 말씀이 그에게 있도다"12절. 그래서 세 왕은 엘리사를 찾아갔다. 여호람은 다시 한 번 거룩한 가면을 썼지만 선지자 엘리사는 그의 참모습을 직시했다. 그러나 여호사밧의 신실함을 인식한 엘리사는 세 동맹을 돕기로 했다.

엘리사가 그들에게 한 이야기는 사실 말도 안 되는 것이었다. 엘리사는 세 왕에게 개천을 파서, 하나님이 그 안을 기적처럼 채우실 것을 기다리라고 말했다. 그것은 얼토당토않은 전략이었으나 세 왕은 순종했다. 물론 하나님은 약속을 지키셨다. "아침이 되어 소제 드릴 때에 물이 에돔 쪽에서부터 흘러와 그 땅에 가득하였더라"20절.

물은 동맹군의 갈증을 채운 것에서 그치지 않았다. 모압인들은 그 물을 피처럼 보았다. 그들은 세 군대가 서로 싸워서 다 파멸한 줄 알았다. 그래서 세 군대의 물건을 노략질할 생각으로 허술한 공격을 가했고, 결국 동맹국들은 그들을 격파할 수 있었다왕하 3:24-25. 그것은 이스라엘에게 완전한 승리였고 엘리사에게도 하나님의 개입하심에 대한 완전한 입증이었다. 사실 그 사건은 엘리사가 하나님께 받은 사명에 대한 세 가지, 즉 하나님의 목적을 추구하는 사람이면 누구나 개발할 필요가 있는 세 가지를 말해 준다.

우선 엘리사는 비전의 사람이었다. 자기 삶에 대한 비전을 갖는 것은 모든 신앙인에게 필수다. 그러나 불행히도 오늘날의 교회에는 바쁘고 메마른 삶을 사는 사람들로 가득 차 있다. 그들의 하루하루는 바쁜 일과로 짜여 있지만 성취는 없다. 그래서 그들은 "나를 위한 하나님의 목적은 무엇인가? 나는 왜 이 땅에 존재하는가?"에 대한 대답을 잘 모르고 있다. 삶에 대한 뚜렷한 비전이 없기에 의미와 목적을 찾으려고 애쓰는 것이다.

나는 밥 빌이 말한 "성공 앞에는 초점이 온다"는 문장을 좋아한다. 그 이유는 삶에 대한 비전을 가지게 되면 방향이 생기기 때문이다. 그러면 어디에 도착하고 싶은지를 알 수 있게 된다.

당신은 어디에 도착하고 싶은지 생각해 본 적이 있는가? 많은 사람이 그런 생각을 해본 적이 없다. 결과적으로 그들은 아무 곳에도 도착하지 못한다. 그들은 이상한 나라의 앨리스가 체셔 고양이에게 어떤 길로 가야 하는지를 물었던 것을 생각나게 한다.

체셔 고양이는 이렇게 대답한다. "그것은 네가 어디로 가고 싶으냐에 달렸지."

"나는 어디로 가든지 정말 상관없어"라고 앨리스는 말한다.

"그러면 어떤 길로 가든지 그것도 상관없지"라고 체셔 고양이가 대답한다.

그리스도인으로서 우리가 어디에 도착하는지는 정말로 중요하다. 우리는 모두 하나님의 뜻에 맞는 곳에 도착하기를 원한다. 그러므로 우리는 삶에 대한 그분의 뜻을 무시할 수가 없다. 우리의 계획을 그분의 계획과 맞추기 위해 우리가 할 수 있는 모든 것을 해야 한다. 사실 내가 지금까지 만나 본 사람들 가운데 성공적이고 만족하는 삶을 사는 이들은 모두 자신의 삶에 대한 뚜렷한 초점과 방향 그리고 비전을 가지고 있었다.

그러면 어떻게 그렇게 할 수 있는가? 어떤 신비한 환상적인 과정이 필요한가? 전혀 그렇지 않다. 하나님이 나에게 주신 자원을 검토해 보는 것만으로도 누구나 자신의 비전을 알 수 있다. 여기서 내가 자원이라고 하는 것은 구체적으로 세 가지로 재능, 동기 그리고 기회다.

당신이 소유한 모든 재능, 기술, 능력이 하나님이 주신 것임을 깨닫고 있는가? 이중 일부는 엄마의 배 속에 있을 때부터 자명하게 나타나며, 일부는 살면서 얻게 된다. 어쨌든 그것은 모두 하나님이 그분의 목적을 성취하기 위해 당신에게 주신 선물이다. 예를 들어 하나님은 나에게 가르치는 능력을 주셨다. 그러나 차를 고치는 능력은 주지 않으셨다. 그러므로 나를 향한 그분의 뜻은 분명하다. 그분은 내가 가르치기를 원하지, 차를 고치기를 원하지는 않으신다.

이런 식으로 자신을 보는 것이 명백해 보이지 않는가? 나는 하나님이 자신에게 주신 훌륭한 재능은 소홀히 하면서 재능을 주지 않으신 방면의 일을 하려고 애쓰는 사람이 많다는 사실에 놀라지 않을 수 없다. 예를 들어 보험회사 영업 사원이 되어야 한다고 확신하는 사람이 있다. 문제는 그에게 상품을 팔 재주가 하나도 없다는 사실이다! 그래서 그는 자신을 비롯해 고객, 회사 등 모든 사람을 좌절시킨다. 그러나 그에게는 잔디와 정원을 가꾸는 놀라운 재능이 있다. 그러면 왜 보험회사에서 나와 정원사로 일하지 않는가?

능력 이외에 하나님은 우리 각자에게 어떤 구체적인 일을 하도록 동기를 주셨다. 내가 삶의 열정을 느끼는 부분은 가르치는 일인데, 나에게 가르치는 방면으로 능력이 있는 것을 볼 때 일리가 있다. 따라서 나는 신학대학원에서 가르친다. 설득하는 일에 동기부여가 되어 있는 사람은 그 동기를 글 쓰는 능력과 부합시켜서 상당히 영향력 있는 글을 쓸 수 있을 것이다. 다른 사람들에게 도움을 주는 일에 동기부여가 되어 있는 사람은 경영과 계획에 대한 능력에 그 동기를 사용해서, 구조단체의 프로젝트 책임자가 될 수 있을 것이다.

당신을 움직이는 열정은 무엇인가? 경쟁하는 것인가? 얻는 것인가? 돕는 것인가? 향상하는 것인가? 가능성은 엄청나다. 당신을 움직이는 근본적인 것이 무엇이든지 그것을 알아낼 필요가 있다. 또한 그것을 하나님이 주신 자원으로 깨달아야 한다. 하나님은 당신을 움직이게 하는 동기를 주셔서 당신이 그분의 목적을 이룰 에너지를 갖게 하신다.

물론 재능과 동기에는 기회가 필요하다. 그러므로 당신의 삶을 평가하며 자신에게 물어보라. 나에게는 어떤 선택의 여지가 있는가? 나는 어디서 나의 능력과 동기를 가장 잘 활용할 수 있는가? 이런 질문에 답할 때 당신은 현실적이어야 한다. 예를 들면 연기에 대한 진정한 재능과 열정이 있다 해도, 당신이 대가를 치르지 않았다면 조만간 할리우드 영화에 주연으로 나오지는 못할 것이다. 그것은 현실적이지 않다. 그러나 교회 주일학교의 성탄절 잔치 때 연기하는 것은 현실적이다.

만일 당신이 가까이 있는 기회에서부터 시작한다면 더 커다란 기회가 상당히 빨리 나타나는 것을 경험하게 될 것이다. 그러나 무언가 더 나은 것이 나타나리라는 생각에 주어지는 기회들을 무시해 버린다면, 아마 또 다른 기회는 더 이상 나타나지 않을 것이다. 모든 기회는 하나님이 주시는 것이기 때문이다. 그분은 더 큰 것을 주시기 전에 우리가 작은 것에 충실하기를 원하신다.

당신의 능력과 동기, 기회를 어느 정도 평가해 본 후에는 그런 요소들로 하나의 비전이나 목적 선언문을 만들어 삶의 초점과 방향을 정할 수 있다. 여기 몇 가지 예가 있다.

"나는 하나님을 사랑하고 그분의 사랑을 다른 이들, 특히 고통당하는 사람들에게 나타내기 위해서 존재한다.”

“하나님은 세상을 좀 더 살기 좋은 장소로 만들기 위해서 나를 여기 보내셨다.”

“나는 다른 사람들이 성공하는 것을 돕기 위해서 존재한다.”

“삶에 대한 나의 목적은 다른 사람들의 삶을 향상시키는 일에 나의 모든 능력을 최대한으로 사용함으로써 하나님을 섬기는 것이다.”

이 비전 선언문은 각각 상담가, 목수, 재정 고문, 그리고 영업 사원이 적은 것이다. 당신이 보다시피 이 문구들은 길거나 복잡하지 않고 구체적이며 명료하다. 또한 하나님이 주신 자원에 대한 분명한 인식을 바탕으로 하고 있다. 이 문장에는 사람들의 삶이 전략적으로 요약돼 있다.

삶에 대해 이런 비전 선언문을 작성한다면 얼마나 도움이 될 것인가를 상상해 보라. 지금 당장 당신의 삶을 한번 돌아보며 당신에 대한 하나님의 목적을 요약하는 문장을 만드는 일을 시작해 보는 것이 어떻겠는가?

윌리엄 제닝스 브라이언William Jennings Bryan은 미국 대통령에 세 번이나 출마한 20세기 초의 위대한 설교가이며 변호사요 정치인이었다. 네브래스카 농장 출신인 그는 당대에 유력한 정치 인물로 떠올랐다. 사실 미국 언론은 그를 필적할 만한 경쟁자가 없는 지도자로 묘사했다. 그 자리까지 오게 된 비결이 무엇인지 질문을 받았을 때 그는 이렇게 대답했다. “운명은 기회의 문제가 아니라 선택의 문제입니다. 운명은 기다리는 것이 아니라 성취하는 것입니다.” 바로 그것이 사명이다. 엘리사처럼 사명이 있는 사람은 운명이 자신에게 와 줄 때까지 기다리지 않는다. 그는 비전을 형성하고, 그것을 성취하기 위해 행동한다.

그러나 비전만 가지고는 부족하다. 그것은 인격과 동반되어야 한다. 인격이 없는 비전은 사명이 아니라 조작이다. 엘리사는 인격의 사람이었다. 그는 의롭고 정직하고 신실했다. 세 왕이 그들이 처한 심각한 문제를 도와줄 사람이 누구인지를 생각했을 때 맨 처음 언급된 이름이 엘리사였다. 엘리사는 하나님과 가깝게 동행하는 곧은 사람으로 알려져 있었다. 엘리사가 자신이 듣고 싶어 하지 않는 말을 하리라고 짐작했는데도 여호람이 엘리사의 충고를 듣기로 동의했던 것은 적어도 엘리사가 정직하게 말하리란 것을 알았기 때문이다.

어떤 사명에든 인격은 필수적이다. 그 사명을 성취하려는 사람이 신뢰할 수 있는 사람이라는 자신감, 즉 그의 말은 진실하다는 자신감이 있어야만 하는 것이다. 그렇지 않으면 그에게는 신용이 없다.

여기서 이름을 밝히지는 않겠지만, 한 상원의원이 몇 년 전 대통령으로 출마했을 때 누군가 그의 학력에 대한 의문을 제기했다. 이에 모욕감을 느낀 그 상원의원은 이렇게 대답했다. "적어도 당신보다는 내 지능이 더 높을 것이오." 그리고 자신이 장학금으로 법대를 다녔다고 자랑했다. 또한 과 수석으로 졸업했으며 정외과의 '뛰어난 학생'으로 선택되었고 세 개 학위를 받으며 졸업했다고 주장했다.

그러나 세부 사항을 조사하는 일에 뛰어나며 무자비한 언론에 장황한 말을 늘어놓는 것은 위험한 일이다. 그가 장학금을 부분적으로 받았을 뿐이며, 그것도 성적 때문이 아니라 경제적 필요에 의한 것이었음이 알려지는 것은 시간문제였다. 더욱이 그는 과 정원 85명 가운데서 76번째로 졸업했고, 정외과의 상도 받지 못했으며, 학위도 세 개가 아니라 하나밖에 받지 못했다. 어떤 사람은 이렇게 빈정댔다. "이런 사실에 비추어 볼 때 지능지수에 대한 그의 말도 무언가 수상하지 않은가?" 말할 나위 없이 그 정치인이 꿈꾸던 대통령직은 물 건너가고 말았다. 백악관에 거짓말쟁이가 앉기를 바라는 사람이 어디 있겠는가?

그러나 다니엘은 얼마나 달랐는가? 당신이 인격의 본보기를 찾고 있다면, 이 사람과 시간을 보낼 것을 권한다. 구약성경에는 그의 삶에 대해 자세하게 그려져 있다. 그 상원의원처럼 다니엘도 권력을 갖춘 고위 정부 관리였다. 사실 그는 여러 왕과 두 제국을 거치며 거의 80년 동안 뛰어난 이력을 발휘했다. 놀라운 사실은 다니엘이 대부분 삶을 이방의 우상숭배자들을 위한 일을 하며 보냈는데도 주님에 대한 충성은 변하지 않았다는 점이다.

다니엘의 노년기에 일어난 사건 하나가 그의 인격에 흠이 없음을 증명해 주고 있다. 페르시아인들이 다니엘이 섬기던 바벨론 제국을 정복했다. 그러나 페르시아의 왕 다리우스는 다니엘을 최고 관리 세 명 중 한 명으로 삼았다. 다니엘은 매우 훌륭하게 그 직책을 수행했으므로 그것은 지혜로운 결정이었다. 그뿐 아니라 다니엘의 실력을 본 다리우스는 그의 지위를 더 높이려고 했다. 다니엘은 곧 페르시아 제국 전체의 수상이 될 것이었다.

짐작했겠지만, 다리우스 정부의 다른 관리들이 이 계획을 좋게 받아들일 리가 없었다. 그들은 권력을 계속 쥐고 있으려 했고, 만일 다니엘이 수상이 되면 자신들의 부정직하고 탐욕스러운 정책이 견제를 받게 될 것을 알았다. 그러므로 다니엘은 그들의 영순위 제거 대상이 되었다. 그러나 어떻게 해야 그를 제거할 수 있을까?

성경에는 그들이 완벽한 뒷조사를 벌였다고 기록돼 있다. 그들은 다니엘의 모든 것을 샅샅이 조사했다. 모든 서류와 기록을 조사했다. 그리고 다니엘과 친분이 있는 사람들도 심문했다. 다니엘의 수표와 은행 서류, 신용카드, 영수증도 꼼꼼히 살펴보았다. 다니엘의 통화 기록도 조사했다. 심지어 그의 유치원 시절부터의 성적표도 조사했다! 그러나 이렇게 모든 조사를 했는데도 그 무엇도 찾아내지 못했다. 앞의 상원의원과는 달리 "아무 근거, 아무 허물도 찾지 못하였으니 이는 그가 충성되어 아무 그릇됨도 없고 아무 허물도 없음이었더라"단 6:4.

다니엘은 허물없는 인격을 갖춘 사람이었다. 그러므로 다니엘을 제거하고자 하는 자들이 그의 임명을 막기 위해서 생각해 낸 방법은 단 하나였다. "이 다니엘은 그 하나님의 율법에서 근거를 찾지 못하면 그를 고발할 수 없으리라"단 6:5. 이 말이 다니엘의 인격에 대한 모든 것을 말해 주고 있다. 그는 매수나 타협이 통할 사람이 아니었다. 그를 제거하기 위해서는 오직 하나님에 대한 신앙을 걸어 '고발'하는 수밖에 없었다.

당신에게도 이런 예가 적용될 수 있는가? 나는 세상을 변화시키려는 커다란 계획을 가진 많은 사람에게서 우선 그 자신을 변화시킬 필요를 발견한다. 물론 우리에게는 비전을 가진 사람이 필요하다. 그러나 만일 비전과 인격 중에서 선택해야 한다면 나는 항상 인격을 선택할 것이다. 정직하고 곧은 사람은 이 세상에서 크게 성공하지 못할지도 모르지만, 그의 삶에 방향이 있을 거란 사실은 잠언 11장 3절을 보면 알 수 있다. 반대로 커다란 계획은 있으나 인격이 결여되어 있는 사람은 위험하다. 그런 사람은 도덕적 수준이 미달하기 때문에 다른 사람들도 잘못된 길로 인도할 가능성이 있기 때문이다.

만일 당신도 인격을 갖추기 원한다면, 당신의 삶을 열어 보임으로써 당신에게 책임을 물을 수 있는 몇몇 사람을 모으라. 매주 모여 서로에게 다음과 같은 어려운 질문을 던지라. '요즘 주님과의 교제는 어떠한가? 결혼생활은 어떠한가? 직장에서 타협을 하고 싶은 유혹을 받았는가? 돈은 당신의 삶에 어떤 영향을 끼치고 있는가? 당신의 생각은 건전한가?'와 같은 질문 말이다. 만일 당신이 이런 일에 대해서 잔인할 정도로 정직할 각오가 되어 있다면, 훌륭한 인격이 형성되기 시작한 것이다.

엘리사의 사명감에서 발견할 수 있는 요소가 하나 더 있다. 비전과 인격 이외에도 엘리사는 열정의 사람이었다. 즉, 그에게는 하나님이 그를 부르신 일들에 대해서 강한 확신이 있었다.

세 왕이 문을 두드렸을 때 엘리사는 난처한 처지에 놓였다. 여호람이 하나님의 종인 척 앞으로 나서며 넉살 좋게 엘리사에게 말했다. "여호와께서 이 세 왕을 불러 모았노라"왕하 3:10. 물론 엘리사는 그것이 말도 안 되는 소리라는 것을 알고 있었다. 여호람은 자기 아버지만큼이나 악한 왕이었다. 아버지와 용모가 조금 다를 뿐, 그는 조상들이 행한 우상숭배의 전철을 그대로 되밟고 있었다2-3절 참고.

그러므로 엘리사는 사실 그에게 해줄 말이 전혀 없었다. 그래서 그는 이렇게까지 말했다. "내가 당신과 무슨 상관이 있나이까 당신의 부친의 선지자들과 당신의 모친의 선지자들에게로 가소서"왕하 3:13. 다른 말로 하면 "헛수고 마시죠!"라는 뜻이다.

여호람과 그의 군대가 사막에서 멸한다 해도 엘리사는 아무 상관이 없었다. 그러나 그에게는 더 큰 목적이 있었다. 그것이 무엇인지 기억하는가? 엘리사는 구원의 메시지를 전하도록 부르심을 받았다.

그는 그 메시지를 여리고에 전해 주었다왕하 2:19-22. 이제는 그 메시지를 여호람과 그의 동맹들에게 전해 줄 의무가 있었다. 그래서 엘리사는 그들을 위해서 주님께 여쭈어 볼 것에 대하여 동의했다.

당신의 열정, 즉 근본적 헌신은 어디에 있는가? 당신은 신념을 끝까지 지킬 각오가 되어 있는가? 비록 그것이 누군가의 가식을 참아 넘기고 그들과 함께 있고 싶지 않은 마음도 극복해야 하는 것을 의미한다 해도 말이다. 많은 사람에게 열정은 있으나 그 열정이 정말 중요한 일에 대한 열정이 아닌 것이 안타깝다. 어떤 사람은 운동에 대해서는 열정이 있으나 영적 열정은 없다. 사업을 확장하기 위해서는 지쳐 쓰러질 때까지 뛰면서 그리스도의 일을 할 때는 그 열정이 온데간데없이 사라져 버린다.

척 콜슨Chuck Colson이 종합대학 캠퍼스에서 연설하고 있을 때였다. 그는 그리스도에 대한 헌신에 대해서 말하며, 만일 필요하다면 구세주를 위해서 죽을 용의도 있다고 말했다. 그때 한 학생이 화난 목소리로 콜슨의 말을 끊으면서 이렇게 말했다.

"이봐요 콜슨! 이 세상에 죽을 가치가 있는 일이란 없습니다!"

콜슨은 그에게 이렇게 대답했다.

"만일 자네가 무언가를 위해 죽을 가치가 있는 일이 아무것도 없다고 한다면, 내 생각에 자네에겐 살아야 할 가치가 있는 일도 없다고 보네."

이런 열정이 믿는 이들에게서 찾아보기 점점 어려워지고 있다. 그러나 어떤 그리스도인은 그리스도를 따르는 일에 희생, 심지어 죽음이 동반될 수도 있음을 이해하고 있다. 1991년에 완다로Wandaro라고 하는 에티오피아 남자가 세상을 떠나 주님께 갔다. 선교사들이 그의 마을에 왔을 때 완다로는 스무 살이었다. 선교사들은 창조자에 대해 말하는 책을 가지고 와서 완다로와 마을 사람들에게 사탄을 숭배할 것이 아니라 하나님을 숭배해야 한다고 말했다.

이 메시지를 들은 지 몇 주내에 완다로는 사람들 앞에서 "나는 사탄을 버리고 예수님을 따를 것이다"라고 선언했다. 그는 침례를 받고, 즉시 읽는 것을 가르쳐 달라고 부탁했다. 선교사들이 가져온 책을 더 배우고 싶었기 때문이다.

처음부터 분명했던 것은 구세주에 대한 완다로의 사랑이 그의 삶을 움직이는 원동력이 되었다는 점이다. 그의 갓난 아들이 열병으로 죽어 갈 때 심령술사는 완다로에게 마귀들에게 제사드릴 것을 강요했다. 그러나 완다로는 거절했다. "나는 아들을 사랑하오. 그러나 다시는 마귀들에게 제사드리지 않을 것이오."

결국 아이는 죽었고 마을 사람들은 관습대로 곡하는 의식을 시작했다. 그러나 그들이 소리쳐 울며 악마적 격정으로 자신들의 살을 베자 완다로는 그들에게 뛰어가서 소리쳤다. "멈추시오. 나도 나의 아이가 보고 싶소. 그러나 하나님은 내게 죽음에 대해 평화를 주셨소. 나는 내 아이가 예수님의 품에 안겨서 안전하다고 믿소."

완다로가 믿음을 보이자 사람들은 그리스도에 대한 메시지에 관심을 보이기 시작했다. 그러나 그 메시지를 받아들일 준비가 된 사람은 거의 없었다. 그러다가 1936년에 이탈리아 군대가 그 나라를 점령했고, 몇 달 안에 선교사들은 추방당하고 말았다. 선교사들은 믿는 자 48명을 남겨 두었다.

침략자들과 그들을 동조하는 에티오피아 사람들은 단 한 명의 신자도 용납할 수 없었다. 극심한 핍박이 시작되었다. 그리스도인들은 체포되고 구타당했으며, 모든 재산은 파괴되었다. 그들의 교회는 불타 버렸다. 그러나 사탄이 하나님의 백성을 공격할 때 늘 그렇듯이 활발한 전도가 시작되었으며, 핍박은 오히려 더 많은 사람을 믿음으로 인도하는 결과를 낳았다.

결국 도게사Dogesa라고 하는 정부 관리가 완다로를 본보기로 삼기로 했다. 교회 건물을 파괴한 도게사는 완다로를 체포하여 마을 한가운데서 매질을 했다.

"이제 너는 이 종교를 버릴 것이다"라고 도게사는 말했다.

"절대로 그렇지 않을 것이요!"라고 완다로는 외쳤다.

도게사는 군중에게 말했다.

"완다로의 말을 듣지 마라. 이 자가 묶여 있는 것이 보이는가? 그의 교회에도 가지 마라. 그 교회를 불태워 버릴 것이다."

그러나 도게사는 완다로를 잘못 보았다. 완다로는 거기 서 있는 사람들에게 외치기 시작했다. "이 밧줄은 마지막 심판이 아니요. 이것은 사람이 나를 묶은 것에 불과하오. 주 예수 그리스도를 믿으시오. 그러면 당신들은 죄에서 해방될 것이오!"

그 말에 도게사는 채찍으로 완다로를 칠 것을 명령했다. 매질을 가하는 동안 도게사는 이 굳센 신앙인 완다로를 비꼬며 말했다. "외국인들은 모두 떠났다. 그들은 너를 돕지 않을 거야. 포기해!"

그러나 그런 말도 완다로의 신앙을 흔들지 못했다. "나는 선교사들을 섬기는 것이 아니오. 나는 그들을 보내신 하나님을 섬기오. 그분이 나에게 힘을 주실 것이오."

주님은 과연 그렇게 하셨다. 다음 날 남자 다섯 명이 완다로를 세 시간 동안 때렸다. 그를 꺾을 단단한 각오를 하고 말이다. 그러나 완다로가 끝까지 굴복하지 않자, 그들은 그를 묶어서 대나무로 만든 우리에 가두었다. 완다로는 그것도 견뎠지만, 1년 동안 감금 상태로 지내야 했다.

그러던 어느 날 완다로는 드디어 석방되었다. 그가 가장 먼저 무엇을 했는지 아는가? 다른 그리스도인들을 모아 도게사의 밭으로 가 추수를 도왔다!

1942년 선교사들은 다시 입국 허가를 받을 수 있었다. 자신들이 전도한 48명을 하나님이 배가시키셔서 만 명이 되었다는 사실을 알았을 때 그들이 얼마나 놀랐을지 상상해 보라. 완다로는 환한 얼굴로 자신의 옛 친구들을 만났다. "어서 오세요! 환영합니다!" 그는 외쳤다. "이건 마치 천국에서 일어나는 일 같아요. 하나님이 여러분을 다시 보내 주셨습니다. 그런데 여러분이 새신자들을 가르쳐 주셔야 하겠습니다. 얼마나 많은지 보이시지요? 하지만 아직 그만큼 배우지를 못했습니다."

내가 질문을 하나 해도 되겠는가? 조금 불편할지도 모르겠다. 얼마나 많은 사람이 당신의 삶을 지켜본 결과 그리스도를 믿을 수밖에 없게 되었는가? 만 명이라고 대답할 수 있는 사람은 거의 없을 것이다. 그러나 숫자로 주의를 돌리지 마라. 문제는 열정이다. 우리는 어떤 것에 깊이, 그리고 근본적으로 헌신했는가? 그것이 우리 선택과 행동을 주장하며, 상황에 따라서는 희생도 마다하지 않게 하는가? 만일 우리가 사명이 있는 사람이라면 또한 열정이 있어야 한다. 마르틴 루터처럼 우리도 이렇게 선언할 수 있어야 한다. "나는 여기 섭니다! 결코 다른 일은 할 수 없습니다."

성숙

제국주의 시대 때 미국 기독교의 가장 위대한 신앙인 중 한 명은 데이비드 브레이너드David Brainerd였다. 유럽에서 이주해 온 자들이 미국 원주민에게 얼마나 함부로 대하는지에 놀란 브레이너드는 열아홉 살에 인디언들에게 복음을 전하기로 결심했다.

모든 사람이 그의 계획이 터무니없다고 말하며, 그가 인디언의 언어도 모른다는 사실을 지적했다. 또한 인디언은 애미니즘을 믿기 때문에 당연히 선교사를 의심스럽게 보고, 브레이너드를 적대시할 것이라고 경고했다. 이교도들 사이에서 살게 되면 브레이너드의 재능은 낭비되고 그의 건강 역시 망가질 것이라고 말했다.

그러나 브레이너드는 주님의 말에 순종하기만 한다면 어떤 장애를 만나도 그것을 초월하게 해주실 위대하신 하나님을 믿었다. 그래서 그는 사람들의 말을 한쪽으로 흘려버리고 인디언들을 만나러 떠났다. 이후 9년 동안 그는 1만 명이나 되는 인디언 원주민을 그리스도께로 인도했다. 그러다 갑자기 과로와 오랜 여행으로 몸이 쇠약해져, 스물여덟이라는 젊은 나이에 목숨을 잃고 말았다.

브레이너드는 우리에게 영적 성숙이라는 깊은 유산을 남겼다. 그의 일기는 기도, 하나님의 계획과 공급에 대한 흔들리지 않는 믿음 그리고 그리스도를 위해서 기꺼이 고통을 감수하려는 마음으로 특징지어진 그의 삶을 잘 보여 준다. 그의 일기장에 담긴 내용들은 오늘날 그리스도의 이름을 부르는 우리가 영적 성숙을 위한 선언문으로 깊이 탐구해 봐야 한다.

그런데 브레이너드와는 대조적으로, 우리 가운데 너무 많은 사람이 이 세상 문화의 영향을 받아 영적 감각이 둔해졌다. 예를 들면, 스미스라는 형제가 있다. 사업계에서 상당한 성공을 거둔 그는 그 지역 유지로서 신망받을 뿐만 아니라, 고급 아파트에 살고 최신형 외제 자동차를 몰고 다닌다. 스미스는 신앙고백은 했지만 그 믿음은 조금도 성장하지 못했다. 그는 처음 그리스도를 영접하던 날과 전혀 다를 바 없이 여전히 성숙하지 못한 모습을 보이고 있으며, 그가 하는 모든 일에서 미숙함이 드러난다. 그러나 그렇다고 해서 그의 교회에서 그를 지도 위원에 포함시키지 않았는가? 천만에. 투표로 그는 당회 위원으로 뽑혔다. 또한 여러 위원회의 위원이기도 하다. 사람들 앞에서 그 지위를 인정받고 있다.

반면에 쉬마츠코프라는 형제가 있다. 스미스와 비교하면 그는 근처에도 미치지 못한다. 그는 밤일을 하며 조용히 살아가고 있다. 방이 한 개밖에 없는 조그만 집에 살며 낡아빠진 고물차를 몰고 다닌다. 교회에서 사람들은 미소를 지으며 공손하게 그와 악수를 하며 "참 반갑습니다. 형제님!"이라고 말한다. 그러나 사람들은 곧바로 시선을 그에게서 다른 사람에게로 돌리고 만다. 이것은 안타까운 일인데, 왜냐하면 쉬마츠코프는 영적 거인과 같은 사람이기 때문이다. 그는 수시로 기도하는 사람이다. 또 조금의 흠도 없는 인격자다. 그는 자신의 믿음을 나눌 기회를 꾸준하게 찾고 있다. 자신의 영적 은사가 무엇인지 알고 있으며 그것을 사용하고 있다. 무엇보다 중요한 것은 그가 주님과 친밀하고 지속적으로 동행하고 있다는 것이다. 그런데도 주님의 교회를 지도하는 일에서 그는 계속해서 제외된다.

이 시나리오가 조금이라도 익숙하게 들리는가? 만일 그렇다면 그리스도인의 삶에 대한 우리의 이해를 다시 생각해 볼 필요가 있다. 하나님은 성공과 영적 성숙을 동일시하지 않으신다. 그분은 성공보다는 고통의 결과로 그리스도인이 더 성숙해진다는 사실을 잘 알고 계신다. 그분은 우리에게 승리가 아닌 시험이 필요하다는 것을 아신다. 사실상 성경 말씀에는 어려움 속에서 그분의 은혜를 발견한 사람들의 이야기로 가득 차 있다. 때로 그들이 겪은 시험은 그들이 내린 어리석은 선택의 쓴 열매이기도 하다. 그런데도 하나님은 그분의 신실하심을 증명해 주셨고, 완전히 바닥에 도달했을 때 비로소 그들은 하나님의 자원이 얼마나 풍요한지 배우게 되었다. 이 교훈은 그들이 영적으로 성장하는 데 완전히 새로운 출발점을 제공해 준다.

예수님조차도 그분이 당하신 고통을 통해 순종을 배우셨다히 5:8. 그러나 우리는 종종 그 사실을 잊어버린다. 만일 예수님이 오늘날 지상 사역을 하신다면 어떤 일이 일어날지 상상할 수 있겠는가? 누군가는 그분께 이렇게 말할 것이다. "아이고, 주님! 정말 크게 실패하셨어요. 그 유다라는 친구를 제자로 삼지 마셔야 했어요. 그자는 주님을 따를 자격이 없거든요. 그리고 정치 지도자들과 더 가깝게 지내셔야 했어요. 아주 살짝 로비 활동을 잘하셨더라도 일이 다르게 풀렸을 텐데. 결국 주님은 죽임을 당하고 마셨는데, 그것이 결정적으로 계획과 판단이 얼마나 부족했는지를 말해 주지 않나요?"

주님의 방법이 우리의 방법과 다르다는 사실이 얼마나 다행인가! 그분은 우리의 방법이 그분의 방법과 같아지기를 원하시는데, 그렇게 되기까지는 영적 성숙의 과정이 필요하다. 이런 면에서 엘리사는 좋은 본보기가 되어 준다. 그는 믿음을 찾아볼 수 없었던 사회 속에 살았던 믿음의 사람이었다. 나는 영적으로 성숙한 사람의 모습이 어떠한지에 대한 질문을 종종 받는다. 엘리사와 두 이스라엘 여인의 만남에서 세 가지 원리를 알 수 있다.

성숙한 믿음이 있는 사람은 성실함으로 배교를 이긴다

열왕기하 4장은 한 과부의 간절한 청으로 시작된다. 성경에서 과부가 나올 때마다 잘 표시해 두기 바란다. 저자가 구조적인 부정을 지적하고 있을 확률이 높기 때문이다. 하나님은 과부에게 특별한 관심을 가지고 계신다. 하나님은 여자의 감정적 손실에 동정심을 느끼시지만, 거기에서 그치지 않으신다. 그 당시 과부에게는 어떠한 생계 수단도 없었다. 백성에게 율법을 주셨을 때 하나님은 그런 상황에 대한 대비책도 제시하셨다. 그러나 사람들이 하나님을 떠나면서 배교가 사회 조직 전반에서 나타났으며, 사람들은 과부와 고아들의 필요와 권리를 무시해 버렸다.

이것이 바로 엘리사 시대에 일어나고 있던 일이었다. 선지자 중 한 명이 죽으면서 한 아내와 두 아들, 그리고 많은 빚을 남겼다. 과부는 빚을 갚을 길이 없었으며, 빚쟁이는 합법적인 방법으로 해결을 보겠다며 으름장을 놓았다. 그것은 두 아들을 노예로 삼는 것이었다. 시간에 쫓기면서 과부는 죽은 남편의 스승이었던 엘리사에게 도움을 요청했다왕하 4:1.

이는 지혜로운 결정이었는데, 엘리사는 당시 팽배해 있던 문화 조류에 거슬러 하나님 편에 설 용의가 있는 사람이었기 때문이다. 당신도 이와 같이 헌신할 수 있는가? 당신 주위의 모든 사람이 세상과 타협하고 있을 때 의로움을 굳게 붙들 수 있는가? 이는 결코 쉬운 일이 아니다. 하지만 절대적으로 필요한 일이다.

물론 우리 중 많은 사람이 하나님을 거부하는, 도덕과 영적 가치가 파괴된 실상과 대면할 때, 절망 가운데 포기하며 "아무 소용없어! 나 한 사람이 무엇을 할 수 있겠어?"라고 말한다. 그러나 엘리사는 그의 스승 엘리야와 같았다. 그는 단 한 사람일지라도 하나님이 함께하실 때 다수와 같아진다는 사실을 알았다. 여기에는 두 사람과 하나님이 함께 있었다. 엘리사와 과부 말이다. 신실하신 하나님을 향한 그들의 합쳐진 믿음이면 충분했다.

법적으로 보면 엘리사가 할 수 있는 일은 아무것도 없었다. 빚쟁이는 자신의 권리를 주장할 뿐이었다. 더욱이 우리가 아는 한 엘리사는 그 여인의 빚을 갚아 줄 재산이 없었다. 그러나 그는 불쌍히 여기는 마음을 가지고 있었으며, 그것이 과부를 돕게 된 출발점이었다.

"너를 위하여 어떻게 하랴?"왕하 4:2라고 엘리사는 과부에게 물었다. 간단하지만 아마 가장 중요한 질문이기도 할 것이다. 그 질문은 그녀의 상황에 관심을 갖겠다는 뜻을 나타낸다.

다시 말하지만 이런 뜻은 반문화적인 것이었다. 이스라엘의 역사상 많은 과부가 있었다는 것을 예수님이 지적하신 적이 있다눅 4:25. 아마 그들 중 대부분이 이 여인과 같거나, 아니면 더 심각한 곤경에 처해 있었을 것이다. 그런데도 사회는 그들에게 등을 돌렸을 뿐만 아니라 그들을 이용하고 있었다.

오늘날에도 이런 일들이 일어나고 있는 것을 당신은 아는가? 모르겠다면 신문을 하나 사 보기 바란다. 또는 목사님에게 물어보라. 아마 그는 당신에게 누군가 극히 어려운 상황에 부딪혔는데 사람들이 아무 상관하지 않고 있는 경우들을 말해 줄 것이다.

하나님은 이스라엘이 가난한 자들의 부르짖음을 무시해 버린 것에 대해 징계하셨다(예를 들면, 암 2:6-7, 5:11-12). 결국 하나님은 앗수르인들을 데려와서 이스라엘 땅을 파괴하도록 하심으로써 이스라엘 백성을 심판하셨다. 그렇다면 신약에서 다음과 같이 물어볼 때 우리는 어떻게 반응해야 하는가?

"누가 이 세상의 재물을 가지고 형제의 궁핍함을 보고도 도와줄 마음을 닫으면 하나님의 사랑이 어찌 그 속에 거하겠느냐 자녀들아 우리가 말과 혀로만 사랑하지 말고 행함과 진실함으로 하자" 요일 3:17-18.

물론 우리가 모든 필요를 다 채워 줄 수는 없다. 우리가 할 수 있는 일에는 한계가 있다. 그러나 능력이 없는 것과 전혀 도움을 주지 않는 것을 동일시해서는 안 된다. 엘리사는 "내가 어떻게 도울까?"라고 물었다. 그에게는 아무것도 주지는 못할망정 귀 기울여 들을 마음은 있었다.

엘리사는 불쌍히 여기는 마음에 창조력을 더했다. 그는 "네 집에 무엇이 있는지 내게 말하라"왕하 4:2고 했다. 여기에서 우리는 연결 고리를 끄집어낼 수 있다. 만일 당신에게 누군가를 돕고자 하는 마음이 있다면, 당신은 많은 경우 도울 방법을 찾아낼 수 있을 것이다. 그러나 당신의 마음이 무감각하다면 절대 창조적인 생각을 하지 못할 것이다.

그 여인은 자신의 집을 가리키며 말했다. "아무것도 없나이다." 그러다 회색 재만 남은 아궁이 쪽에 시선을 두다가 '약간의 기름'이 있다는 말을 더했다왕하 4:2 참고.

성경을 펴서 그 구절의 "외에는"이라는 말에 밑줄을 쳐 놓으라("기름 한 그릇 외에는"). 사소하게 보일지 모르지만 이는 매우 큰 잠재력을 지닌 말이다. 성경에서 무언가, 또는 누군가 외에는 아무런 소망이나 자원이 없다고 말하는 모든 장면을 찾아보라. 예를 들면 가데스 바네아에서 하나님이 이스라엘에게 약속의 땅에 들어가 소유하라고 말씀하셨을 때 모든 사람이 가나안에 있는 거인들을 두려워하며 그 말씀을 거부했다. 결국 약속의 땅으로 들어간 갈렙과 여호수아 외에는 말이다민 14:30. 기드온이 미디안과 싸울 때 그에게는 아무런 군대도 없었다. 삼백 명 이외에는 말이다삿 7:7-8. 다윗이 골리앗과 싸울 때 그에게는 무기가 없었다. 물매와 매끄러운 돌 다섯 개 이외에는 말이다삼상 17:40. 예수님의 제자들이 음식이 얼마나 있나 보기 위해 오천 명의 무리 사이를 돌아다녔을 때 그들은 빈손으로 돌아왔다. 작은 소년의 떡 다섯 개와 물고기 두 마리 이외에는 말이다요 6:8.

이것이 우리에게 주는 교훈은 "외에는"이란 것이 하나님을 의심할 이유가 되지 못한다는 사실이다. 그것이 바로 하나님을 특별하신 분으로 만드는 것이다! 그분은 우리가 중요하지 않다고 제쳐 두는 것을 빈번히 사용하셔서, 우리의 기도에 응답하는 수단으로 삼으신다. 그러므로 문제는 우리가 하나님을 위해 할 수 있는 일을 얼마나 많이 있는가가 아니라 하나님이 우리와 함께 일하실 것이라는 사실을 우리가 얼마나 신뢰하는가이다.

우리 신학교 학생 중 한 명이 내게 들려준 말이다. 그와 그의 아내에게 142불이 필요한 적이 있었다. 예산을 주의 깊게 살펴본 결과 그 달 생활비로 필요한 최소 금액이 142불이라는 사실을 알았다. 그들에게 그것은 엄청난 액수였으며, 그 돈을 구할 수 있는 시간은 닷새밖에 없었다. 그래서 그들은 하나님께 142불을 달라고 기도하기 시작했다.

다음 날 그들은 2년 전에 계약을 해지한 생명보험사로부터 70불을 받았다. 그동안 보험회사는 그들의 새 주소를 알아내려고 노력하고 있었던 것이다. 그들이 기도도 시작하기 전에 이 일이 이루어졌다. 그다음 날에는 약간의 식료품을 샀다가 환불한 금액이 우편으로 왔는데, 하나는 5불, 또 하나는 2불이었다. 이틀 후 남편이 늦게 도착한 생일카드를 받았는데, 그 안에 15불이 들어 있었다. 마지막 날이 되었지만 여전히 50불이 부족했다. 주일이었기 때문에 더는 우편이 오지 않을 것이었다. 그런데 그날 아침 교회에서 누군가가 그들에게 봉투를 하나 건네며 이렇게 말했다. "그냥 이것을 쓰실데가 있을 것 같아서 드립니다." 그 안에는 50불짜리 수표가 들어있었다.

결국 그들에게 모인 돈은 142불이었다. 그들은 믿음으로 기도했으며 하나님은 이에 응답하셨다. 후에 그 학생은 내게 이렇게 말했다. "교수님, 저는 그 사건에서 한 가지 교훈을 배웠습니다. 그때 제가 백만 불을 달라고 기도했어야 했다는 것이죠!" 하나님은 그분을 신뢰하는 자들의 기도에 응답하기를 기뻐하신다.

엘리사는 여인이 기름 사업을 시작할 수 있도록 할 수 있는 한 모든 그릇을 사정을 해서라도 빌리라고 여인에게 지시했다. "조금 빌리지 말"라고 그는 분명하게 말했다왕하 4:3.

나는 이 여인의 믿음에 감탄한다. 선지자에게 도움을 요청한 다음 여인은 선지자의 지시대로 했다. 나는 더 많은 사람이 하나님의 지시에 따를 마음을 가지고 있었으면 하고 바란다. 나는 때로 어떤 사람이 자신의 필요 때문에 목사나 다른 영적 지도자를 찾아가 도움을 구하는 이야기를 듣는 것에 진력이 난다. 그 필요에 대해 기도한 지도자는 그가 해야 할 구체적인 일을 말해 준다. 그것이 해결책의 전부는 아니겠지만, 적어도 출발점은 될 수 있을 것이다.

그러나 그 사람은 어떻게 반응하는가? 믿음으로 행동하는가? 아니다. 그는 의심의 안개가 가득 찬 곳에 가서 들어앉는다. "기껏해주는 말이 기도하라는 것이라니"라고 그는 불평한다. "기껏 해준다는 말이 가서 임시 직업을 구하라니. 그 짓은 벌써 쉰 번이나 했는데."

나는 그런 말을 들으면 이렇게 말하고 싶은 충동을 느낀다. "하나님이 당신의 필요를 채워 주시기 전에 당신이 더 많이 기도하기를 원하신다고 생각해 본 적이 있습니까? 또는 임시 직업을 쉰다섯 번째 찾았을 때 당신이 그토록 간절히 찾던 직업을 갖게 될지도 모른다는 생각은 해보았습니까? 당신을 위한 저의 기도를 하나님이 그냥 무시해 버리셨다고 생각합니까?"

하나님은 순종하는 믿음에 항상 반응하신다. 내 목사 친구 한 사람은 최근 워싱턴을 방문했다. 그의 말에 따르면 그가 탄 차가 상원의원 사무실 건물을 지나칠 때 성령님이 갑자기 그에게 차를 멈추고 나가서 기도하라고 말씀하셨다. 그러나 친구는 운전사에게 차를 세워 달라고 말하기가 매우 거북했다. 도대체 운전사에게 뭐라고 이유를 말하겠는가? 하나님이 그렇게 말씀하셨다고 하겠는가?

하지만 그는 '주님이 부르신다'고 생각했다. 그래서 운전사에게 차를 멈추어 달라고 말했고, 그곳에 내렸다. 그러나 그것은 모험의 시작에 불과했다. 이제는 무엇을 해야 하는가? 그는 상원의원 사무실 건물로 우물쭈물하며 걸어 들어갔다. 사뭇 기가 죽기도 했고 너무나 낯선 풍경이 주는 위압감에 자기가 어리석은 실수를 저지른 것은 아닌가 하는 생각도 들기 시작했다. 그러나 어느새 그는 자기가 살고 있는 주의 상원의원 사무실 앞에 섰다.

"주님, 제가 여기서 무엇을 하고 있는 겁니까?"라고 그는 속으로 기도했다.

대답은 "기도하라"는 것이었다.

"여기에서요? 우리나라에서 가장 막강한 건물이나 다름없는 이곳 복도에서 말입니까? 제가 투표지도 않았고 별로 좋아하지도 않는 사람을 위해서 말입니까?"

그러나 말씀은 또 왔다. "그를 위해서 기도하라."

그때 마침 이 상원위원은 상원 윤리위원회에서 이중으로 문제에 봉착해 있었다. 그래서 친구는 기도하기 시작했다. 다른 사람들에게 방해되지 않는 방법으로 말이다. 그는 머리를 숙이고 그 상원위원과 그의 상황을 주님께 맡기는 기도를 시작했다.

몇 분 후 상원의원의 보좌관 몇 명이 지나가다가 물었다. "도움이 필요하십니까?"

"아닙니다." 내 친구는 대답했다.

"저는 그냥 여기서…단지…상원의원을 위해 기도하는 중입니다."

그 말을 듣는 보좌관들은 마치 '당신이 어디서 탈출한 사람인지는 모르겠지만, 지금 그것을 알아내고 싶지는 않군요!'라고 말하는 듯한 표정을 지었다. 그들은 서둘러 그들의 사무실로 들어갔다.

몇 분 후 보좌관 한 사람이 다시 나왔다. "여기서 정말 무엇을 하고 계시는 거죠?" 그는 사무적으로 물었다.

의기소침해진 친구는 중얼거렸다. "저는 상원의원을 위해 기도하고 있습니다. 그가 내일 윤리위원회에 출두해야 하는 것을 알기에 그를 위해 기도해야 한다는 생각이 들었습니다."

내 친구는 이 보좌관이 경비원을 부를 것이라고 생각했으나 그는 그냥 그를 쳐다보았다. 그러고는 다시 사무실로 들어갔다. 그러나 얼마 후 그는 다시 나타났다. "저와 함께 들어가 주시겠습니까?"

이번에는 친구가 그를 쳐다보았다. "누구요? 저요?"

친구는 보좌관을 따라 사무실로 들어갔다. 안내된 조그만 방의 문을 닫은 후 그 보좌관이 친구에게 이렇게 말했다. "저도 크리스천입니다. 저희는 정말 목사님의 기도가 필요합니다. 내일은 참으로 어려운 날이 될 것이기 때문입니다."

그래서 그들은 바로 상원의원의 사무실에서 함께 기도했다. 그런데 갑자기 방문이 열리더니 상원의원이 걸어 들어왔고, 기자들이 우르르 몰려들었다.

"지금 의원님을 위해서 기도하는 중이었습니다." 보좌관이 상원의원에게 말했다. "이분이 여기 나타나서 하나님이 의원님을 위해서 기도하라고 하셨다고 합니다."

그 말에 사무실은 조용해졌다. 기자들은 당황해하는 기색이 역력했다. 그러나 상원의원은 친구의 팔을 잡고 그를 개인 방으로 안내했다. 방으로 들어갔을 때 상원의원은 눈물이 고인 눈으로 친구에게 다시 기도해 달라고 부탁했다.

얼마 후 친구는 건물 밖으로 나왔다.

"어디를 다녀오셨습니까?" 운전사가 물었다.

"말해 드릴 수도 있지만 아마 안 믿으실 겁니다."

나는 하나님이 상원의원의 삶에서 이 친구의 기도를 어떻게 사용하셨는지는 잘 모른다. 하지만 한 가지 내가 아는 것은 하나님은 항상 순종하는 믿음을 존중하는 분이시라는 것이다. 문제는 하나님이 하기로 작정하신 일을 하시는가가 아니라 당신이 하나님이 명령하신 일을 행하는가이다. 그것이 그리스도와 동행하는 삶에서 당신이 성숙하게 되는 과정이다.

성숙한 믿음이 있는 사람은
자족함으로 욕심을 이긴다

고대 사회에서 과부가 되는 것보다 더 여인을 비참하게 만드는 일은 아이를 갖지 못하는 것이다. 그 당시 불임은 저주와도 같았을 뿐만 아니라, 그 책임은 항상 여자의 몫이었다. 그러므로 엘리사의 사역에 기록된 다음 사건이 아이가 없는 수넴 여인 이야기인 것은 흥미로운 일이다왕하 4:8, 14. 첫 번째 여인이 자신의 두 아이를 빼앗길까 봐 두려워한 반면, 두 번째 여인은 아이가 없었다.

과부 됨과 마찬가지로 자식이 없는 것도 감정적 이유뿐 아니라 실제적 이유 때문에 두려운 일이었다. 자녀, 특히 아들은 가족의 이름을 이어 나가며, 이스라엘의 경우 가문의 땅을 상속받고, 가문의 재산을 지켜 나간다. 나이가 차고 아버지가 죽으면 어머니를 돌보는 것은 아들의 의무였다. 아들이 없을 경우에는 사위 가족이 장모를 돌보았다. 그러나 아들도 딸도, 친척도 없는 과부는 참으로 힘든 미래를 맞이했다. 특히 만일 이스라엘이 그렇게 했듯 사회가 하나님의 법을 버렸을 때는 더욱 그랬다.

그러나 수넴 여인의 경우 가난하게 살 걱정은 없었다. 다행히도 그녀는 잘사는 남자와 결혼했다. 더욱이 그녀에게는 좋은 친척도 많이 있었다. 그녀가 엘리사에게 말했듯 그녀는 "내 백성 중에 거주"왕하 4:13 했다. 그러므로 그녀의 남편이 죽었을 때(그는 나이가 많았으므로 곧 죽을 것이었다) 비록 자녀가 없다 하더라도 물질적 필요는 해결될 것이었다 14절.

이 여인의 놀라운 점은 그녀의 관대함이었다. 아마 두 사람은 엘리사가 사역 때문에 그 지역을 방문했을 때 만나게 되었을 것이다. 수넴은 왕의 가문이 땅을 소유하고 있던 이스르엘에서 북쪽으로 약 4.8킬로미터밖에 떨어지지 않은 곳에 있었다왕상 21:1, 15, 왕하 8:29. 그 상황이 어떠했든 수넴 여인은 엘리사를 식사에 초대했다. 이 첫 방문이 다음 방문으로 계속 연결된 것으로 보아 이 여인은 믿음의 사람이었던 것으로 보인다. 비록 본문에 이와 관련된 아무런 언급도 없지만 말이다.

그러나 수넴 여인은 엘리사를 하나님의 거룩한 사람으로 올바르게 인식했다. 그래서 그녀는 그를 위해 방을 따로 준비했다왕하 4:9. 이 행동은 수넴 여인의 마음 상태에 대해 많은 것을 말해 준다. 그녀는 하나님의 일에 대해 마음 문이 열려 있었다. 또 자기의 재산을 나누어 주는 일에 관대했다.

이런 사람을 본 적이 있는가? 나는 있다. 하나님의 일을 확장하고 전담 사역자들을 돕는 데 자신의 재산을 기꺼이 쓰는 사람들을 여러 명 보았다. 그들은 돈뿐만 아니라 수넴 여인처럼 자신의 소유물, 즉 집이나 별장, 차, 보트, 비행기나 다른 것을 사용하는 데 관대했다. 이 귀한 하나님의 사람 가운데는 상당한 재력가도 있었으며, 이들은 재물을 움켜잡지 않고 열린 손으로 언제든 주님을 위해 그것들을 사용할 준비가 되어 있었다.

당신은 "나도 그런 정도의 재산이 있으면 관대할 수 있어"라고 생각할지 모르겠다. 만일 그렇다면 이것을 생각해 보라. 내가 사는 텍사스 주에서는 최근 2주에 한 번씩 추첨하는 복권을 판매하고 있으며, 이는 미국 전체에서 가장 큰 규모의 복권이다. 사람들이 텍사스

복권을 사는 가장 큰 이유가 무엇인지 아는가? 당첨이 되면 그 돈으로 무언가 좋은 일을 하겠다는 것이 그들이 주장하는 바다. 고아원에 기부하고 학교에 나누며 교회를 돕겠다는 것이다. 만일 형편만 되면 자신이 얼마나 관대해질 수 있는가에 대해 그들은 온갖 종류의 상상을 한다.

당신도 그런 비슷한 꿈을 가지고 있을지 모른다. 그러나 당신의 의도가 진실한 것인지를 알 수 있는 간단한 시험이 있다. 당신은 지금 얼마나 관대한가? 큰 복권에 당첨된 후 자선 행위를 하는 것을 상상하기란 쉽다. 그러나 문제는 당신이 지금 현재 가지고 있는 돈으로 무엇을 하고 있느냐는 것이다. 만일 당신이 지금 관대하지 않다면 앞으로 돈이 얼마나 많이 생기든 당신의 마음은 바뀌지 않을 것이다. 오히려 더 나빠질 수도 있다.

수넴 여인은 정직한 마음을 가지고 있었다. 사실 그녀는 엘리사가 그녀의 친절에 감사하기로 결심했을 때 상당한 영적 성숙함을 증명해 보였다. 엘리사는 하인 게하시를 통해서 그녀에게 물었다. "네가 이같이 우리를 위하여 세심한 배려를 하는도다 내가 너를 위하여 무엇을 하랴"왕하 4:13.

엘리사는 그녀를 축복하려고 하였다. 그러나 그의 질문은 사실상 그녀의 인격에 대한 시험이었다. 받는 사람에게 결정하라고 하는 선물은 사실 항상 시험이다. 하나님이 솔로몬에게 하신 말씀을 기억하는가? "여호와께서 솔로몬의 꿈에 나타나시니라 하나님이 이르시되 내가 네게 무엇을 줄꼬 너는 구하라"왕상 3:5. 하나님이 액수가 적히지 않은 수표를 당신에게 건네주신다고 상상해 보라! 액수만 적으면 된다. 당신이 무엇을 얼마나 원하든 전적으로 당신에게 달려 있다. 솔로몬은 지혜와 분별하는 마음을 구함으로써 그 시험에 멋지게 합격했다9절. 그는 자신이 원하는 것은 온전히 주님의 일임을 증명해 보였다.

수넴 여인도 엘리사에게 "고맙습니다만, 저는 필요한 것을 다 가지고 있고 그것으로 만족합니다"라고 대답함으로써 비슷한 인격을 보였다왕하 4:13 참고. 사실 이 여인은 자신이 가지고 있지 않은 것에 대해서도 만족했는데, 그것은 바로 자녀였다. 엘리사가 그녀에게 하나님이 아들을 주실 것이라고 말했을 때, 그녀는 그것을 반대했고 받지 않으려 했다16절.

나는 그런 종류의 성숙에 감탄한다. 감히 표현하자면, 나는 오늘날 하나님의 백성을 위해 그런 성숙을 "탐한다." 우리는 역사상 유래 없는 물질적 축복을 누리고 있다. 특히 내가 속한 서구 사회는 지구 어떤 곳보다 물질이 넘쳐 난다. 우리 중 많은 사람이 너무나 많은 것을 가지고 있어서, 집 안에 다 두지도 못한다. 모든 것을 다 갖춘 이 풍요로움 속에서 내게는 수넴 여인과 같은 성숙함이 필요하다.

예수 그리스도가 천국과 지옥보다 돈에 대해 더 많이 말씀하셨다는 사실을 아는가? 예수님은 우리에게 말씀하고 계신다! 성경에서 다른 어떤 주제보다 돈에 대해 더 많이 다룬다는 사실에 주의를 기울이고 있는가? 성령님은 우리에게 말씀하고 계신다! 사도 바울이 디모데에게 "이 세대에서 부한 자들"을 명하라고 쓸 때 그는 우리 부유한 그리스도인들을 생각하고 있었다딤전 6:17.

바울의 명령은 무엇이었는가? 그것은 "마음을 높이지 말고 정함이 없는 재물에 소망을 두지 말고 오직 우리에게 모든 것을 후히 주사 누리게 하시는 하나님께 두며 선을 행하고 선한 사업을 많이 하고 나누어 주기를 좋아하며 너그러운 자가 되게 하라"는 것이었다 딤전 6:17-18.

욕심으로 가득 찬 사회에 살면서 우리는 어떻게 해야 나누는 마음을 품을 수 있는가? 오직 예수 그리스도와의 친밀함 속에서 그분이 주시는 것에만 온전히 만족하고, 혹시 주시지 않는다 해도 그에 대해 만족할 때만 가능하다.

> "자족하는 마음이 있으면 경건은 큰 이익이 되느니라 우리가 세상에 아무것도 가지고 온 것이 없으매 또한 아무것도 가지고 가지 못하리니 우리가 먹을 것과 입을 것이 있은즉 족한 줄로 알 것이니라" 딤전 6:6-8.

나는 멕시코의 몹시 가난한 사람들이 사는 마을에 단기 선교를 갔던 일을 잊을 수가 없다. 그 교회의 목사는 작은 단칸방에서 살고 있었다. 교회에 나오는 많은 남자 성도가 직업이 없었다. 아이들은 누더기를 입고 있었고(누더기라도 있는 아이들의 경우에 말이다) 맨발로 놀고 있었다. 믿건 말건 그들의 유일한 장난감은 줄에 매단 낡고 망가진 자동차 부속이었다.

저녁 시간이 되었을 때 그들은 쓰레기 더미에서 주운 쇠로 된 편편한 의자를 불 위에 석쇠 대신으로 올려놓았다. 그러고는 내가 평생 본 것 중에서 가장 말라빠진 닭 한 마리를 가져와 불에 구웠다. 그것은 비둘기 정도의 크기로 작아졌다.

음식이 다 준비되자 그 목사는 사람들을 조용히 하게 한 후 이렇게 기도하기 시작했다. "오, 주님. 주님은 저희에게 너무나 많은 것을 주셨습니다…:"

나는 바로 그때 식욕을 잃었다. 음식 때문이 아니었다. 나는 이 사람이 자기 삶에 만족하는 것을 보며 크게 놀랐다. '너무나 많은 것을 주셨다니? 설마 농담이겠지. 어떻게 저런 말을 할 수 있지?' 나는 이렇게 생각했다.

그때 주님이 내게 말씀하셨다. "하우이야, 그것은 모두 어떻게 보느냐에 달린 것이란다."

성숙한 신앙이 있는 사람은 하나님이 주시는 것뿐만 아니라 주지 않으신 것에 대해서도 만족한다.

성숙한 믿음이 있는 사람은 자신감으로 환경을 이긴다

수넴 여인은 하나님이 약속하신 아들을 정말로 원하지 않았다왕하 4:16. 내 생각에는 그녀가 간절히 아이를 원했다고 본다. 그러나 이미 상당히 오랜 세월을 자식 없이 살아왔기 때문에 그런 상황을 감당해 낼 수 있게 되었을 것이다. 그런데 갑자기 하나님의 약속이 그녀의 평정을 흔들어 놓고 있었다.

아이를 낳는 것이 이 여인의 믿음이 자라는 데 도움을 주었다. 자녀는 보통 부모의 믿음이 성장하도록 돕는다. 당신의 교회에서 태의 열매를 위해 모든 사람에게 기도를 부탁하는 젊은 부부를 본 적이 있는가? 하나님이 그들의 기도를 들어주시면 아이가 태어난 지 6주 후에 그 부부는 다시 이렇게 기도한다. "주님, 왜 우리에게 자녀를 주셨습니까?"

그러나 수넴 여인은 모든 부모가 두려워하는 극적인 시련을 겪어야 했는데, 그것은 바로 아들의 죽음이었다왕하 4:18-21. 여인은 당나귀에 안장을 올리고(그 당시의 당나귀는 오늘날의 리무진과도 같은 것으로, 귀족과 부유한 사람만 당나귀를 탔다), 갈멜 산에 머물고 있던 엘리사를 찾아갔다. 본문에 따르면 그 여인은 깊은 비통과 슬픔에 빠져 있었을 뿐 아니라 분노로 힘겨워했다. 여인은 "내가 내 주께 아들을 구하더이까?"왕하 4:28라고 엘리사에게 말했다. 이는 "괜히 마음 들뜨게 하지 말라고 말씀드리지 않았던가요?"라는 의미였다.

나는 그 순간 엘리사의 기분이 어땠을지 상상할 수 없다. 그는 이 자비로운 여인을 축복해 아이를 갖게 하여 그녀를 높여 주려고 했다. 그러나 이제 그의 친절은 오히려 저주처럼 보였다. 그는 자신이 돕기 원했던 사람에게 상처를 주었다.

그러나 그다음 엘리사가 보인 반응은 위기를 극복하려면 어떻게 해야 하는지 잘 알려 준다. 엘리사가 앞으로 무슨 말을 하든지 또는 무슨 일을 하든지 그것은 그녀가 비극을 극복하는 데 결정적 역할을 할 것이었다. 우선 그는 게하시에게 자신의 지팡이를 주고는 죽은 소년에게 보냈다. 지팡이는 엘리사의 영적 권위의 상징이었다. 그러나 엘리사 자신은 그녀와 함께 남았으며, 아무 말도 하지 않았다. 함께 있어 주는 것의 위력과 아무 말도 하지 않는 것의 위로를 아는가? 상처를 입었을 때 사람들은 흔히 우리가 입을 다물고 팔을 열어 주기를 원한다. 그것이 바로 엘리사가 한 일이었다. 게하시가 먼저 서둘러 가는 동안 엘리사는 그 여인과 함께 있어 주었다.

그러나 그 산에서 수넴으로 향하는 길(엘리야가 아합의 마차보다 더 빨리 뛴 바로 그 길일 것이다. 왕상 18:46 참고)에서 수넴 여인의 당나귀를 쫓아가는 동안 그는 분명히 주님과 긴 대화를 나누었을 것이다! 성경에는 그가 무슨 말을 했는지 기록되어 있지 않지만, 엘리사가 도착하자마자 한 일은 주님이 기적을 행하실 거라는 믿음을 보이는 것이었다 왕하 4:32-35. 이것은 수넴 여인이 사실상 그에게 "엘리사 님, 당신이 저를 이렇게 만들었습니다"라고 말한 것처럼 그도 주님께 "주님, 주님이 저를 이 지경으로 몰아넣으셨습니다"라고 말한 것과 같다. 또한 "이제 우리를 이 어려움에서 구해 주실 것을 신뢰합니다"라고 덧붙인 것이다.

엘리사가 한순간이라도 하나님이 그 아이를 죽음에서 다시 살리실 것을 의심했다는 흔적은 없다. 그는 하나님이 이미 엘리야 때 그 일을 하셨다는 것을 알고 있었다 왕상 17:17-24. 이제 그는 여인에게뿐만 아니라 그 기적에 관해 알고 있는 모든 사람에게 하나님의 능력을 증명해 보일 차례였다.

그 모든 사람이란 우리도 포함한다. 성령님은 우리에게 교훈을 주시기 위해서 이 사건을 성경에 기록해 두셨다. 그 교훈은 무엇인가? 하나님이 우리에게 선물을 주시거나 어떤 책임을 부여하실 때, 우리는 그것을 반납할 수 없다는 사실이다. 그분은 우리가 끝까지 책임질 것을 기대하신다.

아들이 죽었을 때 수넴 여인이 했던 행동에 주목하라. "아들을 하나님의 사람의 침상 위에 두고 문을 닫고 나와"왕하 4:21. 그녀는 왜 그렇게 했을까? 기적을 기대했기 때문인가? 아니라고 본다. 내 생각에 그녀는 분노로 그렇게 했을 것이다. 그녀는 엘리사를 위해 방을 마련해 주었으며, 그 보답으로 엘리사는 그녀가 반대했는데도 아들을 하나 주었다. 그런데 그녀가 가장 두려워하던 일이 일어났다. 아들이 죽은 것이다. 그래서 그녀는 죽은 아이의 몸을 선지자의 방에 가져다 둔 것이다. 마치 "당신의 '선물'을 다시 가져가세요. 그것은 저의 삶을 망쳤을 뿐이에요!"라고 항변하듯 말이다.

그렇게 느껴 본 적이 있는가? 물론이다! 때로는 너무나도 힘들게 여겨지는, 하나님이 주신 그 배우자라는 '선물'을 당장 돌려 드리고 싶다. 때로는 하나님이 주신 재능과 너무도 완벽하게 잘 맞는 직업을 돌려 드리고 싶다. 어떤 이들은 하나님이 주신 돈이나 명성 또는 권력이나 지위를 아예 받지 않았더라면 좋을 뻔했다고 생각한다. 커다란 특권과 함께 오는 것은 커다란 책임이며, 때로는 마치 이 수넴 여인의 경우처럼 커다란 고통도 동반된다.

그러나 하나님은 그 아이를 다시 받으실 준비가 되지 않으셨다. 그분은 그 아이가 여인의 보살핌 속에서 자라기를 원하셨다. 이것은 주님이 품으신 계획의 한 부분이었다. 이 소년은 훗날 왕들이 주님을 경외하도록 하는 일에 쓰임 받을 것이다왕하 8:1-6.

우리 중 많은 사람이 병든 사람의 치유를 위해 하나님께 기도했는데도 그 사람이 결국 세상을 떠난 슬픈 경험을 해보았을 것이다. 또는 재정이 필요해서 하나님께 열심히 기도해 봤지만 아무 소용이 없었던 적이 있을 것이다. 그렇다면 이는 하나님이 우리의 부탁을 저버리셨다는 의미인가? 절대 그렇지 않다. 이는 하나님께 우리가 알지 못하는 목적이 있다는 것을 의미한다. 우리가 해야 하는 도전은 하나님이 어떤 환경을 허락하시든, 그것이 생명이나 죽음이든, 건강이나 질

병이든, 부나 가난이든, 기쁨이나 고통이든 하나님의 계획 가운데 속한다는 사실을 신뢰하는 것이다. 모든 것이 우리의 계획이 아니라 그분의 계획임을 명심해야 한다. 우리는 그분의 계획 가운데 아주 작은 일부만을 경험할 뿐이다. 하나님은 우리가 겪는 계획의 그 작은 부분이 다른 사람들의 또 다른 작은 부분과 어우러져 합력하여 선을 이룬다는 것을 확신시켜 주신다. 그러나 적어도 아직 주님은 그분의 전체 계획을 우리에게 보여 주지 않기로 하셨다.

그러므로 우리는 보이는 대로가 아니라 믿음으로 걸어야 한다. 어떤 이들에게 그것은 공중에 서 있는 것처럼 불안하게 느껴질 것이다. 그러나 하나님은 우리에게 절벽 아래로 떨어지라고 하시는 것이 아니라 우리의 소망을 그분께 두라고 하신다. 그렇게 하는 사람은 흥미진진한 것을 발견한다. 시간이 가면서 그들은 더 이상 산을 오르는 것이 아니라 하나님의 영의 바람으로 산 위를 높이 떠오르게 된다. 그 바람은 어떤 때든 우리에게 불어올 수 있다. 그러나 바람을 가장 잘 이용하는 새는 날개를 발달시키는 새다. 온전히 성숙한 믿음의 날개 말이다.

MODELING

본이 되기

수년 전 붐비는 고속도로에서 운전하고 있을 때였다. 그때 나는 약속 장소에 제시간에 도착해야 한다는 생각에 정신이 없었다. 공사 때문에 한 차선밖에는 통행할 수 없었기에 도로는 걷잡을 수 없이 혼잡했다. 내 앞에는 마치 다른 모든 사람도 종일 시간이 남아도는 줄로 착각하고 있는 듯한 사람이 어슬렁대며 운전을 하고 있었다. 그를 추월할 길은 전혀 없었기에 나의 혈압은 치솟고 있었다.

나는 홧김에 "너무하는구먼, 저 친구!"라고 소리치며 운전대를 제법 세게 내리쳤다. 그때 내 아들은 옆자리에 앉아 장난감 차를 가지고 놀고 있었다.

며칠 후 우리는 다시 길에서 교통 체증을 겪고 있었다. 그날은 다소 시간적 여유가 있었다. 그러나 우리 앞에 있는 차가 움직이기를 기다리고 있을 때 내 아들이 이렇게 말했다. "너무하는구먼, 저 친구!" 그러고 나서 아들은 자기 장난감 차의 운전대를 탁 하고 내리쳤다. 바로 그때 나를 탁 하고 치시는 주님을 느낄 수 있었다. "헨드릭스! 이제 알겠니? 부모로서 너는 잘하건 못하건 자녀의 본이 되고 있다. 마치 원숭이가 보는 그대로 따라 하듯 말이다." 그것은 나에게 절실히 필요하던 자명종 소리와도 같은 말씀이었다. 나는 조급한 마음과 긴장감에 사로잡혀 아버지로서의 역할에 대해서는 전혀 생각하지 못하고 있었다. 내가 화를 내고 있을 때 아들이 나를 지켜보고 있었다는 사실을 조금도 깨닫지 못했다. 그저 자기 장난감 자동차에 정신이 팔려 아무것도 듣지 못했을 거라고 생각하고 있었던 것이다. 그러나 내 아들은 매처럼 날카로운 눈으로 나를 지켜보고 있었다!

자녀 앞에서 좋은 사람인 척 행동하라는 말이 아니다. 아이들은 꾸며 낸 행동을 바로 알아차린다. 그러나 우리가 기억해야 할 것은 우리의 행동이 그들이 따라 하게 될 행동 유형을 구성한다는 점이다. 바로 그것이 오늘날 나를 그토록 언짢게 만드는 것이다. 다 자란 내 아이들이 내가 하던 일, 따라 하지 말았으면 하는 모습을 보일 때 말이다. 나는 그럴 때마다 '과연 저 애들이 어디서 저걸 배웠을까?' 하고 생각한다.

예수님이 하신 가장 중요한 일 가운데 하나는 제자들의 본이 되신 것이다. 삼 년 반이라는 짧은 시간에 그분은 평범한 사람들을 모아 평범하지 않은 삶을 살도록 가르치셨다. 그들을 변화시킨 것은 단지 그분의 말씀만이 아니었다. 그분의 말씀도 절대적으로 중요하긴 했지만, 결정적이었던 것은 그분의 삶 자체였다. 그분은 어떻게 기도해야 하는지, 어떻게 유혹을 물리쳐야 하는지, 어떻게 반대하는 사람들을 대해야 하는지, 어떻게 진리를 위해 서야 하는지 보여 주셨다. 그분은 용서에 대해 설교하기도 하셨지만, 간음하다 붙잡혀 온 여인을 대하시는 모습에서 그 설교에 생명력을 더하셨다. 마찬가지로 원수를 사랑하라고 설교하신 그분은 십자가에서 "아버지 저들을 사하여 주옵소서 자기들이 하는 것을 알지 못함이니이다"눅 23:34라고 외치며 하나님의 사랑을 증명해 보이셨다.

예수님이 경건함의 본을 보이신 것은 단지 열두 명에게만이 아니다. 그분은 오늘날 믿는 자들을 위해서도 하나님의 본이 되신다. 또한 당신과 나도 주위 사람들에게 본이 되고 있다. 좋은 본이건 나쁜 본이건 간에 말이다. 믿지 않는 사람들은 그리스도가 우리의 태도와 행동을 그들과 차이가 있게 만드시는지를 지켜보고 있다. 다른 믿는 자들도 그리스도가 우리의 가치관과 헌신에 변화를 만드시는지 지켜보고 있다. 우리 가족도 그리스도가 우리 관계에 변화를 일으키시는지 지켜보고 있다. 그뿐만 아니라 우리의 자녀도 부모인 우리를 지켜보면서, 우리가 자신들을 사랑하고 삶의 본을 보여 주는 데 있어서 그리스도가 변화를 일으키시는지 보고 있다. 당신의 삶은 어떠한가? 그리스도가 당신의 삶에 드러나는가? 잠시 멈추어 생각해 보라.

한 목사가 동네 여성 단체 모임을 위해 교회 건물을 사용할 수 있게 허락한 후 행정부서에 그 모임을 위해 교제실을 개방할 것을 지시했다. 일주일 후 그와 청소년 담당목사가 교회 뒤에서 상자를 나르고 있었다. 그것은 지루한 일이었고, 얼마 지나지 않아 그들은 그 일을 시합으로 만들었다. 처음에는 누가 더 빨리 나르는지를 겨루었다. 그러나 그것은 경찰과 강도 역할을 하는 장난으로 발전되었고, 곧 이 두 큰 어른은 교회 복도를 뛰어다니면서 쫓고 쫓기며 총을 쏘듯 총소리를 냈다.

한창 장난이 무르익었을 때, 그들은 교회의 중앙 복도를 달려 교제실 문을 박차고 들어가 재주를 넘으며 그 한가운데로 가 총을 겨누고 마주 섰다. "꼼짝 마라, 짱구야!"라고 목사가 외쳤다. 그때쯤 그는 자기들 둘이만 거기 있지 않다는 것을 알게 되었다. 할머니 여덟 명이 접는 의자에 동그랗게 앉아서 그 두 사람이 손가락으로 서로 총을 쏘고 있는 모습을 지켜보고 있었다.

그 상황을 모면해 보려는 궁여지책으로 목사는 바로 서서 그의 '무기'를 '꽂아 넣고' 할머니들을 바라보며 이렇게 말했다. "설교 준비 중입니다! 저, 곧 영적 전쟁에 대해서 설교를 할 예정입니다. 직접 연극을 해보면 도움이 될 것 같아서…" 할머니들은 미소를 지으며 고개를 끄덕였지만, 이런 일이 늘 벌어지고 있는 것은 아닌지 궁금해했을 것이다.

누가 지켜보고 있는지 결코 알 수 없다. 사실 그리스도인으로서 당신은 누군가가 항상 지켜보고 있다고 생각해야 한다. 당신은 항상 믿음의 본을 보인다. 좋은 본이건 나쁜 본이건 간에 말이다. 그러므로 바울은 "그런즉 너희가 어떻게 행할지를 자세히 주의하여 지혜 없는 자같이 하지 말고 오직 지혜 있는 자같이"엡 5:15 하라고 쓴 것이다. 우리의 목표는 "흠이 없고 순전하여 어그러지고 거스르는 세대 가운데서 하나님의 흠 없는 자녀로 세상에서 그들 가운데 빛들로 나타내며 생명의 말씀을" 밝히는 데 있다빌 2:15-16.

엘리사는 지혜롭고 분별력 있는 방법으로 경건의 본을 보였다. 그리고 엘리사도 엘리야라는 그가 따를 수 있는 훌륭한 본이 있었다. 이제 비뚤어지고 타락한 세대에서 별과 같이 빛나는 것은 엘리사가 해야 할 일이었다. 본을 보여 준 그의 네 영역을 관찰하면서, 하나님의 사람이 되는 것의 의미를 생각해 보자.

거룩함

엘리사는 백성들 사이에서 거룩한 사람으로 알려져 있었으며, 그의 명성은 이방인들에게까지 알려져 있었다. 이스라엘 북쪽에 있는 다메섹 지역 부근을 다스리던 아람인들에게 말이다. 그 당시 아람은 이스라엘을 자주 침략해서 그 영토를 조금씩 빼앗았으며, 노략질을 하고 포로를 잡아갔다.

이 노략질을 이끈 장군의 이름은 나아만이었다. 그는 전쟁에서 용맹스러웠으나 어떤 이유에서인지 나병에 걸리게 되었다왕하 5:1. 성경에서 묘사된 나병은 다양한 피부병 증세가 나타나고, 죽음을 초래하는 불치병이었다. 이스라엘 사람들은 오직 하나님만이 나병을 고치실 수 있다고 믿었다7절. 이 무서운 병이 이제 그 이방 장군에게서 발견되었다. 그런 상황에 처한 대부분 사람처럼 그도 자신의 치유를 위해서 백방으로 알아보기 시작했다. 하나님의 섭리로 나아만의 아내는 이스라엘 포로 중에서 어린 소녀를 종으로 삼았는데, 그 종은 나아만에게 엘리사를 만날 것을 권했다2절.

나는 이 이야기를 읽으면서 두 가지에 매혹되었다. 첫 번째는 그 어린 소녀의 지혜롭고 적절한 제안이었다. 그 아이는 기회를 포착했다. 그 아이는 나아만을 도울 수는 없었으나 그를 도울 만한 사람을 알고 있었으며 입을 열어 말했다. 당신과 나도 그 소녀와 매우 유사한 위치에 있다. 우리를 둘러싼 사람들이 영적 불치병을 앓고 있으며 그 병은 바로 죄다. 우리 자신의 힘으로는 그들을 도울 수가 없으나, 우리가 할 수 있는 일은 인간의 영혼을 치유하실 수 있는 분께로 그들을 인도하는 것이다. 우리가 그 일조차도 할 자신이 없다면 적어도 그렇게 할 수 있는 다른 믿는 사람에게 그들을 인도해 주어야 한다.

다른 한 가지는 이 작은 소녀의 추천이 엘리사의 평판과 신용에 대하여 많은 것을 말해 준다는 것이다. 그를 하나님의 사람으로 인식한 사람들은 단지 왕들과 다른 선지자들뿐만이 아니었다. 심지어 이스라엘 북부의 국경 도시에 사는 보잘것없는 여종조차도 그가 하나님의 사람이라는 것을 알았다. 이 여종의 추천에는 의심이나 주저하는 흔적을 도무지 찾아볼 수가 없다. "우리 주인이 사마리아에 계신 선지자 앞에 계셨으면 좋겠나이다 그가 그 나병을 고치리이다"왕하 5:3.

당신에게 그런 평판이 있다고 상상해 보라! 당신의 직장 동료 또는 이웃이 영적인 질문과 필요를 가지고 갈등하는 사람을 만났을 때 "저는 당신을 도울 수는 없지만 제가 다니는 직장에(또는 저의 옆집에) 도울 수 있는 사람이 있습니다"라고 말하며 그 사람을 당신에게 보낸다고 상상해 보라. 바로 그것이 의로움의 본보기다!

나는 하나님이 우리도 그런 평판, 즉 거룩함의 평판을 듣게 되기를 원하신다고 믿는다. 그렇지 않으면 이 어두운 세상에서 그분을 증거할 수 있는 증인이 하나도 없다.

런던의 메트로폴리탄 태버내클Metropolitan Tabernacle에서 시무했던 19세기 위대한 목사 찰스 스펄전Charles Spurgeon이 사역을 시작했을 때, 한 유명한 무신론자가 자기 친구에게 스펄전의 설교를 들으러 갈 것이라고 말했다.

"아니, 왜?"라고 그의 친구가 의심스러운 표정으로 말했다.

"그 사람이 하는 말을 자네는 하나도 믿지 않지 않나?"

"물론 믿지 않지"라고 그 무신론자는 동의했다. "그러나 그 사람은 믿네."

심지어 불신자도 하나님께 온전히 헌신한 사람의 열정과 신앙을 인정할 수 있다. 그래서 베드로는 초대교회에 "너희가 이방인 중에서 행실을 선하게 가져 너희를 악행한다고 비방하는 자들로 하여금 너희 선한 일을 보고 오시는 날에 하나님께 영광을 돌리게 하려 함이라"벧전 2:12고 말하고 있다. 그것이 엘리사가 한 일이다. 그는 거룩함의 본을 세웠다.

거룩한 삶을 살아야 한다는 부담 때문에 아예 처음부터 그렇게 살기를 단념해 버리는가? 당신은 "나는 절대로 그런 수준의 삶을 살지 못할 거야"라고 생각하는가? 만일 그렇다면 당신은 은혜를 경험할 준비가 되었다. 사실 우리 중 누구도 거룩함의 완전한 기준에 미치는 삶을 살지 못한다. 만일 우리가 그렇게 살 수 있다면 그리스도가 십자가에서 죽으실 필요가 없었다. 그러나 그분은 우리를 위해 죽으셨다. 왜냐하면 오직 그분만이 하나님의 기대에 충족할 정도로 거룩하셨기 때문이다. 예수님 덕분에 우리는 거룩하신 하나님 앞에 설 수 있게 되었다. 그것은 은혜다. 또한 그런 은혜를 입었기에 우리는 거룩한 삶, 즉 우리 주님을 닮아 가라는 부르심을 받았다.

여기서 비롯하는 세 가지 실용적 의미를 생각해 보겠다. 첫째는 순종에 관한 것이다. 거룩한 삶이란 온전히 주님을 위해 사는 것을 의미한다. 사람들이 엘리사를 그토록 존경했던 이유 중 하나는 하나님이 무엇을 하라고 하시든 그가 순종했기 때문이다. 모든 그리스도인이 그와 같은 헌신의 부르심을 받았다.

"오직 너희를 부르신 거룩한 이처럼 너희도 모든 행실에 거룩한 자

가 되라 기록되었으되 내가 거룩하니 너희도 거룩할지어다 하셨
느니라" 벧전 1:15-16.

둘째로 거룩하게 산다는 의미는 하나님을 경외하는 마음을 품는
다는 것이다. 베드로는 "외모로 보시지 않고 각 사람의 행위대로 심
판하시는 이를 너희가 아버지라 부른즉 너희가 나그네로 있을 때를
두려움으로 지내라"벧전 1:17고 계속해서 말하고 있다. 당신은 만능의
주께 존경심을 표하는가? 오늘날 많은 사람이 그렇게 하고 있지 않
다. 그들은 하나님을 농담의 대상으로 일삼고 있다. 그들은 그분의
이름을 더럽힌다. 또 하나님께 소중한 일들을 조롱한다. 그러나 하나
님을 경외하는 사람들은 그분을 창조주요 주님으로서 그리고 재판
장으로서 높여 드린다.
　마지막으로 거룩함을 추구하는 일은 자제심을 포함한다. 베드로
는 "사랑하는 자들아 거류민과 나그네 같은 너희를 권하노니 영혼을
거슬러 싸우는 육체의 정욕을 제어하라"벧전 2:11고 썼다. 우리는 적지
에서 살고 있다. 우리의 적인 사탄은 죄악 된 정욕을 부추겨 우리를
유혹하여 함정에 빠뜨릴 준비를 항상 하고 있다. 그래서 베드로는 '주
의를 기울이라. 조심하라. 자제력을 발휘하라'고 말했다.
　당신은 어떤가? 당신이 사용하는 말은 순결한가? 사람들이 당신
이 하는 말을 듣고 그리스도를 따르는 사람이라는 것을 알 수 있는
가? 그것은 기독교 용어를 잔뜩 사용한다는 의미가 아니다. 당신의
말을 통해서 하나님이 영광을 받으시는가?
　당신의 생각은 어떤가? 마음에 들어오는 모든 유혹을 다 제어할
수는 없어도 그것을 생각하는 데 얼마나 많은 시간을 쓸지는 당신이

선택할 수 있다. 마음에 쓰레기와 더러운 것을 먹이는가, 아니면 하나님 말씀의 순결한 젖과 진리의 음식을 먹이는가?

당신의 성생활은 어떤가? 성경은 거룩함이 자제력과 관련되는 성적 순결함과 밀접한 관계를 맺고 있다는 사실을 분명히 말해 준다. "하나님의 뜻은 이것이니 너희의 거룩함이라 곧 음란을 버리고 각각 거룩함과 존귀함으로 자기의 아내 대할 줄을 알고 하나님을 모르는 이방인과 같이 색욕을 따르지 말고"살전 4:3-5.

위대한 스코틀랜드의 복음 전도자 로버트 머리 맥체인Robert Murray McCheyne은 "거룩한 사람은 하나님의 손에 들린 강력한 무기다"라고 말했다. 당신은 하나님의 무기가 되려는 열망을 가지고 있는가? 만일 그렇다면 당신은 또한 사탄의 표적이 될 것이다. 그는 당신을 쓰러뜨리기 위해서 어떤 일이라도 할 것이다. 그러므로 베드로는 우리에게 경고한다.

> "근신하라 깨어라 너희 대적 마귀가 우는 사자같이 두루 다니며 삼킬 자를 찾나니 너희는 믿음을 굳건하게 하여 그를 대적하라…모든 은혜의 하나님 곧 그리스도 안에서 너희를 부르사 자기의 영원한 영광에 들어가게 하신 이가…친히 온전하게 하시며 굳건하게 하시며 강하게 하시며 터를 견고하게 하시리라" 벧전 5:8-10.

마음

한번은 놀이터에서 아이들이 노는 것을 보고 있었다. 한 여자아이가 실수로 부딪치는 바람에 남자아이가 넘어져 무릎이 까졌다. 그 남자아이가 어떻게 했는지 아는가? 당장 일어나 여자아이를 쫓아가서 땅바닥에 눕혀 울게 만들었다. 별로 놀랄 것이 없지 않은가? 우리를 다치게 한 사람에게 보복하는 것은 지극히 자연스러운 일이다. 아이들 속에서 자동으로 나오는 그런 반응을 볼 때 우리는 보복이 인간의 방법이라는 것을 깨닫는다.

그러나 그것은 하나님의 방법은 아니다. 예수님은 적을 대할 때 그들을 사랑하고 그들을 위해 기도하라고 도전하신다마 5:44.

나는 그렇게 하는 것이 힘이 든다. 나 스스로는 가지고 있지 않은 사랑으로 행동해야 하기 때문이다. 예를 들어 한번은 내가 아는 사람이 나에 대해 정확하지 않은 말을 했다. 내가 그 일에 대해서 그를 직접 만나 물어보았을 때 그는 모든 것을 부인했다. "나는 그런 말을 한 적이 결코 없네! 어디서 잘못된 얘기를 들은 모양이군."

그러나 나는 그가 그 말을 했다는 것을 거의 확신할 수 있었기에 상처를 입었다. 후에 누가 이 사람에 대한 의견을 물으려고 내게 전화를 했다. 그는 어떤 사역의 책임자로 추천되어 있었으며, 사실 그는 그 자리를 맡을 자격이 충분했다. 당연히 나는 '이건 기회야. 드디어 그에게 보복할 수 있게 되었군'이라고 생각했다.

그러나 주님이 이 구절을 나의 마음에 떠오르게 하셨다. "욕을 당하시되 맞대어 욕하지 아니하시고 고난을 당하시되 위협하지 아니하시고 오직 공의로 심판하시는 이에게 부탁하시며"벧전 2:23. 이제는 내가 선택을 내려야 했다. 그에 대해 나쁘게 평을 내려서 사역할 기회를 박살 내어 그에게 보복하든지, 아니면 하나님께 순종해서 공정하게 행동해야 했다.

나는 공정하게 행동하기로 했다. 사실 그에 대해서 긍정적인 말을 하나도 하고 싶지 않았다. 그것이 자연스러운 반응이었다. 그러나 하나님은 나의 마음을 바꾸셨다. 나는 내게 전화한 사람에게 그가 그 위치에 잘 맞는 사람이라고 확신하지만 나와 과거에 부딪친 적이 있기에 공평한 의견을 얻기 위해서는 다른 사람에게 알아보는 편이 더 좋을 것 같다고 말했다.

갈등과 긴장으로 가득 찬 세상에서 하나님의 백성은 부드러운 마음을 품은 본이 되라고 부르심을 받았다. 그것이 바로 엘리사가 한 일이다. 나아만이 이스라엘에 자기 병을 고칠 수 있는 선지자가 있다는 말을 들었을 때 그는 즉시 아람 왕에게 잠시 자리를 비울 수 있게 해 달라고 부탁했다. 왕은 기꺼이 보내 주었으며, 이스라엘 왕(아마도 요람일 것이다)에게 협조를 구하는 편지와 함께 많은 선물을 보냈다왕하 5:4-6.

자연히 이스라엘 왕은 의심했다. 그러나 엘리사의 마음은 이 이방 장군의 간절한 마음으로 인해 움직였다. 엘리사는 아람 사람 한 명이라도 더 죽게 되어서 잘되었다는 태도를 보이기보다는 그를 환영하고, 그의 병을 고쳐 주는 일이 하나님이 영광을 받으실 기회라고 생각했다. "그 사람을 내게로 오게 하소서 그가 이스라엘 중에 선지자가 있는 줄을 알리이다"왕하 5:8.

절대로 하나님께 회개하고 돌아오지 않을 것 같은 사람이 있는가? 내 친구는 그런 사람을 한 명 알고 있었는데, 그의 이름을 찰리Charlie였다. 그들은 함께 항해를 했었는데, 그리스도인이었던 내 친구는 찰리를 완전히 버려진 사람으로 여기고 있었다. 찰리가 백만 년이 지나도 절대로 하나님 앞에서 자신을 낮추지 않을 것이라 생각했다.

친구는 내게 "하우이, 한번은 찰리가 배 조종실 선반에 맥주 캔 하나를 올려놓고는 뒤로 돌다가 그것을 쓰러뜨린 적이 있네. 맥주가 모조리 바닥에 쏟아지자 그는 아주 기막히다는 듯 욕설을 몇 마디하고 나서 말하기를 '차라리 교회가 불에 타는 것이 낫지'라고 했네"라고 말했다.

그런데 어떤 일이 일어났다. 찰리는 대인 관계에서 아주 심각한 문제를 겪게 되었다. 찰리는 그리스도인이었던 나의 친구를 보고, 그가 맺는 관계는 무언가 다르다는 것을 깨달았다. 그것이 계기가 되어 그들은 삶을 가치 있게 만드는 것이 무엇인지 논하기 시작했다. 결국 찰리는 성경공부를 하기 시작했다. 오래지 않아서 이 '버려진 사람'은 구속받은 하나님의 자녀가 되었다! 그러나 찰리에게 일어난 삶의 변화는 내 친구의 관점도 변화시켰다. "내 눈으로 직접 보지 않았다면, 나는 찰리가 믿음을 갖게 되리라고는 상상도 못 했을 걸세"라고 그는 말했다.

나아만도 찰리와 비슷했다. 처음에 그는 요단 강으로 가 목욕하라는 엘리사의 지시를 거부했다왕하 5:10-12. 그러나 부하들이 그에게 다시 한 번 생각해 볼 것을 권했다. 그가 엘리사의 지시대로 하자, 그의 병은 기적처럼 치유되었다. 그의 반응을 보라. "내가 이제 이스라엘 외에는 온 천하에 신이 없는 줄을 아나이다…이제부터는 종이 번제물과 다른 희생제사를 여호와 외 다른 신에게는 드리지 아니하고 다만 여호와께 드리겠나이다"15, 17절. 아무도 그런 결과는 기대하지 않았다. 엘리사를 제외하고는 말이다. 다른 모든 사람은 마음이 굳어진 병정이자 이스라엘의 철저한 적이며 우상숭배자인 나아만의 마음이 절대 바뀔 리 없다고 생각하고 있었다. 그러나 엘리사는 주님이 마음을 바꾸실 수 있는 분이라는 것을 알았다. 엘리야가 어떻게 해서 아합이 잠시나마 회개하도록 마음을 움직일 수 있었는지 기억하는가?왕상 21:17-29 엘리야를 늘 따르던 엘리사는 그 변화를 직접 눈으로 목격했을 것이다. 하나님을 완전히 적대시하던 아합이 변할 수 있었다면, 적어도 자신의 문제에 대한 답을 찾으려고 노력하는 나아만이 왜 변하지 않겠는가?

만일 엘리사처럼 당신도 다른 사람들을 생각하는 마음을 키우기 원한다면, 우선 몇 사람을 선택하여 그들의 이름을 불러 가며 기도하는 것으로 시작해 보라. 예수님은 원수를 위해 기도하라고 명령하셨지만, 우리 중 얼마나 많은 사람이 그것을 실천에 옮기는가? 우리는 아마 하나님께 우리의 적을 구해 달라고 기도하기보다는 우리를 적에게서 구해 달라고 기도할 것이다.

미국과 이라크가 걸프 전쟁을 치르는 동안 이라크의 그리스도인 몇 명이 바그다드에 모였다. 자신들의 도시에 폭탄이 비 오듯 쏟아질 때 그들이 무엇을 한 줄 아는가? 그들은 기도하고 있었다! 미국의 지도자들과 사담 후세인을 위해서 말이다. 개인적인 생각이지만, 나는 엘리사가 그들이 한 일을 보았으면 감탄했을 것이라고 생각한다.

단, 적을 위해 기도할 때는 조심할 점이 하나 있다. 어쩌면 당신은 그를 좋아하게 될지도 모른다. 심지어 그의 친구가 될지도 모른다! 그것이 미시시피 주 멘덴홀에 사는 돌퍼스 위어리Dolphus Weary에게 일어난 일이다. 하나님은 돌퍼스를 존 퍼킨스가 시작한 멘덴홀 사역Mendenhall Ministries의 지도자로 세우셨다. 돌퍼스는 잭슨 시에서 남쪽으로 64킬로미터 정도 떨어진 작은 도시인 멘덴홀의 지도자들을 위해서 기도하기 시작했다. 많은 남부 도시처럼 멘덴홀에는 다양한 인종이 분리돼 살고 있었다. 돌퍼스는 흑인이었다. 도시의 지도자들은 백인이었다. 그중에는 큐 클럭스 클랜(Ku Klux Klan, 약칭 KKK, 남북전쟁 후에 생겨난 인종차별주의적 극우 비밀 조직)의 회원도 있었다. 그래서 돌퍼스가 그들을 위해 기도하기란 결코 쉬운 일이 아니었다.

그러나 돌퍼스는 지도자들, 즉 시장, 시 의원, 구 대표와 시장 부하 직원들의 이름을 차례로 부르며 하나님께 기도드리기 시작했다. 그러던 중 한번은 어딘가에 말씀을 전하러 갔는데, 거기서 그 지도자 중 한 사람이 와 멘덴홀 사역에서 돌퍼스가 하는 일에 관해 물어보았다. 돌퍼스는 깜짝 놀랐다. 이 사람은 KKK 안에서도 중요한 회원이었기에 그와 대화하는 것조차도 조심스러웠다. 그러나 대화를 나누던 중 하나님이 이 사람의 삶에 역사하고 계시다는 것을 발견했다. 얼마 후 이 KKK 회원은 자신의 인종주의를 회개하고 하나님께 자기 삶을 드렸다. 그는 하나님이 멘덴홀 사역을 통해 하시는 일에 깊이 관심을 두기 시작했다. 그리고 결국 그 사역에 동참하게 되었다!

이 세상은 KKK 회원이었던 그 사람같이 분노하고 혼란스러우며 상처받고 외로운 사람들로 가득 차 있다. 그들에게는 삶을 변화시키는 예수 그리스도의 사랑이 필요하다. 문제는 그들에게 이런 필요와 문제가 있는데도 그리스도를 소개해 줄 수 있는 우리가 그들을 상대하려 하지 않는다는 점이다. 그래서 기도가 중요하다. 기도는 다른 누구보다도 우리 자신을 가장 많이 변화시켜 준다.

기도하고 나서, 사람에 대한 마음을 키우는 다음 단계는 사람들과 어울리는 것이다. 유명한 만화영화 〈스누피〉에서 루시가 이렇게 외치는 장면이 있다. "나는 인류를 사랑한다! 그런데 사람들은 못 참겠어!" 당신을 불편하게 만들고 싶지는 않지만, 사실 이것이 많은 그리스도인이 지닌 태도가 아닌가? 우리는 우가우가 나라에 사는 이름 모를 불쌍한 영혼들에 대해서는 아주 마음 아파한다. 죽을 때까지 아마 한 번도 만나게 되지 않을 사람들에 대해서 말이다. 그런데 한 발만 더 내디디면 그리스도가 없는 영원에서 벗어날 가망성이 높은, 저 길 아래에 사는 친구에 대해서는 전혀 신경 쓰지 않는다. 잔디를 깎고 세차를 하고 자기 아이들을 데리고 노는 그의 모습을 항상 본다. 심지어 이웃인 우리는 그에게 손을 흔들고 다정하게 행동한다. 그러나 그에게 복음에 대한 관심이 조금이라도 있는지 알아보려는 노력은 전혀 기울이지 않는다.

만일 부드러운 마음의 본을 삼고 싶다면, 우리는 먼저 행동을 취해야 한다. 사람들의 필요가 무엇인지 알아보아야 한다. 그것을 알아냈다면 그 필요를 채우려는 행동을 하도록 그의 삶에 개입해야 한다.

나의 친구인 앨런 에머리Allan Emery는 서비스 마스터 산업Service Master Industries의 책임자로 오랫동안 일했는데, 그는 1937년에 부모님과 함께 시카고에서 피닉스까지 대륙을 횡단하는 기차 여행을 떠났던 일에 대해 이야기했다. 그 여행 동안 앨런은 손님의 시중을 드는 차장 중 한 명이 안으로 자란 발톱에 염증이 생겨서 매우 고통스러워하고 있다는 사실을 알았다. 이 이야기를 들은 앨런의 아버지는 그에게 무언가 도와줄 것이 없는지 물었다. 결국 앨런의 아버지는 염증이 있는 곳을 칼로 베고 소독한 후에 반창고를 붙여 주었다.

이 '수술' 후에 그 차장은 앨런이 앉아 있던 자리를 지나게 되었다. 그런데 순간 그는 눈물을 흘렸다. 남자 화장실 근처까지 갔을 때는 곁에 놓인 가죽 의자에 털썩 주저앉아 갓난아이처럼 큰 소리로 엉엉 울기 시작했다. 깜짝 놀란 앨런은 그에게 다가갔다.

"발톱이 아파서 우세요?" 앨런이 물었다.

"아냐, 너희 아빠 때문이란다"라고 대답한 그는 또 엉엉 울었다.

결국 그는 앨런에게 이유를 말해 주었다.

"너희 아빠가 내 발톱을 소독해 주시면서 주 예수를 사랑하느냐고 물으셨단다. 나는 '저의 어머니는 예수님을 사랑하시지만, 저는 어머니처럼 예수를 믿지 않습니다'라고 대답했지. 그랬더니 네 아빠는 예수님이 나를 사랑하시고 나를 위해서 돌아가셨다고 말해 주었단다. 정성스럽게 내 발에 붕대를 감아 주는 너희 아빠의 모습을 보면서 나는 예수님의 사랑을 보았고, 이제는 그 사랑을 믿을 수 있단다. 그날 우리는 함께 무릎을 꿇고 기도했고, 이제 내가 예수님께 중요한 사람이며 그분이 나를 사랑하신다는 것을 깨달았어."

그 말을 하고 그는 다시 눈물을 쏟았다. 그러나 그 눈물은 부끄러움이 없는 기쁨의 눈물이었다. 그는 이렇게 말했다.

"애야, 친절은 사람의 마음을 크게 울린단다."

그리스도의 지체는 그런 눈물을 훨씬 더 많이 만들어 내야 한다.

겸손

엘리사는 거룩한 사람이었으며 따뜻한 마음을 가진 사람이었다. 그는 또한 겸손한 사람이었다. 요단 강에 일곱 번 몸을 담근 뒤 예쁜 여인과도 같은 피부를 가지고 나왔을 때왕하 5:14 나아만은 자연히 엘리사에게 빚진 마음이 들었다. 그래서 그는 엘리사에게 선물을 주려고 했지만, 엘리사는 끝까지 거부했다.

나는 이것을 겸손의 표시로 해석한다. 엘리사에게 물질이 필요하지 않았던 건 아니다. 그렇다고 그가 다른 사람의 큰 선물을 받기에는 너무 자존심이 센 사람이었던 것도 아니었다. 그가 수넴 여인이 제공해 준 방을 얼마나 기꺼이 받았는지 기억하는가?왕하 4:8-11 그러나 나아만에게 엘리사가 한 대답을 들어 보라. "내가 섬기는 여호와께서 살아 계심을 두고 맹세하노니 내가 그 앞에서 받지 아니하리라"왕하 5:16.

엘리사는 자신의 평판보다는 주님의 평판에 더 신경을 쓰고 있었다. 그는 자기가 부유해지는 것보다는 하나님이 예배를 받으시는 것에 훨씬 더 관심이 있었다. 그는 자신의 나라로 돌아간 나아만이 모든 사람에게 여호와 하나님이 아무런 대가 없이 완전한 은혜로 자신을 치유해 주셨다고 말하기를 원했다. 그래야 아람인들의 우상과 그들의 제사장들이 부끄러움을 당하게 될 것이기 때문이다. 그 당시 아람 백성은 몇 가지 도움을 얻기 위해 엄청난 액수의 돈을 그들에게 갖다 바치고 있었다.

자신의 나라로 돌아간 나아만이 어떻게 말했을지 상상이 간다. "제 말이 믿기지 않으실 겁니다. 사마리아에 있는 그 선지자가 저를 한 번 보고는 조그만 강으로 가라고 하더라고요. 거기서 수영하고 나왔을 뿐인데 글쎄 병이 다 나았지 뭡니까? 완전히 다 나았다니까요! 아기 피부처럼 되었다고요! 그런데 진짜 놀라운 사실은 그 친구가 글쎄 제게 한 푼도 요구하지 않았다는 겁니다. 한 푼도요! 그 친구는 다 주님이 하신 일이라고 말했습니다. 병을 고쳐 준 것에 대한 감사한 마음을 표시하고 싶다면, 그저 제 남은 평생 주님을 섬기면 된다고 하는 겁니다. 저는 분명히 그 말대로 할 겁니다!"

엘리사의 본은 참으로 신선하다. 그는 진짜로 나아만을 치유해 주신 분이 누구인지를 보여 주기 위해 중간에서 비켜났다. 그는 주님을 드러내고 싶어 했다. 그의 어리석은 종 게하시와 얼마나 다른 모습인가? 비극적이게도 게하시는 이 사건을 이용해 이익을 챙기려 했다왕하 5:19-27. 오늘날에도 이런 사람은 많다. 예수 그리스도를 위해 일한다고 주장하면서도 예수 그리스도와 그분의 관심사보다는 자신과 자신의 관심사에 대해 더 장황하게 늘어놓는다. 엘리사와 얼마나 다른 모습인가? 이런 사람들은 세례 요한의 태도를 배울 필요가 있다. "그는 흥하여야 하겠고 나는 쇠하여야 하리라"요 3:30.

누군가의 본보기로서 당신이 할 수 있는 가장 중요한 일 가운데 하나는 겸손이다. 위대한 작곡가이자 오케스트라 지휘자였던 레너드 번스타인Leonard Bernstein이 자격을 갖춘 연주자를 찾기가 가장 어려운 악기 파트는 무엇인지 질문을 받았다. 그는 주저 없이 대답했다. "제2 바이올린입니다!"

주연을 맡아 독주하고 관심을 받는 일을 하려는 사람을 찾기는 쉽다. 그러나 제2 바이올린을 연주하려는 사람은 얼마나 되겠는가? 이것이 바로 비뚤어지고 타락한 세상에서 '별처럼 빛나는 것'의 의미다. 모든 사람이 다 머리가 되려고 하는 세상에서 남들과 구별되는 사람은 겸손하게 섬기는 사람이다. 그래서 바울이 빌립보인들에게 이렇게 지시한 것이다. "아무 일에든지 다툼이나 허영으로 하지 말고 오직 겸손한 마음으로 각각 자기보다 남을 낫게 여기고 각각 자기 일을 돌볼뿐더러 또한 각각 다른 사람들의 일을 돌보아 나의 기쁨을 충만

하게 하라 너희 안에 이 마음을 품으라 곧 그리스도 예수의 마음이 니"빌 2:3-5.

몇 페이지 앞에서 나는 앨런 에머리의 아버지 덕분에 그리스도를 믿게 된 기차 차장에 관해 이야기했다. 당신도 느꼈겠지만, 그의 아버지는 세상의 '중요하지 않은 사람들'에게 관심을 기울이는 사람이었다. 그래서 그는 기차에서 일하던 차장과 오래가는 우정을 맺을 수 있었다. 한번은 그 차장이 앨런의 아버지에게 질문을 하나 해도 될지 물어보았다. 에머리 씨는 매우 반가웠다. 그래서 기차가 종착역에 도착하고 모든 승객이 내린 후 두 사람은 이야기를 나누었다. 차장은 에머리 씨에게 이렇게 말했다.

"제게는 남동생이 하나 있습니다. 어머니는 당신께서 아시는 모든 것을 우리에게 가르쳐 주시고, 저희가 최고의 교육을 받도록 아주 열심히 일하셨습니다. 저는 공부를 잘했습니다. 고등학교를 졸업하면서 기차역에서 웨이터로 일하기 시작했고, 그 후 지금의 직업을 얻었습니다. 저는 오직 어머니를 돕고 어머니의 소망을 성취해 드리기만을 바랐는데, 어머니의 소망은 제가 대학교에 진학해서 목사가 되는 것이었습니다. 어머니는 아들이 목사가 되어 가치 있는 삶을 살기를 원하셨습니다. 그래서 저는 열심히 저축했습니다. 그동안 제 동생은 다른 길로 나갔습니다. 술 마시고 놀면서 사탄을 위해 살았고, 거의 죽을 뻔한 적도 있었습니다. 그때쯤 저는 대학교에 입학했고, 제 동생은 예수님을 믿게 되었습니다. 그리고 목사가 되기로 했습니다. 그러나 동생은 아무것도 가진 것이 없었기에 제게 교육비를 지원해 달라고 부탁했습니다. 그렇게 크게 변한 동생의 삶을 보는 것이 너무 기뻤던 저는 그렇게 하기로 했고, 그는 지금 전국적으로 알려진 목사가 되었습니다. 아마 라디오에서 동생의 목소리를 들어 보셨을지도 모릅니다. 동생은 수천 명이 넘는 사람을 그리스도께로 인도했습니다. 그런데 보시다시피 저는 사역의 길을 갈 수도 없고 너무 늙었습니다. 에머리 씨, 제 질문은 이것입니다. 주님이 제 동생의 사역을 바라보실 때 저의 공로도 조금 인정해 주실까요?"

앨런은 아버지가 그 이야기를 가족에게 들려주실 때, 또다시 감동에 북받쳐서 눈물을 참느라 애썼다고 했다. 그 이야기를 들은 가족 모두 아버지가 뭐라고 대답했을지 알았다. 그에 대한 성경적 원리는 다음 구절에 나타나 있다. "전장에 내려갔던 자의 분깃이나 소유물 곁에 머물렀던 자의 분깃이 동일할지니 같이 분배할 것이니라"삼상 30:24. **

만일 하나님이 원하신다면 당신은 누군가의 짐 가방을 들어 줄 마음이 있는가? 하나님의 목적이 성취되도록 무대에서 물러나 막 뒤에서 일할 마음이 있는가? 하나님은 더는 별을 찾지 않으신다. 그분은 더 많은 종을 찾으신다. 그분은 엘리사처럼 당신도 전투가 가장 치열한 곳에서 섬기기를 원하실 수도 있다. 그러나 종이었던 어린 소녀처럼 그분 계획의 뒷부분에서 섬기게 하실 수도 있다. 중요한 것은 어디서 섬기느냐가 아니라 누구를 섬기느냐는 것이며, 어떠한 정신으로 섬기느냐는 것이다. 짐 엘리엇Jim Elliott이 잘 표현했듯 "서서 시중들기만 하는 사람도 섬기는 사람이다."

●● Allan C. and Crowley & Mary Emery, *A Turtle on a Fencepost: Little Lessons of Large Importance and Women Who Win,* Word Books, 1979.

MULTIPLICATION

배가

12장

찰스 피스Charles Peace라는 영국인이 있었다. 모순적이게도 피스는 이름처럼 화평한 사람이 아니고, 싸움을 잘하는 사람이었다. 난폭하고 도둑질을 잘하고 늘 싸움질을 하는 그는 하나님이나 사람의 법을 존중하지 않는 전형적인 범죄인이었다. 결국 그는 체포되어 재판을 받고 리즈의 암리 교도소에서 교수형을 선고받았다.

교수형을 집행하는 날 아침, 교도소 간부 몇이 감방에서 나와 교수대로 걷는 피스의 마지막 길을 동행했다. 그들 중에는 정죄받은 사람의 영혼 후생을 위해 준비시켜 주는 교도소 목사가 있었는데, 그는 항상 잠에서 덜 깬 사람 같았다. 그들이 엄숙하게 죽음으로의 행렬을 시작했을 때, 이 목사는 교수대에서 할 말을 연습하느라 알아듣지 못할 말을 중얼거리며 하품을 하며 걸었다.

갑자기 누군가 그의 어깨를 두드렸다.

"무얼 읽고 계십니까?"

뒤를 돌아보니, 피스의 모습이 눈에 들어왔다.

"'종교의 위로'라는 것입니다."

"당신은 당신이 읽고 있는 것을 믿습니까?"

"그런 것 같습니다."

피스는 놀란 표정으로 그 목사를 쳐다보았다. 그는 지금 하늘의 재판장 앞에서 자신이 저지른 모든 행동이 죄라는 사실을 인식한 채 죽음을 맞이하려는데, 정작 이 목사는 천국과 지옥에 대한 문장을 지겹다는 듯 중얼거리고 있었기 때문이다. 그는 목사에게 말했다.

"나는 당신의 종교를 믿지 않소. 그러나 만일 내가 믿었다고 한다면, 즉 당신이 믿는다고 하는 말들을 내가 믿었다면, 영국 땅 전체가 끝에서 끝까지 깨진 유리 조각으로 덮여 있다 하더라도 나는 그 끝에서 끝까지 기어갈 것이며 그 고통이 가치 있다고 여길 것이오. 그것이 당신이 말하는 이 영원한 지옥에서 단 한 영혼이라도 구원할 수 있다면 말이오."

얼마나 심오한 말인가? 찰스 피스는 믿음은 없었을지 몰라도 통찰력은 부족하지 않았다. 불신자였던 그 역시, 만일 목사가 전하는 복음이 진실이라면 모든 그리스도인에게 기회가 올 때마다 그것을 전할 도덕적 책임이 있음을 본능적으로 깨달았던 것이다. 특히 사형 선고를 받고 목에 밧줄을 걸게 될 죄수에게 더더욱 말이다.

그리스도는 바로 이 임무를 위해서 우리를 부르셨다. 그분은 자신의 백성이 이 세상뿐만 아니라 앞으로 올 세상을 위해서도 변화를 이루기 원하신다. 그것보다 더 위대한 일은 없다.

바울이 자신의 젊은 제자 디모데에게 "또 네가 많은 증인 앞에서 내게 들은 바를 충성된 사람들에게 부탁하라 그들이 또 다른 사람들을 가르칠 수 있으리라"_{딤후 2:2}고 쓴 편지가 주님의 명령의 본질을 잘 표현하고 있다. 그는 배가 사역을 묘사했다. 당신이 다른 사람의 영적 삶에 영향을 끼칠 때 이상적으로는 결코 끝나지 않는 과정을 시작하는 것이다. 당신이 그 사람을 그리스도 안에서 양육하듯이 그 사람도 그리스도를 다른 사람들에게 전해야 한다. 그러므로 중요한 질문은 이것이다. 당신은 누구에게 당신의 삶을 투자하고 있는가? 그들도 다른 사람들에게 무언가를 줄 수 있도록 말이다.

미성년자 법정의 판사 한 명이 거대한 범죄의 파도와 대항해 싸우고 있었다. 아이들이 한 명 한 명 피고석으로 나왔는데, 그들은 대부분 도시 중심에 있는 특정 동네 출신이었다. 끝없는 범죄 행위가 계속되고 있는 사실에 아연실색한 판사가 한 어린 피고에게 물었다.

"어디서 이런 일을 배웠니?"

아이가 대답했다.

"라코가 가르쳐 주었어요."

다음 재판 때도 판사는 그 질문을 했다.

"누가 도둑질을 가르쳐 주었지?"

대답은 같았다.

"라코요."

다음 사흘 동안 판사는 누구인지는 몰라도 그 흉악한 라코라는 자에게 범죄 기술을 배운 청소년 범법자 33명과 마주했다. 범죄율을 낮추기 위해서는 이 인물을 잡아야 한다고 깨달은 판사는 검사에게 그를 찾아 데려오라고 지시했다. 이틀 후 라코는 법정에 섰다.

"무슨 할 말이 있소? 당신이 타락하게 한 청소년들이 지금 감옥에 가득 차 있소. 어떻게 그런 일을 할 수 있소?"

라코는 이렇게 대답했다.

"이 모두는 에디가 가르쳐 준 것입니다."

여기서 교회가 배울 수 있는 교훈이 있다. 우리는 갱들이 들어와 우리 동네를 망가뜨리고 있다고 외친다. 그래서 더 엄한 법 집행을 요구하고, 더 많은 경찰 배치를 요구한다. 그러나 나는 그것이 상황을 완전히 잘못 파악한 전략이라고 생각한다. 갱들을 제거하는 것만으로도 문제가 해결된다면, 형벌을 강화하고 무력을 강화하는 것만으로 문제가 해결될 것이다.

그러나 우리가 당면해 있는 문제는 훨씬 더 강력하다. 그것은 삶 대 삶의 관계에서 나오는 위력이다. 비록 타락했지만, 힘 있는 방법으로 갱들은 믿음의 공동체가 해야 했던 일을 하고 있다. 그것은 청소년들의 태도와 행동에 깊고 지속적인 영향을 끼치는 인간 관계를 통해 자신들의 갱을 배가시키는 것이다. 목적이나 소망이 없고, 또 많은 경우 가족이 없는 아이들은 갱에서 다른 삶을 선택할 기회를 얻는다.

복음은 누구에게 주어졌는가? 목적도 없고 소망도 없으며 많은 경우 가족도 없는 사람들에게다! 찾아보라. 바로 신약성경에 나와 있다. 그리스도를 따르는 움직임이 시작되었을 때 바로 그런 사람들이 가장 먼저 그 움직임에 참여했다.

상상해 보라. 그 움직임은 예루살렘의 다락방에 모인 소수의 나약한 사람이 시작했지만, 1세기가 끝날 무렵 그것은 세상을 거꾸로 뒤집어 놓았다. 지금하고는 비교할 수도 없는 극심한 형벌 체제를 갖추었던 로마 시대에 말이다. 초대 그리스도인들은 어떻게 그 일을 성취했는가? 당연히 성령의 능력으로 이루었다. 그러나 그들의 전략은 배가 사역이었다. 한 사람이 다른 사람에게 영향을 끼치고, 그 사람이 또 다른 사람들에게 영향을 끼치는 방식 말이다.

엘리사도 그와 매우 비슷한 방법을 취했다. 물론 그는 다른 시대에 살았고 다른 임무를 받았다. 그 임무는 이스라엘 북왕국에서 하나님의 대변인으로서 역할을 하는 것이었다. 그러므로 우리는 엘리사와 초대교인의 직접적 연관성을 끌어낼 수는 없다. 엘리사의 목표는 복음 전파가 아니라 말씀 선포였다. 그러나 엘리사는 경건함을 퍼뜨렸으며, 성경에서 "선지자의 제자들"(왕하 2:3, 5 등)이라고 언급한 것으로 보아 그가 어떠한 방법을 사용했는지 엿볼 수 있다.

우리는 엘리야가 주님의 마차를 타고 극적으로 떠난 장면에서 이 선지자의 생도들을 만나 보았다. 그 당시에는 선지자들이 이스라엘과 유다 전역에 그룹으로 퍼져 있었던 것으로 보인다. 여리고에 있는 선지자 생도들은 가장 큰 그룹 중 하나였던 것 같다. 그 그룹에는 적어도 쉰 명 이상의 선지자가 있었다고 한다왕하 2:17. 교수 쉰 명이 있는 신학교는 규모가 큰 곳이다. 따라서 여리고 그룹도 커다란 공동체였을 것이다.

각 그룹은 한 선지자를 대표로 모시고, 그에게 지도를 받으며 영감을 구하고, 또 아마도 자신들의 사역에 대한 비준을 얻으려 했을 것이다. 그들의 관계가 정확히 어땠을지는 알 수 없지만, 성경에는 여러 가지 중요한 증거가 남아 있다. 우선 선지자들은 그들의 지도자가 여행할 때 엘리사가 엘리야를 동반한 것처럼 개인적으로나왕상 19:21 또는 그룹으로왕하 2:3, 5, 7 그 지도자를 자주 따라다녔다.

어디서 많이 들은 이야기 같지 않은가? 그렇다. 이것은 바로 예수님의 전략이기도 했다. 그분은 자신을 따르는 사람들을 선정하여 제자(배우는 자들)로 삼았고, 그분은 그들의 랍비(선생)가 되었다. 흥미롭게도 엘리야와 엘리사보다 1세기 후쯤 살았던 이사야 선지자도 주위에 있던 선지자들을 '제자'라고 불렀다사 8:16. 그러므로 우리가 한 무리의 선지자가 엘리사와 주기적으로 만났다는 말씀을 읽을 때왕하 4:38, 6:1 그것이 가르침을 위한 것이었다고 믿을 수 있는 타당한 이유가 있다.

더욱이 엘리사는 좋은 스승이었다는 결론도 내릴 수 있다. 그의 밑에서 무리의 수가 늘었기 때문이다. 그것은 선생이 효과적으로 가르치고 있다는 좋은 증거일 수 있다. 엘리사의 제자는 계속 늘어났고, 그러자 장소가 너무 비좁아졌다. "선지자의 제자들이 엘리사에게 이르되 보소서 우리가 당신과 함께 거주하는 이곳이 우리에게는 좁으니 우리가 요단으로 가서 거기서 각각 한 재목을 가져다가 그곳에 우리가 거주할 처소를 세우사이다 하니 엘리사가 이르되 가라 하는지라"6:1-2.

그때부터 건축 계획이 시작되었다. 대부분 성경 독자가 이 사건을 그냥 지나쳐 버리겠지만, 실은 그것은 그 기간 중 이스라엘의 영적 삶에서 최고점을 기록하는 시간이었다. 몇 년 전으로 거슬러 올라가서 엘리야가 주님과 호렙 산에 있는 동굴에서 나누었던 조용한 대화를 생각해 보라. 그 선지자의 불평을 기억하는가? "이스라엘 자손이 주의 언약을 버리고 주의 제단을 헐며 칼로 주의 선지자들을 죽였음이오며 오직 나만 남았거늘 그들이 내 생명을 찾아 빼앗으려 하나이다"왕상 19:10, 14.

물론 엘리야 혼자만 남은 것은 아니었다. 아직 주님께 충성된 7천 명이 남아 있었다. 그러나 그들은 대부분 동굴에 숨어 있었다. 그런데도 단 몇십 년 만에 하나님의 말씀에 헌신된 학교가 요단 강가에

지어지고 있었다. 놀라운 일이다. 동굴에서 캠퍼스로 발전한 것이었다. 이 놀라운 도약의 원천은 무엇이었을까? 궁극적으로 그것은 주님이 하신 일이었다. 그러나 이 이야기에서 두드러진 두 인물이 있다. 그들은 엘리야와 엘리사다. 중요한 점은 그들 모두 배가 사역에 헌신되어 있었다는 것이다.

당신은 당신의 세대에 그런 영향을 끼치는 일에 참여하고 싶은가? 그렇다면 나는 같은 전략을 따르라고 권하고 싶다. 소수의 사람과 삶을 나누는 관계를 맺으라. 숫자에 대해서는 걱정하지 말고 이름에 대해서 걱정하라. 각 개인에게 관심을 쏟으라는 말이다. 그들의 필요가 무엇인지, 소망이 무엇인지, 하나님이 주신 재능과 능력이 무엇인지를 알아내라. 그들과 함께 기도하고 그들을 위해서 기도하기 시작하라. 하나님이 그들 삶 속의 이런 부분에 역사하시고, 그들에게 목적과 의미, 방향 의식과 효과적인 사역을 주시도록 기도하라. 우리는 이미 멘토링과 본을 보이는 일의 면모를 어느 정도 함께 보았기 때문에 그 원리를 여기서 다시 반복하지는 않겠다.

그러나 이것은 지적하고 싶다. 만일 당신이 다른 사람들의 삶에 영향을 끼치고 싶다면 조만간 반대에 부딪치게 될 것이다. 사탄은 현 상태를 유지하고 싶어 하므로, 믿는 자들이 그리스도를 위해 사탄의 영역에 침투하기 시작하면 소극적으로 보고만 있지는 않을 것이다. 사탄은 당신의 노력에 대항하여 전쟁을 치를 것이며, 특히 영적인 영역에서 그렇게 할 것이다. 엘리사의 경험에 비추어 보자면, 당신이 하나님의 편에 서려고 할 때 사탄에게서 올 수 있는 두 가지 공격이 있다.

분노

첫 번째 공격은 포위로 시작되었다. 앞에서 우리는 아람 군대의 장군 나아만에 대해서 살펴보았다. 엘리야와 엘리사의 시대에 아람인들은 계속 이스라엘을 침략했으며 이스라엘도 마찬가지로 아람을 침략했다. 그러나 이번에는 아람 왕 벤하닷이 완전한 격파를 시도했다. 국경에 있는 마을 몇 개를 노략질하던 데서 이제는 이스라엘의 수도인 사마리아를 손에 넣기 위해 주력 부대를 보낸 것이다.

그렇게 하기란 쉬운 일이 아니었을 것이다. 사마리아는 평지 위 언덕에 있었으며, 다른 대부분 주요 도시와 마찬가지로 성벽이 있었다. 그런 도시를 점령하는 효과적이고 유일한 방법은 포위였다. 즉, 도시 주위를 군대로 둘러싸고 외부의 모든 공급을 끊는 것이다. 이것이 벤하닷이 취한 방법이었다 왕하 6:24.

포위는 수개월, 심지어 수년이 걸리기도 했다. 당연히 말할 수 없는 수난을 초래했다. 육체적·심리적 수난이 포위당한 백성을 괴롭혔다. 결국 사마리아 안에 음식이 바닥나고 말았다. 성경에는 이스라엘 백성이 부정하게 여겼던 당나귀의 머리가 엄청나게 비싼 가격에 거래되고 있었다고 나온다. 이 사실로 보아 당시 상황이 얼마나 극심했는지를 알 수 있다. 심지어 새똥에서 얻은 씨 한 움큼도 다섯 세겔에 팔렸다 25절. 매우 절박한 상황이었던 것이다.

너무 절박한 나머지 백성은 사람을 잡아먹었다. 두 여인이 서로의 갓난 아들을 죽여 잡아먹기로 했던 비극적인 일이 성경에 기록되어 있다. 그러나 한 아기를 죽여서 먹은 후에 다른 아기의 엄마는 약속을 어겼다29절.

이 뱃속이 뒤틀리는 이야기가 우리를 구역질 나게 한다면, 이스라엘 왕에게는 격노를 터뜨리게 했다. "왕이 그 여인의 말을 듣고 자기 옷을 찢으니라"30절. 그것은 격한 감정을 표현하는 당시 풍습이었다. 그러나 왕이 누구에게 이 분노의 화살을 돌렸는지 보라. "왕이 이르되 사밧의 아들 엘리사의 머리가 오늘 그 몸에 붙어 있으면 하나님이 내게 벌 위에 벌을 내리실지로다 하니라"31절.

엘리사? 왜 하필이면 엘리사에게 화를 내는 것인가? 그 이유는 엘리사가 하나님의 편에 섰기 때문이었다. 더욱이 그는 손쉬운 목표물이었다. 왕은 자신의 도시에 덮친 그 운명이 아람인들에 의한 것이 아님을 마음속 깊이 깨닫고 있었다. 그들은 단지 도구에 불과했다. 근본 이유는 국가의 배교였으며, 왕의 타락과 우상숭배의 결과였다. 성문 밖에 있던 이교도들은 이스라엘의 죄를 향한 하나님의 심판이었던 것이다. 그래서 결국 왕은 이렇게 인정한다. "이 재앙이 여호와께로부터 나왔으니"33절.

엘리사는 물론 왕에게 심판이 임박했음을 경고했다. 그러나 심판이 닥쳐오자 왕은 곤경에 빠진 지배자들이 흔히 취하는 행동을 따랐다. 메시지를 무시하고, 메신저를 죽이라고 선포한 것이다. 그가 해야 했던 일은 회개하며 땅에 엎드려져 하나님께 나라의 죄를 용서해 달라고 비는 것이었다. 그러나 그는 그렇게 하지 않고, 그 지경에 이르게 된 이유를 설명해 줄 수 있는 사람에게 분노를 품었다.

나의 제자 중에 엘리사와 비슷한 상황을 겪은 친구가 있다. 그는 미국 서부 해안에 위치한 제법 규모가 큰 교회의 담임목사로 초빙되었는데, 그곳은 이미 여러 명의 목사가 거쳐 간 뒤였다. 그가 교회의 문제를 알아내기까지는 오랜 시간이 걸리지 않았다. 몇몇 집사가 교회의 목을 움켜잡고 있었다. 사랑이 없고 굳어진 그들은 자기들이 세운 계획만을 고집했다. 결국 그 목사는 장로들에게 문제를 설명하고 변해야 한다고 주장했다. 그러나 장로들은 그에게 감사하는 대신 화를 냈다. 감히 어떻게 교회에 오자마자 교회의 문제를 들먹일 수 있느냐는 것이었다. 결국 투표가 시작되었고, 목사는 해임되었다. 예상하는 것처럼, 그 교회는 계속해서 시들어 갔다. 하나님의 메시지를 무시하고, 그 메신저를 죽인 또 다른 경우라고 하겠다.

엘리사는 우리에게 그런 반대를 다루는 본을 보여 주고 있다. 그는 차분하게 진리의 편에 섰다. 왕의 부하들이 부르러 왔을 때 그는 도시의 장로들을 만나고 있었다. 공포에 질리지도 않고 도망가지도 않았으며, 단지 문을 잠근 채 왕을 기다렸다.

나는 엘리사와 장로들이 무엇을 하고 있었을지 궁금하다. 왕이 해야 했던 일을 대신하고 있었을까? 하나님 앞에서 자신들을 낮추며 도시를 구해 달라고 간청하고 있었을까? 이에 대한 언급은 성경 어디에도 없지만, 엘리사에 관해 우리가 아는 모든 정보에 비추어 볼 때 이것이 타당한 추론이라고 생각한다. 또한 그것은 자신의 믿음을 배가시키려는 의도를 가진 사람의 특징이기도 하다.

불신

그러나 믿음은 항상 반응을 요구한다. 하나님을 신뢰할 기회를 얻었을 때 왕과 그의 자문들은 의심과 불신으로 반응했다. 주님이 자신을 포기하셨으리라 확신한 왕은 주님을 포기하려고 했다. "어찌 더 여호와를 기다리리요"왕하 6:33. 그는 도시를 구할 다른 방법을 취하려 하고 있었다. 자기 우상들에게 제사를 드리며 평화를 간구하는 것 등 말이다.

당신도 그런 상황에 처해 본 적이 있는가? 어쩌면 당신은 가정, 직장, 교회에서 생기는 여러 문제와 갈등 속에서 간신히 매달려 있는지도 모른다. 기도도 하고 하나님을 기다렸으나 문제가 하나 더 터지자 한계에 도달한 당신은 결국 이렇게 결정할지도 모른다. "아무 소용없어! 하나님은 아무것도 하지 않으실 거야. 나 스스로 이 일을 해결해야겠어."

의심 때문에 포기하려 하는 이런 예는 성경에 많이 나온다. 예를 들어, 하나님이 아브라함과 사라에게 아들을 주기로 약속하셨다. 그러나 늙기까지 자녀가 없자, 사라는 다른 계획을 세웠다. 그 당시 풍습에 따라 자신의 몸종 하갈을 아브라함에게 주어서, 그녀를 통해 유업을 물려받을 아들을 얻으려 한 것이다창 15:4, 16:1-4. 마찬가지로 약속의 땅에 정착했을 때 이스라엘 사람들은 하나님께 왕을 세워 달라고 요청했다. 그러나 지도자인 사사 사무엘이 늙을 때까지 왕이 세워지지 않자, 사울을 자신들의 군주로 뽑아 달라며 사무엘에게 요구했다삼상 8:1-10:26.

나는 왜 하나님이 역사하시기 전에 우리 자신을 포기하게 하시는지 모른다. 그러나 한 가지 아는 것은 믿음을 불신으로 바꾸는 결과는 항상 재난이라는 것이다. 바울은 고린도전서 10장에서, 이스라엘 역사 가운데 벌어진 재난 몇 가지를 나열하고 있다. 그리고 우리도 믿음의 시험에서 실패할 수 있다고 경고한다. 우리는 오직 이것을 기억해야 한다.

> "사람이 감당할 시험 밖에는 너희가 당한 것이 없나니 오직 하나님은 미쁘사 너희가 감당하지 못할 시험 당함을 허락하지 아니하시고 시험 당할 즈음에 또한 피할 길을 내사 너희로 능히 감당하게 하시느니라" 고전 10:13.

불가사의해 보이기는 하지만, "피할 길"은 흔히 우리가 포기하기 전에는 나타나지 않는다. 그것이 사마리아에서 일어난 일이다. 상황이 절박해져서 엄마들이 식인종으로 변하고 왕은 신앙을 버렸을 때, 그제야 엘리사는 주님이 주신 예언의 말씀을 전한다. 24시간 내에 상황이 완전히 뒤바뀌리라는 것이었다. 음식이 너무 많아져서 그냥 주게 될 것이라고 했다. 그는 이 약속을 이렇게 보장했다. "여호와께서 가라사대"왕하 7:1. 하나님이 말씀하셨으므로 그 약속은 공식적인 것이 되었다.

오늘날도 하나님이 믿는 자들에게 말씀하시는가? 물론 그렇다. 특히 우리의 믿음을 배가하는 일에 대해서 말씀하셨다. 베드로가 예수님이 그리스도라고 선언했을 때 주님은 그의 통찰력을 기뻐하셨으며 "내가 이 반석 위에 내 교회를 세우리니 음부의 권세가 이기지 못하리라"마 16:18고 약속하셨다. 그리고 후에 그분을 따르는 자들에게 땅 끝까지 가서 제자를 삼으라고 명령하시며 "내가 세상 끝 날까지 너희와 항상 함께 있으리라"마 28:20는 약속과 함께 그들을 보내셨다. 이것이 주님이 주신 두 가지 분명한 약속이다. 이길 것이라는 약속과 언제나 함께하실 것이라는 약속 말이다.

그러나 나는 오늘날 이 약속을 의심하는 많은 그리스도인을 본다. 그들은 그리스도가 그분의 교회를 세우실 것을 확신하지 못하는 것 같다. 그 이유는 사람들이 아예 복음을 듣지도 않을 것이라고 생각하기 때문이다. 더욱이 그리스도가 불신자들과 함께 계신다는 사실도 확신하지 못해, 자신이 불신자들 사이에 혼자 있다고 느낀다. 불신자들에게서 믿음의 싹이 생기리라고 기대하지 않고, 아예 믿음의 씨를 뿌리지 않는다. 그 결과는 무엇인가? 믿음의 싹이 나지 않는 것이다. 어떻게 날 수 있겠는가? 바울은 이렇게 말했다. "그런즉 그들이 믿지 아니하는 이를 어찌 부르리요 듣지도 못한 이를 어찌 믿으리요 전파하는 자가 없이 어찌 들으리요"롬 10:14.

다행히 주님의 말씀을 액면 그대로 받아들이는 사람도 있다. 놈 밀러Norm Miller가 그중 한 명이다. 그는 미국에서 가장 큰 배터리 회사인 인터스테이트 배터리Interstate Batteries의 사장이다. 그는 복음에 관한 그리스도의 약속을 심각하게 받아들였다. 그래서 기회가 생길 때마다 복음을 전할 뿐 아니라 인터스테이트를 다른 사람들에게 복음을 전할 기회로 사용했다.

예를 들면, 인터스테이트의 본사는 달라스 북부에 있는데 그 지역은 최근 빠른 속도로 성장한 텍사스의 한 지역이다. 사람들이 그 지역으로 몰려드는 것을 본 놈 밀러는 "이 사람들에게 그리스도에 대한 좋은 소식을 전해 주기 위해서 우리는 무엇을 하고 있는가?"라고 물었다. 그래서 그는 인터스테이트의 사목인 짐 코테Jim Cote에게 그 지역에서 심방 전도가 활발하게 이루어지는 사역이 존재하는지 물었다.

짐은 "여기서는 누구도 더 이상 그 일을 하고 있지 않습니다. 그것이 효과가 있을 것이라고 믿는 사람은 아무도 없기 때문입니다"
라고 말했다. 그러나 판매와 마케팅에 관해 상당한 지식을 소유한
놈 밀러는 실제로 해보지 않으면 정말로 그것이 성과가 있을지 없
을지는 알 수 없다고 지적했다. 그것이 성과를 거두지 못했던 이유
는 아무도 그것을 성과 있게 만들려고 노력하지 않았기 때문일지
도 모른다.

그래서 인터스테이트는 전도자를 고용해 복음을 들고 집집마다
다니는 단기 전도를 했다. 그 결과 소수의 사람이 그리스도를 영접했
다. 그중 대부분이 그렇게 하지 않았으면 한 번도 복음을 들어 보지
못했을 사람들이었다. 도시 전체에 부흥이 일어난 것은 아니었다. 그
러나 하나님에 대한 놈 밀러의 믿음이 잘못된 것이 아니었음을 증명
하기에는 충분했다. 주님은 그분의 교회를 세우고 계신다!

하나님은 항상 믿음 있는 사람을 존중해 주신다. 그분은 항상 불
신을 엄하게 다루신다. 사마리아에서는 분명히 그렇게 하셨다. 음식
이 충분할 것이라는 엘리사의 예언이 그의 입술을 완전히 다 떠나기
도 전에 왕의 장관 한 명이 입을 열고 말했다. "여호와께서 하늘에 창
을 내신들 어찌 이런 일이 있으리요"(왕하 7:2, 개역한글). 그는 엘리사의
말에 정면으로 반박한 것이다. 즉 "여호와께서 가라사대"를 "여호와
께서 말씀하지 않으시되"로 바꾼 것이다.

두 사람 중에 한 사람만 옳다. 그러나 그들은 누가 슈퍼볼(Super
Bowl, 프로 미식축구 결승전)에서 우승을 차지할 것인가를 예상하는 것보
다 훨씬 더 심각한 논쟁을 벌이고 있었다. 이것은 삶과 죽음의 문제
였다. 우선 도시의 운명이 달려 있었다. 더욱이 엘리사의 생명도 걸
려 있었다. 왕의 협박 때문이 아니라 구약 율법의 요구 때문이다.

선지자로서 엘리사는 틀릴 여유가 없었다. 그는 백이면 백 모두 맞아야 했다. 그렇지 않으면 율법에 따라 주님의 진정한 사자로서 자신을 나타낸 것에 대하여 죽임을 당해야 했다신 18:20. 이것은 보호막 없이 일하는 것이었다. 오늘날 우리가 하나님을 대변해서 말한다고 주장하는 사람들에게 그런 기준을 적용하는 것을 상상할 수 있겠는가? 나는 얼마나 많은 강단이 갑자기 비게 될지 궁금하다. 오늘날에는 하나님의 이름으로 수표에 사인하는 사람이 너무나 많다. 그들의 주장은 훌륭하게 들리지만, 불행히도 그들은 사기꾼이다. 결국에는 하나님의 이름을 불명예스럽게 만든다.

어쨌든 지금 누군가가 셀 수 없이 풍족한 음식이 생길 것이라는 엘리사의 예언을 반박하고 나섰다. 흥미롭게도 율법은 또한 만일 누가 주님의 말씀을 전한다고 주장하는 선지자의 말을 듣지 않을 때는 하나님이 그에게 책임을 물으실 것이라고 말하고 있다신 18:19. 그러므로 왕의 장관은 엘리사의 말에 빈정거림으로써 위험한 처지에 놓였다. 엘리사는 그의 운명이 어떻게 될 것인지를 선포했다. "네가 네 눈으로 보리라 그러나 그것을 먹지는 못하리라"왕하 7:2.

여기서 우리가 배울 수 있는 교훈은, 돌아다니면서 하나님이 어떤 일을 하시고 어떤 일을 하지 않으실 것인지 대단한 주장을 하다가 그 말을 의심하는 자들에게 최후통첩을 해야 한다는 것이 아니다. 그것은 배가 사역이 아니라 정죄 사역일 것이다. 하나님은 인격과 정직함으로 복음의 자명한 진리와 그 의미를 선언하고, 사람들이 스스로 결정하도록 우리를 부르셨다. 그랬을 때 불가피하게 불신하는 사람들을 만나게 될 것이다. 예를 들어, 어떤 사람은 성경을 믿을 수 없는 책으로 만들려고 할 것이다. 그들은 기적이 현실이 되는 것을 의심할 것이다. 일부는 하나님의 존재 자체를 두고 논쟁을 벌일 것이다. 논쟁이 생기는 쟁점은 많이 있다.

그런 사람들을 만났을 때 우리의 믿음을 의심하는 사람들을 공격하지 않으면서 우리 믿음을 수호해야 한다. 복음을 위해서 논쟁해야지 적들과 논쟁해서는 안 된다. 우리는 사람들이 아니라 거짓말을 공격해야 한다. 또 그들의 사상은 거부하더라도 그들이 원하는 대로 믿을 권리는 존중해야 한다. 이것이 바울이 추천한 방법이다. "오직 진리를 나타냄으로 하나님 앞에서 각 사람의 양심에 대하여 스스로 추천하노라"고후 4:2.

"그러나 만일 그들이 무조건 믿지 않으면 어떻게 합니까?"라고 누가 물을지 모르겠다. 그때 우리가 할 수 있는 일은 오직 기도하는 것뿐이다. 하나님의 빛이 어떻게든 그들의 어둠을 꿰뚫도록 말이다. 그래서 바울은 "만일 우리의 복음이 가리었으면 망하는 자들에게 가리어진 것이라 그중에 이 세상의 신이 믿지 아니하는 자들의 마음을 혼미하게 하여 그리스도의 영광의 복음의 광채가 비치지 못하게 함이니"고후 4:3-4라고 덧붙였다.

하나님은 누구에게도 그분의 진리를 받아들이라고 강요하지 않으신다. 그러므로 사람들이 우리를 위협하거나 하나님의 말씀을 거부할 때 우리는 그들을 비난할 이유가 없다. 엘리사도 그 장관에게 그렇게 하지 않았다. 엘리사는 그 사람의 불신에 대한 행동은 하나님이 취하실 것을 알고 있었다.

믿음이 곧 승리다!

결국 주님은 항상 그분의 신실하심을 증명하신다. 열왕기하 7장에는 아람인들에 대한 하나님의 승리와 백성 앞에서 하나님의 옳으셨음이 증명된 것을 기록하고 있다. 만일 하나님께 유머 감각이 있으신지 궁금하다면, 당신은 이 부분을 읽어야 한다. 아이러니와 코미디로 가득 차 있으며, 주님이 하나님이실 뿐만 아니라 구세주라는 사실을 보여 준다.

우선 하나님은 아람인들을 완패시키신다. 기적처럼 거대한 군대 소리가 한밤중에 들리자 아람 군대는 겁에 질려 꽁무니를 내뺐다왕하 7:6-7. 혼비백산한 나머지 옷과 장비를 길에 다 팽개쳐 두고 갔다15절. 걸프 전쟁에서 이라크 군이 쿠웨이트에서 철수한 후에 쿠웨이트에서 바그다드에 이르는 고속도로의 모습이 어떠했는지 기억하는가? 그들은 수 킬로미터 길에 탱크, 지프차 그리고 여러 장비들을 버리고 갔다. 바로 그것이 사마리아에서 다메섹에 이르는 길의 모습이었다.

이 승리로 이스라엘 왕은 질책을 당해야 했다. 그가 화를 내며 하나님을 포기한 것을 기억해 보라. 그는 얼굴에 계란을 뒤집어썼다. 모든 사람이 그것이 계란인 것을 알았다! 나병환자 네 명이 먼저 아람인들이 후퇴했음을 발견하고 그 엄청난 사실을 도시에 전했다왕하 7:3-11.

나는 항상 하나님이 사자들을 택하시는 방법에 놀라움을 감추지 못한다. 그분은 매우 자주 나병환자처럼 사회에서 버려진 사람을 택하여 좋은 소식을 전하도록 사용하신다. 이 사람들은 사회의 밑바닥에 있는 사람이었다. 아무것도 잃을 것이 없었다^{왕하 7:3-4}. 바로 그런 이유 때문에 그들은 모험을 감수하는 데 열려 있었던 것 같다. 그들은 아람 진영으로 걸어 들어가 그곳이 완전히 버려졌음을 발견했다!

그때 그들이 무슨 생각을 하고 있었는지 짐작할 수 있다. "그 나병 환자들이 진영 끝에 이르자 한 장막에 들어가서 먹고 마시고 거기서 은과 금과 의복을 가지고 가서 감추고 다시 와서 다른 장막에 들어가 거기서도 가지고 가서 감추니라"^{왕하 7:8}. 즉 그들은 자신들이 죽어서 천국에 간 것으로 생각했을 것이다. 그러나 양심에 찔렸다. "나병 환자들이 그 친구에게 서로 말하되 우리가 이렇게 해서는 아니되겠도다 오늘은 아름다운 소식이 있는 날이거늘 우리가 침묵하고 있도다"^{9절}. 그래서 왕궁에 가서 이 소식을 알리기로 했다.

나는 성령님이 오늘날의 우리에게 자극을 주기 위해 이 문장을 기록하게 하셨다고 확신한다. 얼마나 많은 사람이 복된 소식을 자기들끼리만 나누는가? 기독교 사회 안에서만 활동하며 기독교인 친구들끼리 즐기고, 기독교인 강사들의 말만 들으며, 기독교 서적을 읽고, 기독교 문화를 멋지게 즐기면서 말이다. 우리는 십자가 위에서 그리스도가 이루신 승리의 노략물을 가지고 우리끼리 잔치를 벌이고 있다. 그동안 우리 주위에 있는 사람들은 영적 굶주림으로 죽어 가고 있다.

당신에게 불편한 질문을 하나 해도 되겠는가? 당신의 친구 가운데 불신자는 얼마나 되는가? 나는 한 명도 없다고 말하는 그리스도인을 점점 더 많이 발견한다. 그것이 정말로 그리스도가 우리에게 바라시는 일이라고 생각하는가?

"하지만 헨드릭스 형제님은 모르세요"라고 누군가 말할 것이다.

"제가 믿지 않는 사람들과 사귀지 않는 이유는 그들에게 물들지 않기 위해서라고요." 나는 이렇게 대답한다. "그럼 당신은 물들지 않겠지만, 또한 열매도 얻지 못할 겁니다."

그리스도를 따르는 자로서 우리는 이 세상에 속하지 않았으나 이 세상에 있다. 우리는 세상을 그리스도께 인도하기 위해서 세상에 있다. 사람들을 그리스도께 인도하는 일은 개인적인 관계 속에서 가장 자연스럽고 효과적으로 이루어진다. 누군가가 잘 묘사했듯, 한 거지가 다른 거지에게 어디서 음식을 찾을 수 있는지를 말해 주면서 말이다.

나병환자들은 도시로 돌아갔고, 복된 소식은 왕에게 전해졌다. 그러나 왕은 그들의 말을 믿지 않았다. 무언가 속임수가 있을 것이라고 생각했다. 그는 사실을 알아내기 위해 죽기를 각오한 몇 명을 내보냈고, 마침내 그들이 돌아와 나병환자들의 말을 확증해 주었다. 이에 사람들은 도시 밖으로 쏟아져 나갔으며, 엘리사가 왕에게 한 말은 이루어졌다왕하 7:11-16.

아람인들이 패하고 왕이 책망을 받은 후 하나님이 하실 일은 그 믿지 않던 장관을 응징하는 것이었다. 그에게 일어난 일은 말씀의 절정이다. 그가 맞은 결말을 장의 맨 뒤에서 4절이나 사용함으로써, 풍성한 음식에 대한 엘리사의 예언과 대조함으로써, 그가 보기는 하되 맛보지는 못할 것이라는 말을 그대로 모두 다시 반복함으로써 그리고 다음과 같은 주석을 다는 것으로써 힘 있게 강조했다. "그의 장관에게 그대로 이루어졌으니 곧 백성이 성문에서 그를 밟으매 죽었더라"왕하 7:17-20. 요점은 무엇인가? 불신보다 더 치명적인 것은 없다는 것이다!

반면 믿음보다 더 승리의 요인은 없다. 당신이 그리스도를 따르는 사람으로서 열매를 맺으려 할 때 그 사실을 기억하는 것이 매우 중요하다. 사람들의 분노의 화살이든, 의심의 찬물이든 당신은 반드시 반대에 부딪히게 될 것이다. 어떤 경우에든 당신의 도전은 하나님이 하신 말씀을 굳게 붙드는 것이다. 요한은 이렇게 말한다.

"세상을 이기는 승리는 이것이니 우리의 믿음이니라" 요일 5:4.

3부

유산 남기기

변화를 일으키고
삶에 영향 끼치기

13장

나는 50년 넘게 가르치는
일을 했다. 처음 30년은 기독교 교육에 모든 노력을 쏟았다. 사람들
을 그리스도를 따르는 사람들로 세우는 일에 매진한 것이다. 최근에
는 리더십에 초점을 맞추고 있다. 오늘날 교회와 세상에 다른 무엇보
다도 필요한 것은 이끌 준비를 갖춘 사람이라는 믿음이 있기 때문이
다. 이 두 가지 강조점 밑에 깔린 원리이자 나의 개인적 실천은 항상
멘토링이다. 다른 사람의 인생 경로를 바꿀 수 있는 그 미묘하면서도
강력한 관계 말이다.

당신이 알다시피, 하나님은 세상에 영향을 끼치시기 위해 그분의
백성을 이 땅에 남겨 두셨다. 어떤 사람은 다른 사람보다는 더 많은
영향을 끼칠 것이고, 어떤 사람은 소수에게 적은 영향을 끼칠 것이
다. 그러나 우리 중 누구도 역사의 장에 슬그머니 들어와 조용히 인
생을 살다 이 세상과 영원을 위해 어떤 공헌도 하지 않는 것을 하나
님은 원하시지 않는다.

내가 어떤 근거로 이렇게 주장하는가? 항상 그렇듯 주장의 근거

는 하나님 말씀에서 비롯한다. 말씀은 우리가 믿을 수 있는 유일한 자원이기 때문이다. 바울이 에베소 교인들에게 쓴 서신을 보면, 하나님이 우리를 창조하시기도 전에 이미 우리에 대한 목적을 세우셨다는 사실을 발견한다엡 1:3-14. 더욱이 하나님은 우리를 "그 은혜에 의하여 믿음으로 말미암아"엡 2:8 구원하셨기 때문에 그 목적이 이루어질 것을 보장하셨다. 바울은 이 모든 것이 향하는 실제적 목표에 대해 말한다.

> "우리는 그가 만드신 바라 그리스도 예수 안에서 선한 일을 위하여 지으심을 받은 자니 이 일은 하나님이 전에 예비하사 우리로 그 가운데서 행하게 하려 하심이니라" 엡 2:10.

바로 이것이다. 우리는 그리스도 예수 안에서 선한 일, 즉 하나님이 우리가 하도록 준비해 놓으신 일을 하도록 창조되었다. 우리가 여기 존재하는 데는 이유가 있다. 하나님은 당신과 나의 삶에 대한 계획을 가지고 계신다. 그분이 우리를 준비시키시고 부르시며 구원하시고 은사를 주신 이유는 이 세상에 변화를 일으키고, 선한 영향을 끼치기 위해서다.

불행히도 너무 많은 그리스도인이 그 비전을 상실한 듯하다. 어떤 사람은 자신은 결코 변화를 일으킬 수 없다고 확신한다. 그렇게 할 필요가 없다고 생각하는 이들도 있다. 그래서 그들은 팔짱을 끼고 구경꾼이 되었다. 결과적으로는 포로가 되기를 선택했다. 영향을 끼치는 사람이 되는 대신 영향을 받는 자가 되었다. 본을 보이기보다는 따라가느라 애쓰는 자가 되었다.

나는 그런 현상에 대해 어느 정도 포기하고 있다. 천국에 가기 전의 세상에서는 이끌 용의가 있는 지도자보다는 이끌림을 받기 원하는 사람이 항상 더 많을 것이라는 사실을 깨달았다. 선지자 시대에도 그랬으며, 오늘날도 그러하다.

그러나 만일 당신이 하나님의 부르심에 깨어 있는 소수의 사람이라면, 어린 사무엘처럼 하나님께 "여호와여 말씀하옵소서 주의 종이 듣겠나이다"삼상 3:9-10라고 말한다면, 또 이사야처럼 "내가 여기 있나이다 나를 보내소서"사 6:8라고 말하며 당신의 삶을 하나님의 계획과 목적에 내맡길 용의가 있다면, 당신의 삶을 하나님의 목적을 성취하는 데 전략적으로 사용하는 일에 모든 것을 걸 용의가 있다면, 그렇다면 이 장은 당신을 위한 것이다.

나는 엘리야와 엘리사가 보여 준 세상에 영향을 끼치는 네 가지 원리를 말하고 싶다. 엘리사와 엘리야는 그들의 세대를 변화시켰을 뿐만 아니라 후대에 유산을 남겼다. 그들은 어떻게 그런 영향을 끼칠 수 있었는가? 그들의 경험에서 우리가 얻을 수 있는 교훈은 무엇인가? 여기 당신을 자극할 만한 네 가지 관찰이 있다.

만일 지속적인 영향을 남기기 원한다면, 우리가 원하는 모습이 아니라 있는 모습 그대로 우리 문화를 대해야 한다. 혹시 당신이 가장 살고 싶었던 시대의 모습을 상상하는 게임을 해본 적이 있는가? 어쩌면 당신은 고대 아브라함의 시대, 주님에 대한 믿음의 초점이 잡히기 시작하던 그 시대에 끌릴지도 모르겠다. 또는 서구 문명의 기반이 닦인 그리스와 로마의 황금기를 생각할지도 모른다. 어쩌면 당신은 예술과 문학의 발달이 최고조에 달했던 르네상스 시대를 선호할 수도 있다. 또는 애국적인 구호와 열정적 희생의 격동 속에서 미국이 태어난 영국 식민지 시대를 그릴지도 모르겠다.

이런 환상을 머릿속에 그리는 것은 재미있는 일이며 때로는 교육적이기도 하다. 그러나 우리의 도전은 어제가 아니라 오늘을 사는 것이다. 그렇게 하기 위해 우리는 역사를 공부하듯 우리 시대를 공부하는 데도 정성을 기울여야 한다. 우리가 원하는 대로가 아니라 있는 모습 그대로 세상을 봐야 한다.

성경을 가르치는 사람으로서 내게 특히 와 닿는 예화를 하나 소개하겠다. 내가 인도하는 성경공부 모임에서 마가복음을 공부할 때였다. 그날 우리는 마가복음 4장의 끝부분을 공부하고 있었는데, 예수님이 갈릴리 바다에서 폭풍을 잠잠케 하시는 이야기가 나왔다. 성경공부가 반쯤 진행되었을 때 그룹에 속해 있던 한 여성이 손을 들고 이렇게 말했다.

"잠깐만요. 이 사건이 정확히 어디서 일어난 것인가요?"

"갈릴리 바다에서요."

"예, 압니다. 그런데 거기가 어디죠?"

"팔레스타인의 북부에 있습니다."

그렇게 말하며 나는 지도를 꺼내려 했다.

"예, 그런데 팔레스타인은 어디에 있나요?"

그녀는 점점 더 답답해하며 물었다. 장난이 아니었다.

나는 큰 충격을 받았다. 그녀는 지식이 부족한 사람이 아니었다. 박사학위까지 취득한 사람이었다. 나는 속으로 '도대체 어떻게 지금까지 팔레스타인이 어디 있는지도 모르면서 살아왔을까?'라고 생각했다. 그때 내게 한 가지 생각이 떠올랐다. 나와 내 시대에 살던 사람들은 당연한 상식으로 여기던 기초 성경 지식이 이제는 전문 지식으로 여겨지는 것이다!

모든 통계가 이 사실을 뒷받침해 준다. 대부분 미국 가정에 적어도 성경이 한 권은 있는데도 갤럽 조사 결과, 성인 가운데 사복음서 중 하나라도 댈 수 있는 사람이 절반도 되지 않는다고 한다. 산상수훈을 한 사람이 누구인지, 예수님이 몇 명의 제자를 데리고 계셨는지, 심지어 예수님이 베들레헴에서 태어났는지(크리스마스를 수 세기 동안 지내 왔음에도)를 아는 사람도 절반이 안 되었다. 즉 우리 사회의 수많은 사람이 성경을 이해하는 기본 지식을 갖추지 못한 것이다. 사회학자 미리엄 머피Miriam Murphy가 지적했듯 많은 사람이 "공기역학에는 박사학위를 가지고 있으나 종교 지식에 대해서는 3학년 수준밖에 되지 않는다."

나는 이것이 사실이 아니었으면 좋겠다. 이 기운 빠지는 현실을 슬퍼할 수밖에 없다. 나는 금세기 동안 우리 다음 세대의 머릿속에 성경에 대한 지식을 집어넣어야 하는 모든 부모와 주일학교 교사, 교육자를 원망할 수도 있다. 그러나 무슨 소용이 있겠는가? 만일 영향을 끼치기 원한다면 사람들이 현재 있는 곳에서 시작해야 한다. 성경에 대해서 대부분 사람이 잘 모른다고, 심지어 잘못 알고 있다고 가정해야 한다. 그러므로 성경에 대해 더 정확하고 명확하게 설명하고, 그 안에 담긴 의미를 이야기해야 한다. 그렇게 하지 않으면 다음 세대에 영향을 끼칠 소망이 거의 없다고 본다.

엘리야와 엘리사는 더 악조건 속에서 일했다. 그들은 마음과 정신이 모두 주님께 반항하던 사회로 보내졌다. 이스라엘은 무신론적인 사회가 아니라 배교한 사회였다. 주님에 대한 기억은 가지고 있었으나, 이스라엘의 영적 상태로 볼 때 그 기억은 기분 나쁜 잔존물에 지나지 않는 것이었다.

　상황을 다시 요약하자면(이는 기본 성경 지식이다), 하나님은 자신의 백성 이스라엘을 이집트의 노예 생활에서 구해 내셨고, 약속의 땅 가나안에 정착시키셨다. 그 후 하나님은 그들에게 다윗 왕을 주셨다. 다윗의 뒤를 이어 솔로몬이 왕이 되었고, 그 후에는 그의 아들 르호보암이 왕이 되었다. 그러나 르호보암은 강퍅한 지배자였으며, 그가 왕위를 계승한 지 얼마 안 되어 반역이 일어났다. 열 개의 북부 지파는 자신들의 왕국을 만들어서 그것을 이스라엘이라고 불렀다. 그들의 왕은 여로보암이었다. 르호보암 밑에 남아 있던 두 개의 지파, 유다 지파와 베냐민 지파는 유다라고 불리게 되었다.

　당신은 하나님이 이 분쟁 속에서 어느 한쪽의 편을 드셨을 것이라고 생각할지 모른다. 그러나 그렇지 않았다. 하나님은 여로보암에게도 그와 그의 후손들이 주님을 따르는 한 지속되는 왕국을 주겠다고 하셨다왕상 11:37-38. 그러나 놀랍게도 여로보암은 통치를 시작할 때부터 주님을 떠나 우상숭배로 돌아섰다. 그의 뒤를 이은 모든 왕도 성경에 나오듯 "여호와 보시기에 악을 행하였"다. 회개하고 하나님께 돌아온 왕은 단 한 명도 없었다.

　이것이 엘리야와 엘리사가 활동하던 시대의 환경이었다. 그들이 등장했을 즈음 이스라엘 백성은 이스라엘 안과 주위에 살던 이방 백성의 주요 신 중 하나였던 바알 숭배에 깊이 빠져 있었다. 바알 숭배는 본질적으로 풍요를 기원하는 종교였다. 농작물과 가축의 풍성한 수확을 위해 치른 종교 행사에는 매춘 행위도 포함되어 있었다.

　또한 바알 숭배에는 도덕적 기초가 결여되어 있었기 때문에 부

도덕과 타락을 견제할 그 어떤 수단도 없었다. 그 결과 이스라엘 백성의 도덕적 수준은 그들이 쫓아낸 가나안 사람들보다도 떨어졌다. 가나안 사람들처럼 그들도 두 계층으로 나뉜 사회로 전락해서, 위에는 극히 부유하고 강력한 소수 지배 계층이 군림하고 있었고 밑에는 굶주린 농부들로 구성된 다수의 서민이 있었다. 새로운 왕이 계승하면 악이 점점 더 심해져서, 주님에 대한 기억은 더욱더 희미해졌다.

그 문화에서 하나님을 위한 영향을 끼치는 것이 당신의 임무였다고 상상해 보라. 당신의 전략은 무엇인가? 어디서부터 시작할 것인가? 나는 엘리야와 엘리사가 어디서 시작했는지를 말할 수 있다. 우선 그들은 하나님의 말씀을 깊이 이해했다. 그다음에는 사회를 예리한 통찰력으로 이해했다. 그리고 나서 행동으로 옮겼다.

이 순서는 매우 중요하다. 우선 하나님이 그 국가에 무슨 말씀을 하시는지 이해해야 한다. 이스라엘의 도덕적·영적 타락 때문에 주님은 놀라지 않으셨다. 수 세기 전에 주님은 무슨 일이 일어날 것인지 예견하셨다. 심지어 모세에게도 만일 그 일이 생기면 어떻게 할지를 말씀하셨다. "내가 너희의 세력으로 말미암은 교만을 꺾고 너희의 하늘을 철과 같게 하며 너희 땅을 놋과 같게 하리니 너희의 수고가 헛될지라 땅은 그 산물을 내지 아니하고 땅의 나무는 그 열매를 맺지 아니하리라"레 26:19-20. 하나님은 이 기근의 상태를 벌보다는 백성을 그분께로 돌이키게 만드는 방법으로 사용하셨다.

엘리야는 그것을 알았다. 그는 말씀을 공부하는 사람이었다. 아합에게 가서 비가 그칠 것을 선포하라고 주님이 말씀하셨을 때왕상 17:1 나는 그가 그 임무를 예측하고 있었을 것이라 믿는다. 이미 하나님이 충분히 경고하셨으므로, 그분의 심판이 임하는 것은 시간문제였기 때문이다.

그러나 엘리야와 엘리사는 또한 그들의 사회를 공부했다. 그들은 거부와 무지 속에 은둔하지 않았다. 그들은 시대 현실을 직시했다. 예를 들면, 엘리야는 바알 숭배에 대해 전문가 수준으로 알고 있었음이 분명하다. 그가 갈멜 산에서 바알 선지자 450명과 대면한 장면을 보면 잘 알 수 있다. 엘리야는 그들이 무엇을 믿는지 알았고 그들의 동기나 의식, 주문의 의미도 알고 있었다. 가장 중요한 것은 자신이 백성의 눈에 어떠한 위치에 있었는지 알고 있었으며, 백성의 마음속에서 바알 선지자들이 차지하는 위치를 제거하려면 무엇이 필요한지도 알고 있었다.

하나님이 하신 말씀을 이해하고, 사회가 어떻게 기능하는지 이해했다면 행동을 취할 준비가 된 것이다. 이것이 선지자들의 방법이었다. 성경에 기록된 그들의 행동 하나하나에 깊은 의미가 담겨 있었다. 그들은 그 시대의 문제에 항상 하나님의 말씀을 적용했다. 그들의 믿음은 아무것도 없는 진공상태 속에 떠 있지 않았다. 그 믿음은 그들의 문화 속에서 일할 수 있는 도구이자 무기였다.

그것이 오늘날 우리가 키워야 하는 기술이다. 사회의 필요라는 맥박을 하나님 진리의 손가락으로 짚어 볼 수 있는 기술 말이다.

오늘날 성경학자는 많다. 그러나 성경 연구에 관한 전문가로서 나는 우리 중 많은 사람이 아무도 묻지 않는 질문에 대해서만 답하는 부끄러운 위치에 섰다고 말할 수밖에 없다. 우리가 점점 그러는 동안 사회학자들과 다른 이들이 우리의 문화를 비평하는 데 훌륭한 일을 해내고 있다. 그들은 무엇이 잘못되었는지를 탁월하게 진단할 수 있다. 그러나 치료에 대한 그들의 답은 빈약하다.

그러므로 적절히 통합하는 것이 필요하다. 말씀을 보고 세상을 보며 연관성을 찾아낼 수 있는 사람이 필요하다. 나는 존 스토트John Stott가 한 표현을 좋아한다. "현대적이지 않으면서 성경적이기는 쉽고, 성경적이지 않으면서 현대적이기도 쉽다. 그러나 성경적이고 현대적이 되는 것, 이것이 효과적인 전달을 낳는 기술이다."

만일 지속적인 영향을 남기기 원한다면, 우리의 목표는 성공이 아니라 충실함이어야 한다. 우리는 성공에 미쳐 있다. 또한 성공을 너무 좁게 정의하는 경향이 있다. 그러나 우리가 '성공'이라고 부르는 것은 대부분 우리 문화에 의해 결정된 가치며, 세상은 그 가치를 그렇게 중요하게 여기지 않는다.

잠시 멈추어서 생각해 보아야 한다. 우리가 모르는 것에 대해 다른 사람들이 알고 있는 것은 무엇인가? 개인적으로나 전체적으로 유익함이나 의미 없는 것을 추구하고 있을 가능성은 없는가?

내가 이 질문을 하는 이유는 우리가 세상에 영향을 끼치는 것에 관해 논할 때, 그 목표를 이 세상 문화의 영향을 받은 렌즈로 볼 수밖에 없기 때문이다. 미국인에게 '영향을 끼친다는 것'은 새로운 것을 시작하거나 강단 위에 올라서거나 기금을 모으거나 정치 구조를 바꾸는 것이다. 즉, 미국인에게 '성공'은 양으로 계산되거나 측정될 수 있어야 한다.

나는 그런 일들의 필요성이나 가치를 조금이라도 깎고 싶은 마음이 전혀 없다. 그러나 그것이 상황에 크게 의존한다는 것은 지적하고 싶다. 즉 모든 사람이 다 그런 방법으로 '영향'을 끼칠 수 없을뿐더러 그런 마음이 있는 사람도 그리 없을 것이다. 실제로 세상 전체를 놓고 볼 때, 그렇게 할 사람은 비교적 적다. 그러므로 하나님이 백성에게 원하시는 '변화를 일으키는 것'은 '성공적인' 행사나 조직을 만드는 것 이상의 무언가를 의미하는 것이 틀림없다.

다르게 표현해 보겠다. 여기까지 읽은 후에 당신은 이렇게 생각할 수 있다. "나는 영향을 끼칠 수 없다. 나는 기여할 수 있는 것이 아무것도 없다. 헨드릭스는 성경을 공부하고 문화를 공부한 후에 그것을 통합하라고 말하는데, 나는 '통합'이라는 말의 의미조차 모른다! 나는 주님을 영예롭게 해 드리는 삶을 살려고 최선을 다할 뿐이다. 물론 나는 내 삶을 통해서 무언가 공헌하기를 원한다. 그러나 내가 기여할 수 있는 것이라고는 나 자신뿐이며, 작은 믿음뿐이다."

그 말에 나는 "바로 그것이다"라고 말하고 싶다. 바로 그것이 정확히 하나님이 찾고 계시는 것이다. 조그만 믿음을 발휘해서 하나님이 주신 것을 사용할 용의가 있는 사람 말이다. 영향을 끼치는 것은 그보다 더 복잡한 것이 절대 아니다.

이스라엘 역사에서 가장 위대했던 엘리야와 엘리사라는 두 선지자의 예를 든 것이 당신의 관심을 멀어지게 하는가? 그들의 예가 너무 기를 죽이는가? 그렇다면 이렇게 생각해 보라. 우리는 미래를 본 것이 아니라 과거를 되돌아보며 그들의 위대함을 살펴보았다. 우리는 오늘날 그들의 업적을 감탄하며 말씀을 읽는다. 그러나 그 당시 그들은 역사의 한가운데에 서 있는 사람들이 아니었다. 그들은 하나님의 '차선책'을 수행하라고 선택되었을 뿐이다. 무슨 말인지 설명해 보겠다.

조금 전 나는 북왕국 이스라엘이 반역 국가라고 말했다. 이스라엘은 다윗의 후손들이 다스렸던 유다에게서 떨어져 나갔다. 이스라엘은 그 배교에서 결코 회복되지 못했다. 사실 하나님은 앗수르인들이 쳐들어와서 그들을 완전히 휩쓸도록 허락하셨다. 거기서 생존한 자들은 대부분 앗수르로 끌려갔고, 이방 사회에 흡수되었다. 그들에 관해서는 신약에 자주 나온다.

그러므로 하나님의 계획에서 중요한 곳은 남왕국 유다였다. 유다 역시 포로가 되었으나, 대부분 유다 백성은 그들의 유대적 유산을 지켰다. 사실 예수님의 탄생을 위해 하나님이 유다를 남겨 두신 것이다.

그렇다면 엘리야와 엘리사는 어디에 있게 되는가? 그들은 부차적인 계획의 도구들이었던 것이다. 그들은 하나님의 뜻 밖에 있었으며, 끝까지 돌아오지 않은 왕국으로 보내졌다. 그렇다면 그 선지자들의 노력은 '성공'했다고 말할 수 있는가? 그들은 우상숭배와 행악의 세력을 반격하는 데 아주 잠시 '성공적'이었을 뿐이다. 만약 그들의 목표가 형제의 나라 유다와 화합하는 것이었다면, 그들이 실패했다고 인정할 수밖에 없다. 그 일은 일어나지 않았기 때문이다.

적어도 이것이 역사에 대한 세상적 해석이다. 성공 지향적인 우리는 엘리야와 엘리사의 사역 의도는 좋았으나 궁극적으로는 쓸모가 없었다고 평가하기 쉽다. 결론적으로 말해 그들은 '결과'를 얻지 못했기 때문이다.

그러나 나는 하나님이 다른 시각을 가지고 계신다고 확신한다. 바울이 고린도 교인들에게 사역을 어떻게 여겨야 하는지 한 말에서 중요한 실마리를 얻을 수 있다. "사람이 마땅히 우리를 그리스도의 일꾼이요 하나님의 비밀을 맡은 자로 여길지어다"고전 4:1. 하나님의 비밀을 맡은 그리스도의 일꾼…. 엘리야와 엘리사가 바로 그런 사람들이 아니었는가?

바울은 계속 말한다. "그리고 맡은 자들에게 구할 것은 충성이니라"고전 4:2. 얼마나 훌륭한 말인가! 바울은 일꾼, 즉 의무를 맡은 사람은 '성공적'이어야 한다고 말하지 않는다. 충실해야 한다고 말할 뿐이다. 일꾼은 자신이 맡은 의무를 이행해야 한다. 그것은 큰 결과를 의미할 수도 있고, 그렇지 않을 수도 있다.

이는 또한 예수님이 말씀하신 달란트 비유에서 얻는 교훈이기도 하다마 25:14-20. 아마 당신도 그 내용을 기억할 것이다. 부유한 사람이 여행을 떠나기 전에 일정액을 '일꾼들'에게 주었다. 첫 번째 사람에게는 다섯 달란트를, 두 번째 사람에게는 두 달란트를, 세 번째 사람에게는 한 달란트를 주었다. 그리고 그들에게 그 돈으로 사업을 해서 이윤을 남기라고 지시했다.

우리는 결과에 초점을 두는 경향이 있으므로, 각 사람이 얼마를 벌었거나 벌지 못했는지 그 액수에 초점을 맞춘다. 첫 번째 사람은 돈을 두 배로 늘려 열 달란트를 갖게 되었다. 두 번째 사람 역시 돈을 두 배로 늘려 네 달란트를 가졌다. 세 번째 사람은 아무것도 하지 않아서 한 달란트를 그대로 가지고 있었다.

여행에서 돌아온 주인은 그들의 이윤을 점검해 보았다. 그러나 그는 재정적 이윤이 아니라 각 사람의 충실함에 초점을 맞추었다. 두 배의 이윤을 남긴 이들에게 "잘하였도다 착하고 충성된 종아 네가 적은 일에 충성하였으매 내가 많은 것을 네게 맡기리니"라고 말했다마 25:21, 23. 그러나 결실이 없던 종에게는 "악하고", "게으른", "무익한 종"이라고 했다25:26, 30.

오해하지 마라. 나도 다른 사람과 마찬가지로 결과에 민감하다. 그러나 나는 결과라는 것이 많은 부분(특히 영적인 영역)에서 우리의 통제 능력 밖에 있다는 것을 잘 알고 있다. 너무나 많은 요소가 결과에 영향을 끼친다. 그러므로 만일 '성공'을 중요하게 생각하고 있다면, 그런 생각을 버릴 것을 권한다. 그 대신 주님이 세우신 상황 가운데 그분이 부여하신 임무를 충실하게 이행하는 것에 집중하며, 결과는 그분께 맡기는 것이 지혜로운 태도다.

이런 태도를 취할 때 세 가지 유익이 있다. 첫째, 그것은 우리가 자신을 너무 높게 생각하는 교만에서 보호해 준다. 나 자신이 높아지는 것은 우리가 사회에 영향을 끼치는 것에 대해 논하기 시작할 때 매우 큰 유혹이다. 우리가 무언가 위대하고 지속적으로 공헌하는 일을 한다고 스스로 생각하는 것은 사실 좀 건방지지 않은가? 그러나 만일 '성공'이 목표라면 그런 식으로 생각하게 될 것이다.

우리의 초점이 충실함이라면 역사의 진로를 바꾸는 일에 대해서는 신경 쓰지 않고 오늘에 집중할 수 있다. 내일이 아니라 오늘만이 하나님이 우리에게 주신 것이다. 그러므로 우리의 최대 관심사는 미래가 아니라 오늘 우리가 어떤 사람인가 하는 것이 된다. 하나님을 위해 오늘을 중요하게 만들어야 한다. 물론 미래를 계획하고 미래에 대해 생각하는 것도 중요하다. 그러나 하루가 끝날 때 만일 우리가 "오늘은 내가 나를 향한 하나님의 목적을 잘 이행했기 때문에 가치 있는 하루였다"라고 말할 수 있다면, 우리는 충실했다고 말할 수 있다.

충실함에 초점을 맞출 때 얻는 두 번째 유익은 첫 번째 것과 정반대다. 그것은 우리 자신을 너무 낮게 생각하는 것에서 우리를 보호해 준다. 만일 당신이 아무것도 기여할 것이 없다고 생각하고 있다면, 자신을 낮게 생각하는 유혹에 쉽게 빠질 수 있다. "나는 선생이 아니다." "나는 지도자가 아니다." "나는 학자가 아니다." "나는 많은 교육을 받지 못했다." 나는 이런 모든 핑계를 다 들어 보았다.

그러나 내가 하고 싶은 말은 이것이다. 당신이 그리스도 안에 있다면, 당신의 삶으로 변화를 일으키는 데 필요한 모든 것을 이미 갖추었다는 사실이다. 그 자원을 개발할 필요가 있을지도 모르지만, 하나님이 당신을 세상에 두신 것은 결코 그분의 실수가 아니다. 그분은 당신에게 어느 정도의 능력과 기회를 주셨다. 그분은 당신에게 대인관계를 맺을 능력도 주셨다. 그뿐 아니라 당신의 삶이 중요한 것이 되어야 한다는 인식도 주셨다. 그렇지 않다면, 당신은 이 장을 읽고 있지 않을 것이다. 그분이 당신에게 주신 모든 것을 하나님의 영광을 위해 사용하는 것을 당신의 야망으로 삼으라. 그분이 당신의 충실함을 영예롭게 해주실 것이다.

그러나 자신에 관해 너무 낮게 생각하는 것은 자기 존재뿐만 아니라 현재 위치와도 관련될 수 있다. 나는 이것을 신학교를 졸업한 내 제자들을 보고 알았다. 목회를 삼사 년 정도 하고 있는 제자를 우연히 만났는데, 그를 알아보지 못할 뻔했다. 너무 슬픈 얼굴을 하고 있어서 마치 예레미야애가의 표지를 보는 것만 같았다!

그래서 그에게 그 이유를 물어보았다. 그는 자신의 재능이 낭비되고 있다는 생각이 든다고 불평했다. 그러고는 자기 교회에 관해 이야기했다. 자신이 바라던 교회가 아니라고, 아니 그것과는 완전히 거리가 멀다고 말했다. 대화를 나누면서 내가 발견한 점은 '중요한' 목회에 대한 그의 목회상은 대도시 지역에 위치한 커다란 교회에서 유명한 라디오나 텔레비전 사역을 하는 것이며, 그가 한 말을 방송 매체에서 주기적으로 보도하는 것이다. 그러나 그는 그런 것과 거리가 먼 사역을 하고 있으며 솔직히 말해 그렇게 될 가능성도 거의 없으므로, 그는 자신이 실패했다고 생각했다.

그러나 그의 생각은 전제부터 잘못된 것이다. 그는 하나님을 위해 변화를 일으키는 것은 자신의 행동이 아니라 자신의 위치에 달렸다고 생각했다. 그는 하나님이 가장 크게 사용하셨던 종들 중 많은 사람이 무명이었다는 사실을 깨달을 필요가 있다. 그들은 가정에서, 공장에서, 빈민촌에서, 감옥에서, 길 없는 사막에서, 넓은 바다에서 섬겼다. 그들의 공헌을 인류는 기록하지 않을지 몰라도 하나님은 잊지 않으실 것이다.

아마 많은 사람이 역사의 중심에 서 있기를 원할 것이다. 그러나 그것은 우리의 선택이 아니라 하나님의 선택이다. 그분은 우리의 노력이 드러나지 않는 곳에서 섬기라고 하실 수도 있고, 엘리야와 엘리사와 같은 경우처럼 의로움이 전혀 중요한 것으로 인정받지 못하는 곳에서 섬기라고 하실 수도 있다. 우리는 그런 곳에서 영향을 끼칠 수 있는가? 그렇다. 우리가 하나님의 의도를 이행해 나가는 한 말이다. 중요한 것은 우리가 어디서 섬기는가가 아니고 언제 섬기는가이다. 우리 주인은 우리에게 유명해지라고 부탁하는 것이 아니라, 충실하라고 부탁하신다.

마지막으로 충실함에 초점을 맞추는 것은 우리 자신에 대해서 올바로 생각하도록 돕는다. '성공 강박증'의 가장 큰 위험은 자신을 남들과 비교하는 것이다. 그것은 언제나 위험하다. 하나님은 당신에게 왜 남들처럼 성공하지 못했느냐고 묻지 않으신다. 심지어 왜 남들처럼 충실하지 않았느냐고도 묻지 않으신다. 그분은 단지 왜 그분이 주신 일을 이행하지 않는지만 물으실 것이다. 그분은 당신이 왜 엘리야나 엘리사가 아니었느냐고 묻지 않으실 것이다. 그저 당신에게 왜 당신이 아니었느냐고 물으실 것이다.

만일 지속적인 영향을 남기기 원한다면, 임시방편이 아닌 장기적인 안목을 가져야 한다. 우리의 첫 번째 충동은 성공을 추구하는 것이고, 두 번째 충동은 결과를 즉각 원한다는 것이다. 변화를 원할 때 우리는 그것을 당장 원한다.

그러나 즉각적인 영향이란 없다. 하나님의 관점에서 중요성은 몇 년, 또는 몇십 년으로 측정되는 것이 아니라 일생과 세대로 측정된다. 적어도 이스라엘의 경우에서 그랬다.

엘리야가 처음 등장했을 때 아합 왕이 왕좌에 있었다. 아합은 기원전 874년에서 852년까지 22년 동안 통치했다. 그의 뒤를 이어 아하시야가 왕으로 올랐고, 엘리야가 하늘로 들려 올라갔을 때쯤 아하시야가 죽었을 것이라고 본다. 아마 기원전 850년쯤일 것이다. 그 후 엘리사가 이스라엘의 주요 선지자가 되었으며, 그는 아마 팔십 대까지 살아서 요아스의 통치 때 죽었을 것이다(기원전 801-786년).

그러므로 우리는 이 선지자들이 살고 일했던 88년이란 시간을 봐야 한다. 성경 역사 전체를 생각할 때 그것은 비교적 짧은 기간이다. 그러나 많은 일을 성취했다. 바알 선지자 400명과 다른 이방신 아세라의 선지자 400명을 응징했다. 주님에 대한 신앙을 지킨 자들은 대부분 숨어 있었다. 그러나 엘리사가 죽었을 때는 아합의 가족 전체가 제거되었다. 이세벨도 죽고 선지자 학교가 여리고에 세워졌으며, 이스라엘은 오랜 기간 감당하기 어려운 적이었던 아람 왕에 대항하여 버틸 수 있었다.

내가 이미 지적한 바와 같이 이스라엘은 결코 주님께 완전히 돌아오지 않았다. 실은 엘리야와 엘리사 때의 짧은 부흥은 이스라엘의 영성에서 마지막으로 반짝였던 반딧불과도 같은 것이었다. 그로부터 몇 년이 지나지 않아(기원전 722년) 앗수르가 침략해 왔고, 사마리아는 무너져 대부분 포로로 끌려갔다.

이 두 위대한 하나님의 사람들이 왜 더 많은 것을 성취하지 못했는가를 봐서는 안 된다. 이스라엘 역사에서 그들은 놀라운 일을 성취했다. 즉 그들은 바위처럼 단단한 반항에 구멍을 뚫고 있었다. 그들이 상대해야 했던 모든 왕이 그들을 반대했다. 그들이 한 거의 모든 일이 반대에 부딪혔다. 그러므로 그들이 왜 더 많은 믿음의 씨를 심지 않았는지 의아하다면, 단지 밭을 일구는 일을 하더라도 폭탄을 써서 화강암을 뚫어야 했다는 사실을 생각해야 한다.

그런데도 두 사람이 일한 기간에 많은 일이 성취되었다. 우리 중 많은 사람이 그런 장기적 안목을 갖게 되길 바란다. 나는 우리가 당면한 과제를 과소평가하고 있다고 생각한다.

나는 여러 기독교 단체의 이사로 있기 때문에 하나님이 오늘날 이루고 계시는 놀라운 일들을 지켜볼 맨 앞자리에 앉아 있다고 말할 수 있다. 어떤 사람은 이렇게 말한다. "당신들은 젊은이들을 대상으로 일하고 있지 않습니까? 얼마 전 청소년들의 혼전 성관계가 최고 기록을 달성했다는 이야기를 들었습니다. 그에 대해서 무엇을 하고 있습니까? 당신들이 전투에서 지고 있는 것 같은데요."

이런 말을 들을 때 나는 그 말에 담긴 짧은 안목에 놀랄 뿐이다.

나는 이렇게 말하고 싶다. "이 문제가 갑자기 생겨난 것이 아니라는 생각은 해보셨나요? 우리 사회는 금세기의 대부분 동안 젊은 사람들에게 섹스를 마구 팔고 있었으며, 다른 어느 때보다도 지금 더욱 그렇습니다. 도대체 어떻게 이제 몇 년밖에는 되지 않은 단체 하나가 이 문제를 하룻밤에 뒤집을 수 있을 거라고 생각하시는 겁니까?"

만일 이 사회에 중대한 영향을 끼치고 싶다면, 장기적 일에 우리 자신을 헌신해야 한다. 그러나 나는 때로 우리가 그 일을 할 만한 훈련이 잘되어 있는지 의심스럽다. 작은 씨가 매년 열매를 맺는 성숙한 나무로 자라기까지 걸리는 기간인 20년, 30년, 80년, 또는 그 이상의 시간 동안 처음 시작한 일을 꾸준히 해 나갈 마음이 있는가?

그렇게 하는 데 도움이 되는 것 중 하나는 우리 자신을 행사보다는 원리에 헌신하는 것이다. 행사는 그 당시의 필요에 따라서 존재했다가 없어진다(또는 없어져야 한다). 반면 원리에는 존속하는 힘이 있다. 원리는 진리의 반석 위에 굳게 선다.

영국 정치인 토니 브렌Tony Brenn은 이렇게 말한다. "왕들이 있고 선지자들이 있다. 왕들에게는 권력이 있고 선지자들에게는 원리가 있다." 그것은 우리가 살펴본 엘리야와 엘리사 이야기에 비추어 보았을 때 참으로 흥미로운 관찰이다. 두 선지자는 강력해 보이는 왕들을 상대해야 했다. 그러나 왕들이 권력을 가진 기간은 짧았다. 엘리사는 다섯 왕이 통치한 기간보다 오래 살았다. 더 중요한 것은 그가 수호했던 원리가 이스라엘, 그리고 이스라엘을 삼킨 나라보다 더 오래 지속되었다는 사실이다. 사실 그 원리는 오늘날에도 건재하다!

우리는 이 사실에서 권력은 자주 바뀌지만 원리는 오랜 시간을 견디며 영원히 지속된다는 교훈을 얻는다. 그러므로 이런 질문을 해볼 가치가 있다. 당신은 당신이 사라진 후에도 지속될 영향을 끼치기 위해서 무엇에 의존하고 있는가?

만일 지속적인 영향을 남기기 원한다면, 하나님이 그분의 백성을 절대로 포기하지 않으신다는 사실을 절대로 잊지 말아야 한다. 다른 사람들의 삶에 변화를 일으키는 것은 숭고한 사명처럼 들리며, 사실 그렇다. 그러나 또한 힘든 일이다. 때로는 좌절하고 낙심할 수도 있다. 사람들은 우리를 실망하게 하고 떠날 수도 있으며, 주님과 우리의 적이 될 수도 있다. 그때 우리는 포기해 버리고 '무슨 소용이 있나?'라고 말하기 쉽다.

나도 그런 실망을 겪었다. 때로는 내가 그리스도인으로서 다른 사람의 삶에 긍정적이고 진정한 영향을 끼치고 있다고 생각했는데, 실제로는 그냥 무시당하고 있다는 것을 알게 된 적이 있다. 그 일은 나의 자신감에 커다란 타격을 주었다. 또 '주님의 일에 신경 쓰는 사람이 한 명이라도 있는가? 그렇지 않다면 내가 왜 이런 고생을 해야 하나?'라고 생각한 때도 있었다.

영향을 끼치기 원하는 사람에게 최악은 무반응이다. 그것이야말로 사람의 기를 죽인다.

엘리야와 엘리사가 언제 그런 도전을 받았는지는 정확히 알 수 없다. 아마 엘리야에게 그것은 이세벨이 그를 제거하기 위해 그를 현상수배했던 때였을 것이다왕상 19:2. 갈멜 산에서 응징이 있은 후 그는 아마도 그녀가 무릎을 꿇고 회개하고, 백성이 인정한 사실을 그녀도 인정하기를 바랐을 것이다. "여호와 그는 하나님이시로다! 여호와 그는 하나님이시로다!"왕상 18:39 그러나 주님과 엘리야에 대한 그녀의 분노는 오히려 더 강하게 불타올랐다.

아마 엘리사가 벽돌을 치는 것과 같은 느낌을 받았을 때는 그의 종 게하시가 나아만에게 거짓말을 해 그에게서 은과 옷을 얻어 냈을 때였을 것이다왕하 5:22-23. 수년 동안 엘리사는 엘리야의 충실한 종이었다가 후계자가 될 수 있었다. 엘리사는 게하시에게 비슷한 바람을 가지고 있었을 가능성이 높다. 그러나 게하시는 자격을 상실했고 수치 속에서 떠나게 되었다26-27절.

하나님을 위해 변화를 일으키기 원하는 사람은 '나는 어떤 변화를 일으키고 있는가?'라고 물을 것이다. 만일 대답이 '별로 없다'는 것이면 모든 것을 내려놓고 싶은 유혹을 받을 것이다.

그러나 선지자들의 이야기에서 우리는 큰 소망을 얻는다. 그들의 삶과 사역을 보면 사람은 하나님을 포기할지 몰라도 하나님은 사람을 포기하지 않으신다는 것을 알 수 있기 때문이다. 그분의 은혜는 끝이 없다.

그러므로 우리도 견뎌야 한다. 사람들을 인내하고 그들을 위해 기도하며 함께 일하고 그들의 반대를 견뎌야 한다. 선지자들이 그랬고 예수님이 그러셨던 것처럼 말이다. 당신은 하나님이 당신과 나를 포기하지 않으신 것이 기쁘지 않은가?

엘리사가 죽었을 때 그는 표시되지 않은 무덤에 묻혔다. 성경에는 그로부터 얼마 안 되어 이스라엘 사람 몇이 그 근처에 사람을 묻고 있었다고 나온다. 그의 무덤을 준비하고 있을 때 모압인 노략자들이 왔다. 공포에 질린 이스라엘 사람들은 무덤 파던 일을 중단하고 엘리사의 무덤을 열어 죽은 사람의 몸을 그 안에 던졌다. 그런데 그의 몸이 엘리사의 뼈에 닿자, 그는 다시 살아났다왕하 13:21.

당신은 엘리사의 뼈에 닿았는가? 또는 대부분 이스라엘 백성이 그 랬던 것처럼 영적으로 죽어 있는가? 능력은 뼈에 있는 것이 아니라 그 뼈에 생명을 주시는 분에게 있다. 그분의 능력이 당신 속에 역사 하여 당신이 이 세대와 다음 세대에도 지속되는 중요한 영향을 끼치 게 되기를 간절히 소망한다!

당신은 아마 집 주변을 맴돌며 떠나지 않는 고양이에 대한 이야기를 들어 보았을 것이다. 『사람을 세우는 사람』의 씨앗은 내가 오래전에 쓴 작은 책, 『엘리야, 대면, 갈등과 위기』(*Elijah, Confrontation and Crisis*) 속에 있다. 사실 그 글은 여러 번 편집되고 출판되었기 때문에 나는 어느 정도 목적을 달성했다고 생각하고, 이제 그 글을 접어 두어야겠다고 생각했다.

그러다 1년 전쯤 비전 하우스 출판사의 존 밴 다이스트John Van Diest에게서 전화가 왔다. 존은 내 오랜 친구이며, 여러 번 믿음의 모험에서 함께 음모를 꾸민 단짝이다. 그의 뛰어난 출판 감각에 대해 나는 최고의 존경심을 품고 있었다. 그런 그가 불쑥 엘리야에 대해 쓴 내 책에 관해 묻자 나는 그가 골동품 사업을 시작한 것은 아닌지 의아했다! "도대체 왜 그것을 원할까?"

그러나 존은 매우 기발한 아이디어를 갖고 있었다. 엘리야 이야기를 지금 시대에 맞게 개정하고, 그 속편인 엘리사의 이야기를 더하는 것이었다. 존은 내가 멘토링이라는 주제에 권위자라는 사실을 지적했다. 그는 새로운 세대를 세우는 성경적 본으로 엘리야와 엘리사를 함께 소개하는 것이 어떨지 제안했다.

나는 그 아이디어를 거절할 수가 없었다. 그러나 내가 이미 다른 책임을 너무 많이 맡고 있었기 때문에 실행에 옮길 수가 없었다. 그러나 존이 바쁜 저자들을 출판사의 스케줄에 노예가 되도록 내버려 두었다면, 그는 출판계에서 그렇게 오래 생존하지 못했을 것이다. 내가 이 책의 출간에 동의하자마자 그는 즉시 행동에 착수했으며, 나를 칩 맥그리거Chip McGregor라는 재능 있는 저자와 연결시켜 주었다. 칩은 내 아이디어의 씨앗을 가져다가 단어와 문장, 문단과 장의 추수로 경작했다. 그 귀중한 예비 작업 없이는 결코 이 책이 나올 수 없었다.

원고가 완성되자 다음 단계는 그것을 교정하는 것이었다. 존과 나의 마음에 즉시 떠오른 이름은 나의 작은아들 빌Bill이었다. 빌은 의사소통 컨설턴트로, 다양한 고객을 상대로 일하고 있을 뿐만 아니라 열 권이 넘는 책을 썼는데, 그중 두 권은 나와 함께 쓴 것이다 〔『삶을 변화시키는 성경연구』(디모데 역간), 『철이 철을 날카롭게 하는 것같이』(요단출판사 역간)〕. 나는 빌이 『사람을 세우는 사람』의 교정을 도와주겠다고 했을 때 너무 기뻤다. 빌이 누구보다 나의 성격과 스타일을 잘 알고 있는 사람이기 때문이다. 빌의 전문 지식은 마치 로켓의 부스터 엔진과도 같아서, 이 책을 내가 상상하던 이상의 궤도에 올려놓았다.

특히 언급해야 할 동료가 또 한 명 있다. 바로 나의 아내 잔Jeanne이다. 잔은 나만큼 오래 이 책과 관련되어 있다. 사실 엘리야에 대한 첫 책은 아내가 없었다면 결코 쓰이지 않았을 것이다. 잔은 이 프로

젝트의 오랜 역사에서 증인이자 참여자다. 아내도 나의 이 글이 고양이처럼 우리를 떠나지 않을 것을 알았던 모양이다. 고양이들이 그렇듯 이 녀석도 졸기도 하고 사방팔방으로 돌아다니기도 하지만, 결코 떠나지는 않을 듯하다!